Jackie Cooke & Diana Williams

Therapie mit sprachentwicklungsverzögerten Kindern

Jackie Cooke • Diana Williams

Therapie mit sprachentwicklungsverzögerten Kindern

Aus dem Englischen von Ulrike Franke

3. Auflage
Mit 51 Abbildungen

URBAN & FISCHER
München • Jena

Zuschriften und Kritik an:
Urban & Fischer, Lektorat Fachberufe, Karlstraße 45, 80333 München

Titel der Originalausgabe:
Working with Children's Language

Übersetzt von:
Ulrike Franke, Mozartstraße 1, 68723 Oftersheim

CIP erhältlich bei British Library

3. Auflage 1999

99 00 01 02 03 5 4 3 2 1

Um den Textfluß nicht zu stören, wurde bei Patienten und Berufsbezeichnungen die grammatikalisch maskuline Form gewählt. Selbstverständlich sind in diesen Fällen immer Frauen und Männer gemeint.

Lektorat: Ulrike Kriegel
Herstellung: Detlef Mädje
Satz: Tybobauer Filmsatz GmbH, Scharnhausen
Druck und Bindung: Wilhelm Röck GmbH, Weinsberg
Umschlaggestaltung: prepress ulm GmbH, Ulm

Printed in Germany

ISBN 3-437-46370-5

Aktuelle Informationen finden Sie im Internet unter der Adresse:
http://www.urbanfischer.de

Inhalt

Danksagungen

Wir möchten gerne folgenden Personen für ihre freundliche und große Hilfe bei der Mitwirkung an diesem Buch danken: Janet Gompertz (Dip. CST); Dierdre Pacey (Specialist Speech Therapist for the Language Disordered Children; I.L.E.A.); Jane Stokes (B.A. Hons, Dip. CST); April Winstock (Dip. CST); Rachel Steadman (Dip. CST) für ihre willkommenen Beiträge für die praktischen Ideen und Aktivitäten; Dr. Joan Reynell und MTP Press Ltd. für die freundliche Erlaubnis, ihre Werke über die Entwicklung der Aufmerksamkeit in Kapitel 2 zu benutzen; dem Direktoriat und dem Lehrkörper am Centre for Clinical Communication Studies, City University, London, für ihre Ratschläge und Ermutigungen; Debby Death für das geduldige und gute Abschreiben des Manuskripts; und David Doorley für seine Hilfe beim Durchlesen des Manuskripts. Wir möchten auch all den Therapeuten, Lehrern und Kindern danken, mit denen wir die Freude hatten, zusammenzuarbeiten und die geholfen haben, die Erfahrung zu sammeln, aus denen dieses Buch entstanden ist.

Vorwort

Dieses Buch hat zwei große Vorzüge, die man in den sprachtherapeutischen Praxisbüchern selten findet. Zum einen versucht es explizit, Theorie mit der Praxis zu verbinden und zum anderen enthält es eine Fülle von praktischen Vorschlägen – viel mehr als eine Therapeutin jemals in einem bestimmten Fall braucht.

Es gibt viele widersprüchliche Meinungen über die Art des Spracherwerbs kleiner Kinder, und wie er beigebracht oder Stufe für Stufe angebahnt werden kann. Geschickt verwirklichen die Autorinnen dieses Buches ihr Ziel, ihre Erfahrungen mit ihrer Grundhaltung zu verbinden, und sowohl Lernende wie auch Praktiker werden der Theorie klarer folgen können, weil sie auf Interventionsstrategien bezogen ist.

Der Praktiker ist jedoch nicht zu theoretischen Betrachtungen gezwungen, denn der Aufbau dieses Buches macht es leicht, das für ein bestimmtes Kind Wichtige zu entnehmen. Jeder, der mit sprachgestörten Kindern arbeitet und umgeht, wird in diesem Band ein unentbehrliches praktisches Handbuch finden.

Bill Graham
Department of Psychology
University of Strathclyde

Vorwort der Übersetzerin

Ein Buch über die kindliche Sprachentwicklung und die Formen der Sprachentwicklungsstörungen und -therapie kann nicht einfach übersetzt werden, wenn die Leser davon profitieren sollen. Zum einen sind die englischen Sprachregeln anders, zum anderen gibt es im Englischen auch wesentlich mehr Forschungen zum kindlichen Spracherwerb und zu der Sprachstruktur. Daher habe ich versucht, möglichst viele deutsche Forschungsergebnisse zu finden und ließ die englischen Beispiele nur dann unübertragen, wenn ich nichts Entsprechendes im deutschsprachigen Raum finden konnte. Die Altersangaben zum Spracherwerb ließ ich unverändert, obwohl sie in der englischen Originalfassung von den deutschen Forschungsergebnissen sehr nach unten abweichen.

Viele Spiele dieses Bandes, einschließlich der Regelspiele und der Sozialspiele mußten übertragen und stärker verändert werden. Aus Gründen der besseren Lesbarkeit habe ich die käuflichen Spiele mit einer Nummer versehen, die auf die S. 144 angeführten Spiel- und Lehrmittelfirmen verweisen.

Danken möchte ich vor allem Dr. Rosemarie Tracy, die für all die auftauchenden kleinen und großen linguistischen Fragen immer zur Verfügung stand und ihr Wissen großzügig weitergab. Mein Dank gilt auch meinen Kolleginnen und einigen Studierenden der Logopädenschule Heidelberg, die Korrektur lasen und mit manch guter, kritischer Bemerkung zur Lesbarkeit der Übersetzung beitrugen.

Ulrike Franke, Heidelberg

Einführung

Dieses Buch soll in erster Linie bei solchen Kindern Sprache stimulieren helfen, deren Sprachentwicklung verzögert, deren allgemeine Entwicklung aber normal verläuft. Das Regelwissen entspricht der Norm, wird aber verzögert erworben. Viele solcher Kinder können Sprache offenbar nicht einfach so nebenbei erlernen, sondern brauchen spezielle therapeutische Unterstützung. Dies spiegelt sich in dem hier dargelegten relativ strukturierten Ansatz des Spracherwerbs wider. Jedoch eignen sich die hier vorgestellten Anregungen nicht nur für die Therapie, sondern auch für Spielgruppen, Kindergärten und Horte.

In dem vorliegenden Band *Therapie mit sprachentwicklungsverzögerten Kindern* beschreiben wir Handlungsanleitungen, die auf der Entwicklungstheorie des Spracherwerbs beruhen. Sie sollen die Leserin anregen, neue Ideen zu finden. Das Buch bietet nützliche Hilfen und Informationen für Logopädinnen*, Erzieherinnen, Lehrerinnen, Heilpädagoginnen und Beschäftigungstherapeutinnen – also für alle, die sich um die Förderung kleiner Kinder bemühen. Wir empfehlen jedoch dringend, jedes Kind mit dem Verdacht auf ein Sprech- und Sprachproblem zu einer Logopädin bzw. zu einem/einer Phoniater/in zur eingehenden Untersuchung zu schicken.

Dieser Band enthält sechs Kapitel, die sich jeweils mit einem anderen Aspekt der Sprache und mit der Sprache verwandten Fähigkeiten beschäftigen. Jedes Kapitel hat 3 Teile: die Theorie, die therapeutischen Richtlinien und das konkrete Vorgehen. *Kapitel 1* beschreibt die Entwicklung der frühen sprachlichen Fähigkeiten von der Geburt bis zu den ersten Worten und geht auf die Symbolentwicklung ein. *Kapitel 2* zeichnet die Entwicklung der Aufmerksamkeit (nach Reynell, 1980) nach und deren Bedeutung für den Spracherwerb. *Kapitel 3* erläutert die Bedeutung, die unterschiedlichen Formen des Spiels und die Rolle des Spiels in der Sprachentwicklung. *Kapitel 4* handelt vom Sprachverständnis und den ersten verbalen Äußerungen. *Kapitel 5* beschreibt die Entwicklung der expressiven Sprache vom ersten Wort zu komplexen Äußerungen und berücksichtigt dabei auch deren Funktionen, Bedeutungen und sprachliche Formen. *Kapitel 6* definiert wichtige Begriffe der kindlichen Wahrnehmung und setzt sich mit der Rolle der Wahrnehmung für den Spracherwerb auseinander.

Die Kapitel sind eng miteinander verbunden. Die verschiedenen Bereiche der Entwicklung sind nur theoretisch zu trennen. In der Praxis haben wir das Kind als Ganzes vor uns, das sich in vielen Bereichen gleichzeitig entwickelt. Aus diesem Grund überschneiden sich die Kapitel teilweise dadurch, daß bestimmte Fähigkeiten und Aktivitäten in verschiedenen Kapiteln erwähnt werden.

Wir meinen nicht, daß all die aufgeführten Aktivitäten einmalig und neu sind, aber wir hoffen, daß es hilfreich ist, Ideen aus vielen Bereichen zu haben – um die Theorie mit der Therapie zu verbinden.

Therapeutische Überlegungen

Behandlung

Gegenwärtig zeichnet sich ein Trend zur Gruppen-Sprachbehandlung ab. Dies ist prinzipiell gut, denn *kleine* Gruppen haben viele Vorteile (Fawkus et al. 1983). Vergessen wir jedoch ihre Nachteile und die Vorteile von Einzeltherapien nicht. Plant man eine Gruppe, ist es wichtig, sich genaue Gedanken darüber zu machen, wer teilnimmt, wo sie stattfindet, welche Ziele man hat, wer die Gruppe leitet, über die Methoden und die mögliche Gruppendynamik. Vorteile der Gruppentherapie sind:

* Da im deutschsprachigen Alltag die Sorge um sprachentwicklungsverzögerte Kinder in der Regel in den Händen von Frauen liegt, haben in diesem Band Angehörige der therapeutischen Berufe, wie auch der sorgende Elternteil das weibliche Geschlecht.

a) sie stellt eine natürlichere Kommunikationssituation dar (Fawkus o.c.);
b) sie bietet mehr Gelegenheiten zum Erlernen von Sozialverhalten und Umgangsformen;
c) sie vermindert den Leistungsdruck auf das einzelne Kind;
d) sie macht «gesunden» Gebrauch vom Spaß an Wettbewerben der Kinder;
e) es sind mehr Spiele und Aktivitäten möglich;
f) das Kind kann die in Einzelsitzungen erlernten Fähigkeiten dort praktizieren und generalisieren.

Einige Vorteile der Einzeltherapie:

a) durch mehr Zeit und geringere Ablenkung kann man sich besser auf bestimmte Aufgaben konzentrieren;
b) das Kind erhält ungeteilte Aufmerksamkeit;
c) Einzeltherapie ist für die Arbeit an der Aufmerksamkeit und zum Verstehen schwieriger Vorgänge und Gedanken günstiger.

Die optimale Situation ist die Kombination sich gegenseitig unterstützender Gruppen- und Einzeltherapie.

Richtlinien für die Therapie

In diesem Buch werden bestimmte therapeutische Prinzipien betont, die man bei der Erstellung des individuellen Therapieplans bedenken sollte. In jedem Kapitel sind eine Reihe von Prinzipien aufgeführt, die für den jeweiligen Aspekt der Sprache relevant sind. Folgende Faktoren sind jedoch immer gültig:

a) Therapie muß auf einer sorgfältigen Diagnostik basieren.
b) Zu berücksichtigen sind all die Variablen, die die Fähigkeiten des Kindes berühren können, z.B. seine Aufmerksamkeit, sein Gedächtnis und seine Geschicklichkeit.
c) Aktivitäten haben sich am Entwicklungsstand des Kindes zu orientieren.
d) Benützen Sie Material, das das Kind interessiert.
e) Material und Aktivitäten können unterschiedlichst eingesetzt werden.
f) Die Sprache der Erwachsenen soll auf den Sprachverständnislevel des Kindes abgestimmt werden.
g) Das Kind muß sich sicher und wohl fühlen, um Fortschritte machen zu können.
h) Das Kind sollte mit neuen Spielsachen erst frei spielen können, bevor es angeleitet wird, in einer bestimmten Art damit umzugehen.
i) Jedes Kind sollte seinen eigenen Weg gehen können – das eine braucht vielleicht sorgsam abgestufte therapeutische Aktivitäten, das andere wiederum nicht.
j) Übung und Wiederholungen sind wichtig, um das Gelernte zu festigen.
k) Generalisierungsaktivitäten und Transfer in den Kindergarten, bzw. in die Schule und das Zuhause sollten, falls möglich, in das Therapieprogramm mit eingebaut werden.

Therapietechniken

Es sollen hier nicht unterschiedliche Therapieansätze diskutiert, sondern nur ein paar allgemein gebräuchliche Techniken erwähnt werden.

a) **Geplante Imitationen:** Die Erwachsene gibt das erwünschte Verhalten, z.B. ein Verb in der Vergangenheitsform vor, und das Kind soll unmittelbar oder verzögert imitieren.
b) **Vorbild:** Die Erwachsene bietet viele Beispiele des erwünschten Verhaltens an und will damit erreichen, daß das Kind seine späteren spontanen Äußerungen daran angleicht.
c) **Rollentausch:** Wie der Name sagt, tauschen Erwachsene und Kind die Rollen, z.B. sagt die Erwachsene dem Kind ein Wort, das Kind muß den Begriff auf einem Bild suchen. Dann sagt das Kind der Erwachsenen einen Begriff, den diese dann finden soll.
d) **Satzergänzung:** Die Erwachsene übt ein Wort (oder einen Satz), gibt dann einen unvollständigen Satz vor, den das Kind mit dem Wort ergänzen soll. Z.B. «Ich trinke *Milch*, Tamara trinkt *Milch*, du trinkst...»
e) **Anfangsergänzung:** Das Kind beginnt eine Handlung, die die Erwachsene vollendet. Das Kind soll immer mehr davon übernehmen, bis es alles alleine macht/sagt.
f) **Endergänzung:** Die Erwachsene zeigt dem Kind eine Aktivität und läßt es den letzten Schritt ausführen, z.B. setzt sie abwechselnd blaue und gelbe Klötze hintereinander und läßt es den letzten Klotz finden, um die Reihe zu vervollständigen. Bei den Wiederholungen läßt sie das Kind immer aktiver sein. Dabei kann das Kind Befriedigung erfahren, eine Aufgabe beendet zu haben.
g) **Verstärkung:** Die Erwachsene verstärkt das angemessene Verhalten des Kindes und ignoriert sein unangemessenes. Das kann systematisch mit einem exakten Belohnungssystem, mit Unterbrechungen oder nur ab und zu geschehen.

Mit Fehlern umgehen

Am besten entscheidet man schon im Voraus über die Strategie, wie man mit Fehlern umgehen will. So kann jeder schnell und konsequent handeln, der in das therapeutische Programm einbezogen wird. Nachfolgend einige Vorschläge zum Umgang mit Fehlern:

a) **Die Therapeutin macht auf Fehler aufmerksam:** Sichern Sie sich die volle Aufmerksamkeit des Kindes, wiederholen Sie dann die Frage oder die Aufforderung.
b) **Das Kind reagiert nicht:** Wiederholen Sie den Reiz, und wenn dann noch keine Antwort kommt, geben Sie ihm so viel Hilfe, wie es braucht. Dann loben Sie es für seine Bemühung.
c) **Es gibt eine unklare Antwort:** Bitten Sie das Kind, dasselbe nochmals anders zu sagen, z.B. langsamer zu sprechen. Danach sagen Sie ihm, wie es richtig ist.
d) **Es gibt eine falsche Antwort:** Geben Sie die richtige vor, aber achten Sie darauf, daß das Kind aufmerksam verfolgt, was Sie sagen oder tun. Wiederholen Sie anschließend die ganze Sequenz.

Bis das Kind etwas wirklich gelernt hat, muß man mit Fehlern rechnen. Am Anfang sollte jede angemessene Bemühung, die in Richtung der richtigen Reaktion geht, belohnt werden. Wenn das Kind dann besser wird, bauen Sie die Belohnungen und Verstärkungen langsam wieder ab.

Wie man dieses Buch einsetzt

Um Ihnen die Anwendung zu erleichtern, sind die praktischen Handlungsanweisungen von den Entwicklungstheorieansätzen getrennt. Schlagen Sie das gewünschte Ziel nach, z.B. zuhören, und Sie werden nach der Theorie entsprechende Spiele und Ideen finden.

Kapitel 1
Die frühen Sprachfähigkeiten

Aktivitäten für die frühen Sprachfähigkeiten

Kapitel 1
Die frühen Sprachfähigkeiten

Einführung

Dieses Kapitel will nicht die ganze kindliche Entwicklung abdecken, es beschreibt nur die Bereiche, die mit den «frühen Sprachfähigkeiten» in Verbindung stehen. Die darin beschriebenen Fähigkeiten gehören zwar nicht direkt zur Sprache, sind aber wichtig für die Entwicklung kognitiver, sozialer und kommunikativer Fertigkeiten. Wir haben die frühen Sprachfähigkeiten in fünf Bereiche eingeteilt: die erste Kommunikation; die frühe Vokalisation; die ersten Konzepte; das beginnende Sprachverständnis und die frühe Lautwahrnehmung.

Dieses Kapitel ist eng mit den Kapiteln über Aufmerksamkeit (2) und Spiel (3) verbunden und sollte nicht isoliert gelesen werden, was einer ganzheitlichen Sicht des sich entwickelnden Kindes widerspräche.

Faktoren, die die frühen Sprachfähigkeiten beeinflussen

1. **Geistige Behinderung.** Eine geistige Behinderung kann die Entwicklung grundsätzlicher Fähigkeiten, wie beispielsweise den Erwerb des Konzepts der Objekt-Permanenz verzögern oder auch verhindern.

2. **Körperbehinderung.** Eine starke Behinderung, wie beispielsweise eine Quadriplegie behindert ganz offensichtlich, denn das Kind kann sich nicht bewegen und seine Welt erforschen. Eine relativ geringe Behinderung wie eine Gaumenspalte kann subtile Konsequenzen haben, beispielsweise das Lallen verhindern, was sowohl die Sprachentwicklung als auch die Qualität des kommunikativen Austausches zwischen Mutter und Kleinkind stört.

3. **Sensorische Behinderung.** Gehörlosigkeit und Blindheit machen viele für die frühe Sprache und die kognitive Entwicklung wichtige Erfahrungen unmöglich. Beeinträchtigungen im Geschmacks-, Geruchs- und Berührungssinn halten das Kind von einer reichen Quelle von Reizen ab und folglich auch vom Wissen darüber.

4. **Emotionale Störung.** Ob es nun an einem zurückgezogenen Kind oder an einem wenig fürsorglichen Elternteil liegt, eine emotionale Deprivation stört die Bindung zwischen Kleinkind und Eltern immer. Eine Bindung ist jedoch lebenswichtig für die Entwicklung der sozialen und kommunikativen Fähigkeiten und für die Sicherheit, die ein Kind braucht, um die Umgebung erforschen und untersuchen zu können.

5. **Materielle Deprivation.** Wenn das Baby keine passenden Spielsachen und wenig Interessantes in seiner Umgebung hat, kann sich seine Entwicklung verlangsamen.

6. **Mangel an Interaktion.** Auch viele wunderschöne Spielsachen regen manche Kinder kaum an, weil sie zu oft auf sich allein gestellt sind; Babys brauchen aber Erwachsene, die ihnen Sachen zeigen, mit ihnen spielen und sprechen.

7. **Häufige Erkrankungen.** Ernste Erkrankungen können das Baby schwächen, es müde machen, so daß es wenig reagiert. Hospitalisierung und Trennungen von der Familie können die Entwicklung verzögern. Auch kleine Krankheiten haben ihre Auswirkungen, z.B. beeinträchtigen häufige Erkältungen das Hören des Kindes und damit auch die frühe Sprachwahrnehmung und Sprechproduktion.

Untersuchung

Ärzte und Eltern beobachten das wachsende Baby sorgfältig. In routinemäßigen Vorsorgeuntersuchungen (U 1–9) beim Kinderarzt wird sowohl die motorische, visuelle und auditive Entwicklung untersucht, als auch die Reflexe, das körperliche Wohlbefinden und der Stand anderer Fähigkeiten. Bei Unregelmäßigkeiten oder Auffälligkeiten wird der Kinderarzt das Kind in eine Spezialeinrichtung zu einer genaueren z. B. einer neuropädiatrischen Untersuchung überweisen.

Es gibt einige standardisierte Entwicklungsskalen. Viele Untersucher haben auch ihre eigene Testbatterie für die Sprache und ihre Nachbargebiete entwickelt.

Einige der (deutschen) Entwicklungsskalen sind:

- *Münchener funktionelle Entwicklungsdiagnostik* (Köhler/Engelkraut, 1984)
- *Gesell Developmental Scales* (Knobloch, Stevens und Malone, 1980)
- *Denver Screening Entwicklungsskalen* (Frankenburg et al. 1976)
- *Entwicklungsgitter* (Kiphard o. J.)
- *Ordinalskalen zur sensomotorischen Entwicklung* (Ułgiris und Hunt, 1987)
- *Sprachentwicklungsskalen* (Reynell, 1985)

Auch informelle Untersuchungen sind wichtig im Diagnostikprozeß. Sie bestehen aus einer guten Anamnese, aus genauen Beobachtungen der Interaktionen des Kindes in einer freien Situation in seiner Umgebung, aus Beobachtungen der Eltern und informellen Leistungstests.

Erste Kommunikation

Obwohl das Kind von seinem ersten Schrei an kommuniziert, gibt es einen fundamentalen Unterschied zwischen seinem Verhalten vor dem 6. Monat und nach ungefähr 9 Monaten. Für das Baby sind die Vokalisationen noch nicht sinngerichtet; sie sind reflektorische Handlungen und spiegeln seine Gefühle von Hunger, Unbehaglichkeit und Freude wider (Bloom, 1978). Das ältere Kind kommuniziert intentional (Halliday, 1975). Die Intention entwickelt sich von dem Moment an, in dem dem Kind bewußt wird, daß sein Verhalten eine Wirkung auf seine Umgebung hat, und daß Bewegungen und Laute für Gefühle, Bedürfnisse und Wünsche stehen können. Diese Erkenntnisse gewinnt es durch die Reaktionsbereitschaft der Eltern auf sein Verhalten.

Frühe Handlungen und Vokalisationen sind reflektorisch, aber die Eltern geben ihnen Bedeutung und reagieren auf sie (Cole, 1982). Dies ist der Anfang der sozialen Interaktion. Wenn das Kind beispielsweise lächelt, sie zurücklächeln und mit ihm sprechen und spielen, führt dies zu weiterem Lächeln. Die Form dieser kommunikativen Episoden verändert sich schrittweise, wenn das Kind reifer und damit fähiger wird, einen aktiveren Teil zu übernehmen.

Aufmerksamkeit auf einen gemeinsamen Bezugspunkt

Dieser Vorgang ist eine notwendige Voraussetzung für die Kommunikation und für das Erlernen von Sprache. Bis zum 3./4. Monat ist die Aufmerksamkeit des Kindes hauptsächlich auf seinen eigenen Körper und seine Bewegungen begrenzt. Von daher konzentrieren sich die Eltern auf das Kind selbst, spielen mit seinen Zehen, kitzeln die Händchen, imitieren seine Mundbewegungen und Mimik usw. Sobald Sie beide sich einem das Kind interessierenden Objekt zuwenden, gewinnen Sie die Aufmerksamkeit des Kindes, indem Sie in einer hohen Stimmlage sprechen, stark betonen, lebendige Mimik und Blickkontakt einsetzen und Ihr Gesicht näherbringen und lächeln (Bruner, 1975; Stern, 1979).

Nach vier Monaten kann das Kind eine andere Person wiedererkennen und deren Blickrichtung aufnehmen. Das bedeutet, daß die Eltern die Aufmerksamkeit des Kindes auf Objekte und Ereignisse in der Umgebung lenken können (Cole, 1982).

Gemeinsame Handlungen

Bei gemeinsamen Handlungen sind Kind und Erwachsene gleichzeitig beschäftigt. Sie beginnen mit circa 3 Monaten und beinhalten gegenseitiges Anschauen, längeren Blickkontakt, synchrone Kopfbewegungen, Mimik, Lächeln und gemeinsames Vokalisieren und zwar sehr spielerisch (Stern, 1974). Dabei initiiert entweder das Kind oder Sie als Eltern die Handlung. Ab 3 Monaten vokalisiert das Kind mehr, wenn Erwachsene besonders durch Sprechen, Gurren oder anders Lautieren auf das Kind reagieren (Weisburg, 1963). Das Feedback ist wichtig für die Aufrechterhaltung der Interaktion, fehlt es bei einem der Partner, wird die Kommunikation seltener und kürzer.

Blickkontakt und gemeinsames Lautieren sind besonders häufige gemeinsame Erfahrungen von Erwachsenen und dem Kind. Diese Verhaltensweisen stehen dem Kind fast sofort zur Verfügung und werden von den Eltern genutzt, die ihr eigenes Verhalten an die jeweiligen Fähigkeiten ihrer Kinder anpassen.

Alternierende Handlungen

Wenn das Kind mit 4–6 Monaten seine imitativen Fähigkeiten entwickelt, ersetzen alternierende Handlungen die gemeinsamen. Anfangs imitieren die Eltern das Kind nach einer beendeten Handlung sofort, um es zur Wiederholung zu ermutigen. Reagiert das Kind darauf, so haben wir es mit einer Interaktion zu tun. Im anderen Falle übernehmen die Eltern beide Rollen und lassen eine Pause für die Reaktion des Kindes, bis es wieder mitmacht (Snow, 1977; Stern, 1979). Das gleiche geschieht im Bereich der Kommunikation. Eltern befinden sich in einer «Two Way Communication» mit ihrem Kind, übernehmen beide Sprechparts und lassen angemessene Pausen für die Plappereien und Juchzer des Babys. Später initiieren die Eltern den Austausch, indem sie einen dem Kind bekannten Laut oder Gesichtsausdruck imitieren und es ermutigen, mitzumachen (Cole, 1982).

Gleichzeitiges Vokalisieren wird während sehr aufregender Momente und Emotionen häufiger, während die alternierenden Handlungen bei gemäßigter Aufregung auftreten (Stern, 1979). Stern geht davon aus, daß dieses Muster auch bei Erwachsenen vorkommt; Menschen tendieren in rationalen Diskussionen dazu, zu warten, bis sie an der Reihe sind, sind sie aber ärgerlich oder aufgeregt, reden alle durcheinander.

Vom 4.–6. Monat an können Eltern zwischen den verschiedenen kindlichen Stimmqualitäten unterscheiden und unterstellen ihnen verschiedene Intentionen. Reagieren Eltern durchgehend auf das Schreien des Kindes, lernt es schnell, eine Antwort zu erwarten. So beginnt das Kind, Ursache und Wirkung zu verstehen und sich intentional zu verhalten. Es lernt, daß der Einsatz seiner Stimme soziale Interaktion herbeiführen und es somit befriedigen kann.

Mit 8–10 Monaten steigt das intentionale Verhalten des Kindes sprunghaft an, besonders jenes, das auf erwünschte Ziele gerichtet ist. Nun beginnt die Zweck – Ziel Unterscheidung (Cole, 1982). Das Kind wird solche Handlungen wiederholen, die eine interessante Reaktion der Erwachsenen hervorrufen.

8–12 Monate alte Kinder beginnen, sich an anderen wechselseitigen Handlungen zu erfreuen, so wie Geben-und-Nehmen-Spiele. Hier will das Kind beispielsweise ein Spielzeug, gibt es zurück und möchte es dann wieder zurückhaben, oder es wirft etwas hinunter und will etwas anderes (Bruner, 1975). Das Kind lernt viel bei diesen Spielen. Es übernimmt eine Rolle und entwickelt damit eine Kompetenz, die für den späteren Austausch, bei Gesprächen und Regelspielen notwendig ist. Es experimentiert damit aktiv mit Agens-Handlung-Objekt-Beziehungen. Der Rollentausch zeigt dem Kind die Wirkungen seiner eigenen Handlungen auf andere und die Wirkungen der Handlungen anderer auf es selbst. Damit bildet sich die Grundlage für soziale Interaktionen aus.

Frühe Vokalisationen

Funktionen

Kinder vokalisieren, um etwas zu erreichen. Halliday (1973) beschreibt dabei die folgenden Funktionen:

a) die interaktionale Funktion (3–4 Mon.): Zur Aufrechterhaltung sozialen Austauschs
b) die persönliche Funktion (ab 9. Mon.): Zum Ausdruck von Gefühlen und Zuständen
c) die instrumentelle Funktion (ab 10½ Mon.): Zur Befriedigung von Bedürfnissen und Wünschen
d) die regulative Funktion (ab 10½ Mon.): Zur Kontrolle von Handlungen bestimmter Menschen
e) die heuristische Funktion (um 15 Mon.): Zum Erhalt von Informationen
f) die informative Funktion (ab 18 Mon.): Zum Übermitteln von Informationen
g) die imaginative Funktion (um 18 Mon.): Zum Spielen und zur Ausbildung phantasievoller Vorstellungen
h) die dialogische Funktion (um 2 Jahre): Um die soziale Kommunikation aufrecht zu erhalten.

Halliday (1973) stellt fest, daß sich die interaktionalen, instrumentellen und regulatorischen Funktionen in die pragmatischen Funktionen hineinentwickeln, während die personalen, heuristischen und interaktionalen Funktionen in mathetische Funktionen münden (s. Kap. 5, S. 91).

Bevor sich die intentionalen Verhaltensweisen des Kindes festigen, sind seine Vokalisationen Ausdruck seines jeweiligen Gefühls und seiner Zustände, beispielsweise Hunger, Schmerz, Unbehagen, Freude und Aufregung (Halliday o.c.).

Form

Der erste Laut eines Kindes ist ein Schrei. Während der nächsten Wochen gähnt es auch, niest, macht Bäuerchen und hustet, was hauptsächlich durch physiologische Abläufe wie Atmung und Nahrungsaufnahme gesteuert wird. Viele Mütter interpretieren auch diese Geräusche als kommunikativ und reagieren mit Sprechen und Spielen darauf (Snow, 1977).

Zwischen der 8. und 20. Woche sind Gurren, Lachen und andere freudige Geräusche zu vernehmen (Stark, 1979). Diese Geräusche werden durch den Vokaltrakt mehr modifiziert als das Schreien, welches in dem Umfang abnimmt, wie das fröhliche Lautieren zunimmt.

Bald sind die ersten Vokale zu vernehmen, normalerweise die der vorderen Artikulationszone, denen die der mittleren folgen (Rutter und Martin, 1972). Zwischen der 12. und 24. Woche treten die ersten Konsonanten auf. Man nahm bisher an, daß die vorderen Konsonanten p und b zuerst erscheinen, wahrscheinlich weil sie früher in sinnvollen Worten erscheinen, aber die neueren Forschungen setzen die hinteren g und k noch früher an. Im folgenden Plappern und in den ersten Worten werden diese jedoch immer seltener und müssen später neu erlernt werden. Die Nasale m und n erscheinen ebenfalls noch früher. Mit 12 Monaten kann das Kind alle Vokale artikulieren (de Villiers und de Villiers, 1978). Es hat sie selbst entdeckt, sie werden nicht durch Imitation gelernt.

Zwischen der 16. und 20. Woche spielt das Kind häufig mit seiner Stimme und seinen Artikulationsmöglichkeiten (Fry, 1977). Dabei besteht anfangs noch keine Intention zur Kommunikation, Laute werden zum Vergnügen und aus Neugierde produziert. Häufigkeit und Intensität der kindlichen Vokalisationen werden vom jeweiligen Befinden beeinflußt (Delack, 1976), von der Stimulation oder davon, ob darauf reagiert wird (Weisburg, 1963). Dieses Stadium des Vokalspiels wird auch als Lallen bezeichnet.

Lallen

Das kindliche Lautrepertoire während dieser Phase kann durchaus Laute enthalten, die nicht der Muttersprache entsprechen (Fry, 1977). Die Lautproduktion verändert sich im Laufe der Entwicklung: so tauchen etwa die hinteren Konsonanten zwar bereits früh auf, werden aber dann zunehmend seltener produziert. Das Lallen nimmt zwar durch die Aufmerksamkeit Erwachsener zu, die Auswahl der hervorgebrachten Laute wird jedoch wahrscheinlich nicht davon beeinflußt, da eine Imitation zu diesem Zeitpunkt noch nicht möglich ist (Dodd, 1972).

Das erste Lallen

- stimuliert das Kind und macht ihm Spaß; (Nakazima 1975 fand, daß Babys mehr lallen, wenn sie allein sind);
- übt die Lautproduktion und Wahrnehmung durch das Experimentieren und Wahrnehmen von Bewegungen der Lippen, der Zunge, des weichen Gaumens und des Kehlkopfs;
- zieht die Aufmerksamkeit der Erwachsenen auf sich und erzielt Reaktionen und wichtige Befriedigung.

  Für das zweite Lallen gilt zusätzlich,
- daß es die soziale Interaktion aufrechterhält;
- daß das Kind seine Gefühle und Bedürfnisse bereits durch die Intonation mitteilen kann.

Im Alter von 25 bis 50 Wochen produziert das Kind reduplizierendes Lallen. Das ist eine sich wiederholende Konsonant-Vokal (C-V) Folge, die aus einem unveränderten Konsonanten und einem möglicherweise wechselnden Vokal besteht, z.B. ‹inene› oder ‹dadede› (Stark, 1979).

Mit 9 Monaten setzt das nicht reduplizierte Lallen ein und kann bis zum Alter von 18 Monaten bestehen bleiben. Es besteht aus einer einzelnen C-V-C oder V-C-V Sequenz, z.B. ‹mem›; ‹abi›, wobei die Konsonanten je nach Silbe wechseln können (Stark, 1979). Wegen der fallenden Intonation und den satzähnlichen Strukturen wird diese Produktion auch expressiver Jargon genannt. Manchmal findet man die ersten Worte darin eingebettet.

Gehörlose Kinder lallen im selben Alter und in der gleichen Form wie hörende Kinder, jedoch oft mit weniger Intonation und kürzer.

Vokabeln

Immer weniger gelten die Lautfolgen zwischen dem Lallen und den ersten richtigen Wörtern als Versuch, Erwachsenenworte nachzusprechen, sondern als kommunikative Handlung. Sie drücken normalerweise eher Funktionen aus als Bezeichnungen für Objekte oder Menschen, so z.B. Bitten, Ablehnungen, Frustrationen und Erreichtes. Diese Vokalisationen werden in der Regel von entsprechenden Gesten und Handlungen begleitet, z.B. ein Kind sagt «da» wenn es etwas will und zeigt darauf (Carter, 1979).

Die Bezeichnungen für diese Lautfolgen sind unterschiedlich, wir schließen uns den Wissenschaftlern an, die sie «Vokabeln» nennen. Vokabeln können aus nur einem Konsonanten und einem Vokal bestehen oder auch aus einem einzigen Vokal. Sie sind sehr schwer von den ersten wirklichen Wörtern zu unterscheiden. Mit 12 Monaten hat das Kind in seinem Repertoire vielleicht ein Dutzend Vokabeln und ein oder zwei Ansätze für ein richtiges Wort. Man weiß zwar wenig über die Entwicklung vom Lallen zum Sprechen, aber es scheint, daß Vokabeln den Erwerb der ersten Worte auf zweierlei Art beeinflussen:

a) Die ersten Worte des Kindes können mit dem gleichen Phonem wie die Vokabel beginnen.
b) Die Vokabeln selbst können in richtige Wörter münden (Carter, 1979).

Erste Wörter

Mit 10 bis 15 Monaten artikuliert das Kind dann die ersten erkennbaren Wörter, oft in Form von wiederholten Silben wie «dada» und «mama» oder einzelnen Silben wie «wa» für wauwau/Hund. Je mehr solcher Wörter es beherrscht, desto weniger lallt es. Manchmal findet sich zwischen dem Ende des Lallens und den ersten richtigen Wörtern eine Periode des Schweigens, häufiger jedoch werden die kunstvollen Lallsätze noch eine Zeitlang eingesetzt (de Villiers und de Villiers, 1978).

Das Kind hat nun die Laute, die es in seinem ersten Lebensjahr gelallt hat, als bedeutungsvolle phonemische Kontraste wiederzulernen (Jakobson, 1968). Dabei werden meist die vorderen Konsonanten vor den hinteren produziert, aber es gibt auch durchaus individuelle Unterschiede in der Reihenfolge des Erwerbs (Menyuk und Menn, 1979; deutsch: Müller, 1973; Signer, 1975).

In Kap. 5 findet sich eine ausführlichere Beschreibung der ersten Worte des Kindes.

Gestik

Die Entwicklung der Gestik soll hier nicht genauer ausgeführt werden, es sei nur erinnert, daß der Gebrauch und das Verständnis von Gesten sich parallel zu dem der Sprache entwickelt. Ein Baby reagiert auf das dada-Winken mit 7 bis 8 Monaten. Mit 9 Monaten setzt es «große» Gesten ein, z.B. auf etwas zeigen oder ein Objekt hochhalten. Kann es laufen, führt es eine Person zu dem gewünschten Objekt. Im Alter von 12 bis 18 Monaten spielt das Kind viele gestische Imitationsspiele, wie Guck-guck-da oder Backe-Kuchen (mehr darüber in Bruner, 1987).

Frühe Konzepte

Am Anfang lernt das Kind vor allem das Objektkonzept (d.h. Informationen über Eigenschaften und Funktionen eines Objektes) und darauf bezogene Konzepte (d.h. die Beziehung von einem Objekt zu einem anderen).

Das Objektkonzept

Das Objektkonzept hat drei Grundelemente: Objektkonstanz, Objektpermanenz und Objektidentität (Bee, 1981).

Objektkonstanz

Objektkonstanz beruht auf der Wahrnehmung: das Kind muß fähig sein, wahrzunehmen, daß ein Objekt trotz unterschiedlicher Entfernung, Licht und Schatten, Lokalisation und Blickwinkel etc. immer dasselbe ist. Obgleich schon kleine Kinder Objektkonstanz zu lernen beginnen, beherrschen sie sie erst mit zwei bis drei Jahren ganz (Bee, 1981).

Objektpermanenz

Objektpermanenz nennt man das Wissen, daß ein Objekt in Zeit und Raum existiert, auch wenn es gerade nicht sichtbar ist oder nicht benutzt wird. Dieses Konzept entwickelt sich in einer klar beschriebenen stufenartigen Abfolge (Piaget, 1988), wobei die Zeitpunkte des Einsetzens allerdings noch umstritten sind. Für das sehr kleine Kind ist ein Objekt, das es nicht mehr sieht, auch nicht mehr existent. Ein Baby von einem Monat zeigt keine Reaktion, wenn ein Objekt aus seinem Blickfeld verschwindet. Mit zwei Monaten schaut es manchmal schon überrascht, wenn ein Spielzeug versteckt wird, stellt aber keinen Versuch an, es zu finden.

Mit sechs Monaten schaut es einem hinuntergefallenen Spielzeug nach, vergißt es aber, wenn es nicht schnell genug wieder in sein Blickfeld kommt. In diesem Alter deckt das Kind ein teilweise verstecktes Spielzeug auf, aber es macht keinen Versuch, ein ganz verstecktes Spielzeug zu suchen. Das bedeutet, daß bereits ein Teil des Objekts das ganze repräsentieren kann (Bloom, 1978).

Wenn ein 8–12 Monate altes Kind beim Verstecken zugesehen hat, kann es sich einem ganz verdeckten Spielzeug zuwenden und es suchen. Das bedeutet, daß es die Existenz eines Objekts realisiert, auch wenn dieses nicht mehr sichtbar ist. Es hat das Bewußtsein für die Objektpermanenz bekommen. In diesem Stadium scheint jedoch die Lokalisation eines Objektes noch besser im Gedächtnis zu bleiben als das Objekt selbst: Wenn das Kind ein Objekt an Platz A gefunden hat, sucht es dort immer weiter, auch wenn es gesehen hat, daß es von dort weggeholt und an Platz B versteckt wurde. Mit 12 bis 18 Monaten schaut das Kind an Platz B, wenn es gesehen hat, daß es dort versteckt wurde. Hat es jedoch nicht gesehen, daß es bei B versteckt wurde, sucht es weiter bei A und schaut nicht bei B nach, auch wenn es das Spielzeug bei A nicht findet.

Erst mit ca. 18 Monaten sucht das Kind ein Objekt an allen Orten, auch wenn es nicht gesehen hat, daß und wo es versteckt wurde. Man kann jetzt von einem vollendeten Konzept der Objektpermanenz sprechen. Es hat die Informationen über das Objekt verarbeitet, kodiert und gespeichert, behält es in seinem Gedächtnis und sucht es an verschiedenen Orten (Bloom, 1978).

Da sich Objektpermanenz als Konzept per se, ohne einen konkreten Bezug zu den beteiligten Objekten entwickelt, muß es nicht bei jedem Objekt neu gelernt werden. Der Erwerb der Objektpermanenz bedeutet, daß das Kind das Objekt von seinem Kontext und von seinen eigenen Handlungen getrennt repräsentiert hat (Bloom 1978). Das Objektkonzept kann sich nun entfalten, das heißt, das Kind kann immer mehr die Gleichheiten und Unterschiede von Objekten erkennen und sie in Kategorien einordnen.

Objektpermanenz ist wichtig für die Sprachentwicklung, denn das Kind muß zunächst lernen, daß Objekte sich nicht verwandeln und verändern, bevor es verstehen kann, daß Worte Symbole sind, die dafür benützt werden, Objekte zu repräsentieren (Bloom, 1973). Vor diesem Stadium kann ein Kind zwar Worte benutzen, aber sie beziehen sich auf bestimmte Items in bestimmten Kontexten, z.B. auf seine Familie und bekannte Spielsachen. Die Wörter werden hier noch nicht symbolisch genutzt.

Die Objektidentität

Objektidentität ist die Fähigkeit zu erkennen, daß ein Objekt dasselbe ist, heute oder morgen und in den verschiedensten Situationen. Diese Fähigkeit ist von der Entwicklung und dem Zusammenhang von Objektpermanenz, Gedächtnis und den inneren Schemata abhängig (Bee, 1981). Objektidentität beginnt mit dem Situationsverständnis in der gleichen Art wie das frühe Sprachverständnis.

Mit 8 bis 9 Monaten erkennt das Kind ein Objekt nur in dessen bekanntem Kontext mit allen gegenwärtigen Merkmalen, d.h. es kennt seine eigene Tasse zwar bei den Mahlzeiten, aber es erkennt sie nicht in einem anderen Kontext, und weiß nicht, daß andere Tassen auch Tassen sind *(siehe S. 12)*. Es kennt folglich keine Klasse von Tassen (Bloom, 1978).

Mit 9 bis 10 Monaten erkennt das Kind seine eigene Tasse in unterschiedlichen Kontexten wieder, so lange bekannte Merkmale dabei sind, z.B. wenn die Tasse wie immer die Milch oder den Orangensaft enthält.

Mit 10 bis 11 Monaten erkennt das Kind die Tasse in allen Situationen und mit 12 Monaten ist ihm bewußt, daß andere Tassen der gleichen Größe auch Tassen sind und kann sie angemessen gebrauchen.

Die bisher beschriebene Entwicklung mündet in die Fähigkeit des Objektkonzepts, die Reynell «Objekterkennung» und Piaget «internale Schemata» nennt. Das heißt, das Kind kann alle Tassen in allen Situationen erkennen. Damit ist ihm die Klasse der Tassen bewußt (Bloom, 1978). Solche Objekterkennung geht aus einer graduellen Reduzierung der Situationsmerkmale hervor und ist sehr wichtig für die Entwicklung des symbolischen Verständnisses (Reynell, 1980) *(s. auch S. 12)*.

Beim Erwerb des Objektkonzepts spielen die Prozesse der Generalisierung und Diskrimination eine wichtige Rolle. Das Kind erkennt zuerst ein Beispiel des Objekts, «seine Tasse»; zuletzt lernt es zwischen den Objekten der gleichen Kategorie, z.B. Plastik- und Porzellantassen und zwischen verschiedenen Kategorien, z.B. Tassen, Bechern und Mokkatässchen zu unterscheiden (Bloom, 1978).

Semantische Relationen

Semantische Relationen sind ein zweiter wichtiger Faktor, der zum Inhalt der sich entwickelnden Sprache beiträgt. Sie vermehren das Wissen der Kinder über Objekte.

Nach Bloom treten die semantischen Relationen in einer relativ festgelegten Reihenfolge auf:

1. Referenz
2. Handelnder, Handlung und Objektbeziehung
3. Attribution
4. Lokalisation
5. Besitz (Bloom, Lightbown und Hood, 1978) *(s. auch Kap. 5)*

Kinder lernen semantische Relationen durch Anschauen, Berühren, Zuhören und Handeln.

Die ersten semantischen Relationen, die Kinder lernen, sind Existenz, Verschwinden und Wiedererscheinen. Objekte kommen ins Gesichtsfeld und verschwinden wieder, der Hintergrund wechselt und Menschen kommen wieder, all diese Bewegungen und Veränderungen tragen grundsätzlich zur Entwicklung bei. Kinder lernen über Handlungsbeziehungen, welche Objekte die Tendenz haben, festzustehen, z.B. Bad, Bett und Haus, und welche sich bewegen, z.B. Mama, Katze und Ball. Sie identifizieren auch, welche Objekte sich selbst bewegen und welche angetrieben werden müssen, und so bekommen sie das Bewußtsein von einem Handelnden und den Objekten der Handlungen.

Das Kind entdeckt weiterhin auch die Auswirkungen seiner eigenen Bewegungen auf die Objekte (es haut z.B. seinen Löffel auf eine harte Fläche oder schüttelt seine Rassel), aber auch die Wirkung von Bewegungen anderer Menschen auf sich selbst (z.B. wie es sich anfuhlt, gewiegt, geschubst und gestreichelt zu werden). Das Kind braucht Zeit, um all diese unterschiedlichen Aspekte solcher Bewegungsereignisse zu ordnen (Bloom, 1978). Bewegungen verändern die Positionen von Menschen und Objekten, die bewegt werden. Dies zeigt den Kindern etwas über die örtliche Beziehungshandlung.*

Obwohl das Kind die Ortsbestimmungen wohl anfangs durch die Bewegungen von Objekten lernt, wird ihm bald bewußt, daß es statische Orte gibt. Es assoziiert ein unbewegliches Objekt mit einem speziellen Platz, beispielsweise die Badewanne im Badezimmer. Mit 10 bis 12 Monaten können Kinder dann angemessen auf eine Wo Frage reagieren, wenn das Objekt nicht in Sicht ist, so lange es sich an seinem gewöhnlichen Platz befindet, (z.B. die Fische im Aquarium). Nach ungefähr 18 Monaten können die Kinder auch ein für sie nicht sichtbares Objekt lokalisieren, das sich übergangsweise an einem anderen Platz befindet (ein Fisch im Eimer während der Aquariumreinigung).

Bis zum Alter von 16 Monaten sind dem Kind instrumentelle Beziehungen nicht bewußt. Es benützt zwar das Objekt A, um das Objekt B zu erreichen oder damit zu handeln (z.B. mit dem Löffel (A) auf einen Baustein (B) hauen), aber seine Aufmerksamkeit ist auf das zweite Objekt fixiert, und Objekt A wird damit nur als ein Ausläufer des eigenen Körpers betrachtet.

Von 13 bis 19 Monaten beginnt das Kind ein Objekt in einer angemessenen Art zu benützen, aber nicht notwendigerweise in Beziehung zu dem zweiten Objekt, beispielsweise könnte es einen Besen nehmen, um das Gesicht der Puppe zu waschen.

Wenn sich dann die symbolische Repräsentation vom 18. bis 24. Monat entwickelt, lernt es beide Objekte angemessen zu benützen, es wäscht dann beispielsweise das Gesicht der Puppe mit einem Spieltuch (Bloom, 1978).

Ursache und Wirkung

Das neugeborene Kind ist mit angeborenen Reflexen ausgestattet, die bald durch seine Erfahrungen modifiziert werden. Dem Baby passiert etwas; es wird hochgenommen, gefüttert, gebadet, liebkost, gewiegt etc. Zur gleichen Zeit entdeckt es, daß es auch selbst gewisse Fähigkeiten hat, z.B. kann es schauen und Dinge bemerken, zuhören und Geräusche hören, etwas berühren, sein Leintuch und den Körper seiner Mutter fühlen, seine Arme, Beine, den Kopf und den Körper bewegen, schreien und interessante Geräusche machen.

Zwischen 1 und 4 Monaten ist das Baby sehr mit seinem Körper beschäftigt und beginnt, Körperbewegungen zu wiederholen – erste Versuche, Dinge nochmals geschehen zu lassen. In diesem Stadium kann es sich selbst nicht von seiner Umgebung, oder von seiner Handlung und den Effekten seiner Handlungen unterscheiden (Piaget, 1987).

Die reflexartigen Bewegungen bewirken manchmal erfreuliche Dinge, wenn es zum Beispiel mit seiner Hand winkt, dreht und bewegt sich ein farbiges Mobile. Durch konstante Wiederholungen solcher «zufälligen» Aktivitäten, lernt das Kind, daß seine Bewegungen einen Effekt haben, und es beginnt sich als getrennt von der Umgebung zu erleben. Piaget (1987) nennt diese Ereignisse

* In Blooms Terminologie heißt das: eine örtliche Handlung weist auf den Ort hin, zu dem man ein Objekt hinbewegt, während der örtliche Status auf den Platz verweist, an dem sich ein festes Objekt gewöhnlich befindet.

«magisch phänomenalistisch»; «magisch» weil sie um die Handlungen des Kindes herum zentriert sind, ohne daß es bewußt die Verbindung zwischen Ursache und Wirkung sieht; und «phänomenalistisch», weil die Verbindung zwischen den beiden Ereignissen ausreicht, um eine Beziehung zwischen ihnen zu vermuten. Zwischen 4 und 10 Monaten beginnt das Kind, Aktivitäten zu wiederholen, damit interessante Dinge in der Umgebung noch einmal passieren. Das Kind beginnt jetzt, Informationen von zwei Sinnesmodalitäten auf einmal zu koordinieren (Bee, 1981) und schenkt Objekten und Ereignissen in seiner unmittelbaren Umgebung immer mehr Aufmerksamkeit. Die Eltern helfen dabei, dieses Bewußtsein zu entwickeln, indem sie die Aufmerksamkeit des Kindes auf bestimmte Spielsachen lenken. Indem sie das Spielzeug bewegen, ihm helfen, damit umzugehen und darüber sprechen, versuchen sie, seine Aufmerksamkeit zu erhalten *(s. auch Kap. 2)*. Hat das Kind dann Objektkonstanz und Objektpermanenz entwickelt, erforscht es visuell systematischer. Es beginnt eine Verbindung zwischen seiner Handlung und dem interessanten Ergebnis zu erkennen: daß beispielsweise das Ziehen an einer Schnur ein Mobile oder ein Spielzeug in sein Gesichtsfeld kommen läßt.

Hat das Kind dann zwischen 10 und 12 Monaten ein gewisses Verständnis für Ursache und Wirkung erworben, werden seine Handlungen absichtsvoller. Es handelt nun mit einem Ziel, d.h. es zieht an der Schnur, weil es das Spielzeug am anderen Ende davon haben will. Der kleine Unterschied zwischen diesem Kind und dem, das sich noch im Stadium des «magischen Phänomenalismus» befindet, besteht darin, daß letzteres auch an einer Schnur ohne Spielzeug zieht. Das einjährige Kind ist fähig, zwei Verhaltensweisen zu kombinieren, um bestimmte Ergebnisse zu erreichen. Beispielsweise kann es sowohl Gestik als auch Laute benutzen, um jemanden erst auf sich, dann auf ein externes Ereignis aufmerksam zu machen. Es setzt Menschen ein, um seine Ziele zu erreichen und seine Bedürfnisse zu befriedigen und entwickelt so sein Verständnis für diese instrumentellen Beziehungen.

Wenn sich das Kind dann mit 12–18 Monaten freier bewegen kann, erforscht und experimentiert es mehr und probiert mit bekannten Objekten neue Handlungen und mit neuen Objekten bekannte Handlungen aus (Piaget, 1988). Etwa vom 13. bis 15. Monat besteht das Erforschungsverhalten des Kindes aus nichtspezifischen Handlungen, (z.B. Nuckeln, etwas Fallenlassen, Schütteln, Klopfen oder Werfen) ungeachtet der besonderen Merkmale und Funktionen des jeweiligen Objekts. Das verschafft ihm viele Informationen über Objekte und Handlungsbeziehungen. Vom 16. bis 19. Monat werden seine Handlungen objektspezifischer, jetzt rollt das Kind einen Ball und schüttelt die Rassel (Bloom, 1978).

Durch diese Operationen unterscheidet das Kind letztlich den Handelnden vom Objekt, mit dem gehandelt wird und lernt Ursache – Wirkung- und Mittel–Ziel-Beziehungen (Piaget, 1988; Gratch, 1975) kennen. Das Kind begreift diese Konzepte zuerst mit sich selbst als aktivem Teilnehmer und erst später in der Beziehung zu anderen Menschen.

Das Ursache–Wirkung-Prinzip und seine Assoziation zu passenden Sprachformen bildet die Basis des verbalen Denkens (Piaget, 1988). Das Kind wird später Sprache benutzen, um Umstände und Gründe zu ergründen, warum Dinge so sind, wie sie sind und an Problemen in der Weise arbeiten, daß es die Wirkung einer Handlung auf andere Menschen antizipieren kann.

Erste Perzeption der Sprechlaute

Die Perzeption der Sprechlaute findet normalerweise vor ihrer Produktion statt (Edwards, 1974), wobei beides sich zwar zusammen entwickelt, jedoch nicht unbedingt gleich schnell (Stark, 1979). Die beginnende Perzeption kann allerdings noch recht ungenau sein (Edwards, 1974; Garnica, 1973).

Um die Sprache zu verstehen, muß das Kind folgende drei Fähigkeiten erworben haben (de Villiers und de Villiers, 1978):

1. Die menschliche Stimme von anderen Umgebungsgeräuschen zu unterscheiden.
2. Sprechen von anderen menschlichen Geräuschen zu unterscheiden.
3. Zwischen unterschiedlichen Sprechlauten zu unterscheiden.

Schon von früh, vielleicht sogar schon von Geburt an, können Säuglinge die menschliche Stimme erkennen und darauf reagieren. Neugeborene reagieren auf Frequenzen, die im gleichen Bereich liegen wie das Sprechen Erwachsener und werden sowohl durch den Klang als auch durch den Rhythmus des Sprechens beruhigt oder stimuliert. Mit 2 Monaten kann ein Baby unterschiedlich auf eine ansteigende oder fallende Intonation reagieren, und mit 4 Monaten kann es durch die «Voice Onset Time» (VOT) zwischen den Stop-Konsonanten p oder b ebenso gut wie ein Erwachsener unterscheiden (Eimas, 1974 und 1975). Allerdings gelingt das noch nicht zwischen unterschiedlichen Geräuschen innerhalb eines Phonems. Das zeigt, daß Babys mit angeborenen «linguistischen Merkmalsdetektoren» auf die Welt kommen (Eimas und Corbit, 1973). Obwohl sie instinktiv zwischen Phonemen unterscheiden können, müssen sie jedoch im Laufe ihrer phonologischen Entwicklung bewußt lernen, daß verschiedene Phoneme Unterschiedliches bedeuten.

Kürzlich fand man heraus, daß ein Laut im Kontext des Wortes oder der Phrase wahrgenommen wird und nicht als ein unterscheidendes Phonem. D.h., daß die Wahrnehmung eines Lautes je nach Beeinflussung durch die Nachbarlaute variiert. Wahrscheinlich lernen Kinder beim Erwerb neuer Wörter das volle phonologische System, wobei ihnen bewußt wird, daß unterschiedliche Laute unterschiedliche Bedeutungen haben.

Theorien der Lautperzeption und der Entwicklung der phonologischen Kontraste sind kompliziert und vielfältig. Diesem umfassenden Thema können wir hier allerdings nicht gerecht werden. Sie können sich über diesen wichtigen Aspekt des Spracherwerbs anhand von Büchern und Artikeln weiter informieren.

Beginnendes Sprachverständnis

Die Erforschung realer Objekte in der realen Welt führt nach und nach zur symbolischen Repräsentation von Objekten. Wir benützen Symbole, z.B. Spielsachen, Bilder und Worte, die für Objekte, Ideen und Ereignisse stehen. Der Gebrauch von Symbolen ist grundlegend für die Sprache als ein System von Symbolen. Die Sprache ermöglicht es den Menschen, das Hier und Jetzt in ihrer Kommunikation und ihren Gedanken zu transzendieren. Die frühen Stadien der Konzeptbildungen müssen schon erreicht sein, bevor bedeutungsvolle Sprache möglich ist, weil Wörter Symbole sind, und Symbole auf Konzepte und nicht auf besondere Objekte bezogen sein müssen.

Symbolisches Verständnis entwickelt sich nach und nach in logischen Stadien vom 9. bis 27. Monat (Reynell, 1980).

Situationsverständnis (ab 9 Monate)

Das meiste, was ein Kind versteht, beruht auf den Erfahrungen mit der realen Umgebung. Mütter haben oft das Gefühl, daß ihre 1jährigen Kinder alles verstehen, was man ihnen sagt. Das Kind nützt all die vorhandenen Zeichen des Kontextes, wie Gestik, Intonation und die Vertrautheit der Situation, um Sprache zu interpretieren. Tatsächlich versteht das Kind nur wenige Worte und nimmt sie hauptsächlich als Teil der ganzen Situation wahr. Wenn eine Mutter beispielsweise ihr Kind bittet, sich zum Essen hinzusetzen, während sie das Kinderstühlchen heranzieht, sein Lätzchen umbindet und Essensgerüche aus der Küche kommen, kann es verstehen, was sie will.

Sprechen ist Teil einer ganzen Situation. Nach und nach wird dem Kind eine bekannte Phrase, hervorgehoben durch die klare Intonation und Betonung der Eltern, bewußt. Bald leitet die Phrase das Ereignis ein, mit dem es assoziiert wird. Zwischen 9 und 11 Monaten zeigt das Kind bereits Erwartungen und angemessene Reaktionen, die dann wiederum Teil der bekannten Routine werden (Reynell, 1980). Nach und nach verliert der situative Faktor an Bedeutung, so daß das 12 Monate alte Kind die Situation allein anhand der linguistischen Faktoren wiedererkennt.

Zwischen 11 und 13 Monaten werden die Schlüsselwörter einer Phrase als am signifikantesten identifiziert, d.h. «Tasse» signalisiert das Erscheinen von Orangensaft oder Milch; später wird die Tasse mit der Handlung des Trinkens und schließlich mit dem Objekt selbst assoziiert (Reynell, 1980). Die Phrase ist jedoch mit einer besonderen Handlung oder Situation assoziiert und bedeutet noch nicht wirkliches Sprachverständnis.

Mit der Entwicklung des Objektkonzepts vom 13. bis 15. Monat ist das Kind bereit für das erste Symbolerkennen.

Symbolisches Verständnis

«Die Offenheit für wirkliche Sprache kann man im spontanen bedeutungsvollen Spiel mit Spielsachen sehen, das das Bewußtsein für symbolische Repräsentation zeigt» (Sleigh, 1972).

Mit 12 Monaten setzt das Kind reale, bekannte Objekte in Verbindung zu sich und zeigt Verständnis für ihre Funktion, indem es sie richtig gebraucht (beispielsweise aus einer Tasse trinkt). Dies wird manchmal auch als ‹Definition durch den Gebrauch› bezeichnet.

Mit 13 bis 15 Monaten kann das Kind sinnvoll mit großen Puppen und Spielsachen spielen. In diesem Stadium gebraucht es manchmal Einzelworte und zwar normalerweise solche, die sich auf eine Situation beziehen wie «da-da» (Reynell, 1980).

Mit 15 bis 18 Monaten benützt es bei großen Puppen und Menschen Objekte richtig, jedoch noch nicht bei sich selbst. Das ist der Anfang des symbolischen Spiels (Sleigh, 1972).

Von 18 Monaten an kann es zwei bekannte Symbole zusammenbringen, z.B. eine große Puppe aus einer großen Spieltasse füttern.

Von 18 bis 20 Monaten an erkennt das Kind kleine und winzige Spielsachen und bezieht sie mit ein, z.B. füttert es seine kleine Puppe mit einer Puppen-Babyflasche, obgleich es die Sachen auch selbst noch benutzt. In diesem Stadium treten richtige verbale Bezeichnungen auf (Reynell, 1980).

Zwischen 20 und 24 Monaten beginnt es, eindeutige bunte Objektabbildungen zu erkennen und sie zum realen Objekt zuzuordnen.

Zwischen 24 und 27 Monaten kann es zwei unterschiedliche Arten von Symbolen miteinander kombinieren, z.B. ein Spielzeug einem Bild, aber auch ein Objekt einem Bild mit zwei Objekten zuordnen.

Ab 2½ Jahren handelt das Kind in sinnvollen Sequenzen mit kleinem Spielzeug, wie z.B. bei einem Puppenkaffeetrinken. Mit 2½ bis 3 Jahren kann es zwei oder mehr Bilder einem Bild mit vielen Objekten zuordnen (Sleigh, 1972).

Das 3jährige beginnt, komplexere Bilder mit Hilfe von Spielsachen und Objekten zu verstehen, die es wie auf dem Bild manipulieren kann. Mit 3½ versteht es ein komplexeres Bild und versucht, es zu beschreiben (Sleigh, 1972), und ab 4 Jahren versteht es Bildreihen und Comic strips immer besser und setzt sie zusammen (Reynell, 1977).

Das Erkennen von Spielzeug und Bildern ist für die Entwicklung des Kindes wichtig und scheint sehr eng mit dem Spracherwerb verbunden zu sein. Sleigh's (1972) Untersuchungen zeigten, daß die Fähigkeit, zwei Symbole miteinander in Verbindung zu setzen, mit dem Gebrauch der 2-Konzept Phrasen korreliert. Das Kind kann ab etwa 3 Jahren viele Spielsachen und Bildsymbole assimilieren, wird flüssiger in seinem Sprechen und beginnt, unterschiedliche Sätze zu produzieren. Sleigh behauptet demzufolge, daß der Einsatz von Spielsachen und Bildern oder anderen symbolischen Formen in der Therapie eines sprachgestörten Kindes das Symbolbewußtsein verbessern und ihm damit helfen kann, flüssiger zu sprechen (Sleigh, 1972).

Richtlinien für die Therapie

1. Die Therapie für diese ersten vorsprachlichen Aktivitäten sollte regelmäßig und konsequent durchgeführt werden.
2. Die Therapie muß zu Hause unterstützt werden.
3. Ratschläge und praktische Hinweise für die Eltern und andere Interaktionspartner des Kindes sind außerordentlich wichtig.
4. Die Therapie muß erfreulich sein, damit das Kind diese ersten Aktivitäten als Spiele empfindet.
5. Versuchen Sie nie, das Kind zu irgendwelchen Leistungen zu bringen. Die Handlungen sollten so natürlich wie möglich sein.
6. Nehmen Sie jede Gelegenheit wahr, die sich natürlicherweise bietet, um die Konzepte zu festigen, die Sie vermitteln wollen.
7. Geben Sie dem Kind so viel Übungszeit und -möglichkeit, wie es braucht.
8. Sorgen Sie dafür, daß das Kind während einer gewissen Zeit eine ruhige Umgebung hat, so daß es seinen eigenen Lauten und denen seiner natürlichen Umgebung zuhören kann. Wenn Sie mit Geräuschen und Klängen arbeiten, sollte der Ort immer ruhig sein.
9. Sorgen Sie dafür, daß alle gebrauchten Spielsachen und Materialien kompakt, sicher und sauber sind.

Aktivitäten für die frühen Sprachfähigkeiten

Erste Kommunikative Handlungen

Gemeinsame Aufmerksamkeit

Folgen Sie zuerst der Aufmerksamkeitsrichtung des Kindes, und nehmen Sie teil an dem, was es momentan interessiert. Zeigen Sie deutlich Ihr Interesse, indem Sie schauen, zuhören, mit dem Objekt seiner Wahl umgehen, darüber sprechen, zeigen, wie es funktioniert, oder was man damit tun kann usw. Behalten Sie dieses Interesse so lange wie möglich *(s. auch Kap. 2)*. Nutzen Sie jede Situation, beispielsweise wenn das Kind mit seinen Zehen spielt, ein sich bewegendes oder herunterhängendes Spielzeug beobachtet, Musik oder dem Regen zuhört, aus dem Fenster schaut, mit Spielzeug oder mit Bauklötzen spielt, ein Buch oder Bild anschaut, etwas ißt usw.

Schaffen Sie nach und nach zwischen sich und der Aktivität eine Verbindung. Das Kind spürt diese Assoziation, wenn Sie mit ihm selbst umgehen (z.B. es umarmen, streicheln, herumdrehen oder schaukeln), oder mit dem Objekt seiner Aufmerksamkeit (z.B. seine Zehen kitzeln, das Mobile anschubsen, die Rassel schütteln und die Bausteine umwerfen). Achten Sie darauf, daß das Kind ab und zu Ihr Gesicht wahrnimmt, sonst erscheinen Sie lediglich als «Ableger» eines Objekts.

Setzen Sie das Kind so hin, daß es Sie sehen und beobachten kann, so daß Sie wahrgenommen werden. Erzählen Sie ihm, was Sie gerade tun.

Gemeinsame Routinehandlungen

Machen Sie bei allen möglichen Handlungen des Kindes mit, und imitieren Sie sie. Greifen Sie Aktivitäten auf, die das Kind stimulieren, besonders die altersangemessenen und zweckmäßigen. Auch wenn das Kind in seiner Entwicklung sehr verzögert ist und nur wenig Interessen hat, kann fast jede seiner Verhaltensweisen aufgegriffen werden, z.B. lächeln und schauen, schaukeln, plappern, summen, lachen und weinen, rollen, krabbeln, tanzen, singen, mit Zügen, Autos, Tieren und Spielzeug spielen. Bemerkt das Kind Ihre Teilnahme, versuchen Sie, eine andere Handlung, die das Kind kann, einzuleiten. Die Aktivitäten sollten anfangs ähnlicher Art sein, so daß das Kind nicht zu sehr umdenken muß: Klatschen Sie, wenn das Kind singt, oder wippen Sie den Takt mit dem Fuß, wenn es tanzt.

Gelingt ein harmonisches, gemeinsames Spiel, können Sie mit der Einführung von Spielen beginnen, oder seine momentane Handlung in ein Spiel verwandeln. Wenn es beispielsweise gerade herumrennt, können Sie Fangen oder Pferderennen spielen; möchte es hochgenommen werden, können Sie es reiten lassen; dreht es sich gerade, kann Ringel-Reihen daraus entstehen.

Wechselspiel

Während den Spielsitzungen sollten Sie versuchen, ein Wechselspiel auszulösen; dafür imitieren Sie das Kind, sobald es eine Pause macht. Imitieren Sie ein Geräusch, einen Gesichtsausdruck oder eine Bewegung so lange, bis das Kind merkt, was es tut. Dann stoppen Sie, damit das Kind Sie imitieren kann. Geht es nicht darauf ein, übernehmen Sie seinen Part (Cole, 1982). Dabei sollten Sie darauf achten, die Pausen für das Kind zum Mitmachen immer einzuhalten. Entsprechende verbale Kommentare «jetzt du» z.B. können eingebaut werden.

Gelingt dann der Austausch, versuchen Sie, eine andere, ihm bekannte Aktivität einzuführen, aus einem Anlachen machen Sie beispielsweise ein Guck-guck-da Spiel.

Vorbereitende Konversationsspielchen

Machen Sie Babyspiele wie Guck-Guck-da und Ich-krieg-dich (wenn man sagt «ich krieg dich» und vorgibt, das Kind zu fangen oder zu kitzeln, baut man Spannung in ihm auf). Das sind Verhaltensweisen, die zur normalen Interaktion gehören, wie auch Blickkontakt, Kopf- und Körperbewegungen, Mimik, wie lächeln und die Augenbrauen heben, übertriebene Intonation und viel Gestik. All dies sind natürliche Babyspiele, aber sprachentwicklungsverzögerte Kinder brauchen sie häufiger und eindrücklicher.

Ist der Blickkontakt abgebrochen, unterbrechen Sie das Spiel so lange, bis er wieder hergestellt ist. Natürlich kann man versuchen, das Kind durch Ansprechen und Kopfdrehen wieder aufmerksam zu machen, aber wenn es darauf nicht reagiert, warten Sie eben ein paar Minuten ab.

Am hilfreichsten sind Spiele, bei denen Sie Blickkontakt haben: das Kind sitzt auf Ihrem Schoß, wenn Sie Kitzel-, Finger- und Reiterspiele machen, wenn Sie es auf den Knien hopsen und plötzlich plumpsen lassen (Hoppe Reiter) (Anregungen bei Austermann und Wohlleben, 1989). Singen Sie auch Kinder- und andere Lieder in dieser Position. Ermuntern Sie das Kind, dabei immer aktiver zu werden.

Spätere wechselnde Aktivitäten

Spiele mit Geben und Nehmen

Sie reichen dem Kind ein Spielzeug «da hast du's», strekken ihm dann Ihre offene Hand zum Zurückgeben hin «gib's mir wieder». Damit regen Sie das Kind an, auch seine Hand auszustrecken, um es wieder zu nehmen. Spiele dieser Art können einen Sinn bekommen, wenn Ihnen das Kind z.B. ein Objekt zum Aufbewahren aushändigt. Sie nehmen es dann aus einer Schachtel und geben es dem Kind zurück, damit es das gleiche tun kann.

Geben Sie dem Kind ein Spielzeug zum Spielen. Zeigen Sie ihm ein weiteres, aber geben Sie es ihm erst, wenn es das erste zurückgegeben hat (Jeffree, McConkey und Hewson, 1977).

Hin-und-her-Spiele

Sie rollen sich Bälle, Murmeln* zu, schieben Züge, Autos und Spielsachen auf Rädern hin und her, werfen Bohnensäckchen, Kissen und Bälle, rollen Teig zusammen aus, schubsen ein schaukelndes Spielzeug an; mechanisches Spielzeug und Laufpuppen lassen Sie zwischen sich hin und herbewegen usw.

Guck-guck-da-Spiele

Sie verstecken Ihr Gesicht hinter den Händen und gukken wieder hervor, ziehen Hüte oder Tücher über Kopf und Augen oder verstecken sich hinter Türen und Stühlen. Man kann Guck-guck-da auch mit anderen Körperteilen spielen, wenn das Kind z.B. gerade angezogen wird, und man macht ein großes Trara, wenn eine Hand aus dem Schlafanzugärmel herauskommt.

Hand- und Fingerspiele

Das sind Spiele mit Klatschen, wie «Backe-Kuchen», Händeturm bauen, «Das ist der Daumen...», «Der ist ins Wasser gefallen» und «Da hast 'nen Taler...» (Austermann und Wohlleben, 1989).

Körperspiele

Ruderboot (wobei zwei Personen sich gegenübersitzen, an den Händen halten und hin und her schaukeln); auch Fangen und Wettrennen sind Beispiele gemeinsamer Spielchen.

Kinderreime und Geschichten

Wenn das Kind Kinderreime und Geschichten gut kennt, kann man an bestimmten wichtigen Stellen eine Pause machen, damit es die entsprechende Handlung ausführen, das Geräusch bzw. ein Wort einfügen kann. Reime mit Refrains sind dafür am besten geeignet. Wenn das Kind schon älter ist, kann man Sprache in Form von Fragen anbieten wie: «und was hat der böse Wolf dann gesagt?»

* Nehmen Sie keine Murmeln oder kleine Objekte, wenn das Kind alles in den Mund nimmt, und sorgen Sie dafür, daß alle Spielsachen sicher sind.

Symbolische Spiele und lebensechte Sequenzen

Kind und Erwachsene wechseln sich bei der Ausführung bestimmter Handlungen ab, z.B. wenn sie entweder wirklich Tee kochen oder so tun als ob. Gießt die Therapeutin beispielsweise den Tee ein, gibt das Kind den Zucker hinein, die Therapeutin fügt Milch dazu, und das Kind rührt um. Das zeigt dem Kind, wie es auf die Handlungen des anderen warten und entsprechend handeln muß, und es wird ihm auf diese Art auch eine gewisse Verantwortung übertragen.

Man kann auch Routinehandlungen wie das Zähneputzen nehmen, sie sollten jedoch bekannt sein, denn das Ziel ist hier, in Rollen abwechselnd zu handeln, und nicht die Sequenzierung, obgleich sie ein nützliches Beiprodukt sein kann.

Aktivitäten für die ersten Vokalisationen

Geräusche machen und Lallen

1. Zungen- und Lippenspiele: Spiele, wie Marmelade und Eis von den Lippen schlecken, mit der Zunge wakkeln sowie Blase- und Saugspiele sind sinnvoll, dem Kind beim Kennenlernen seiner Lippen, der Zunge und des weichen Gaumens zu helfen (Franke, 1990[2]).

2. Eßgewohnheiten: Gute Eßgewohnheiten sind wichtig, um die Muskeln zu stärken und die Bewegungsmöglichkeiten zu erfahren, die für das Sprechen gebraucht werden. Das Kind soll so bald wie möglich Festes kauen.*

3. Setzen Sie aufregende Spielsachen und Spiele ein, um Laute hervorzurufen. Spielsachen, die ein überraschendes Element haben, wie *Teddy Beddy-Box* (Fisher-Price), *Sprungturm* (6), *Kugelclown* (6), *Fokus-Pokus* (6), *Geräusche-Iglu* (6) machen es wahrscheinlich, daß das Kind vokalisiert. Ist das, zufällig oder absichtlich, der Fall, belohnen Sie es sofort. Belohnungen für kleine Kinder sind u.a. knuddeln und Körperkontakt, aber auch Stehaufmännchen, Windrädchen, geräuscherzeugende und blinkende, glitzernde Spielsachen wie Leuchten, *Clown-Kontakt-Box* (6), Laternen und Weihnachtskerzen. Vergessen Sie das verbale Lob nicht.

Am besten halten Sie ein paar Sachen als Belohnung zurück, so daß das Kind lernt, Vokalisieren mit Belohnung zu assoziieren (Jeffree und McConkey, 1976).

4. *Apfelwurm* (6): Das ist ein Plastikapfel mit einem Mikrophon darin, und wenn das Kind in der Nähe vokalisiert oder bläst, erhebt sich ein Wurm aus dem Stiel. Läßt man die Stimme weiter klingen oder bläst man gezielt, blinken auch die Wurmaugen. Andere, ähnliche Apparätchen können so manipuliert werden, daß sie nur «funktionieren», wenn das Kind lautiert, z.B. ein *Clown*, dessen Augen aufleuchten können (6).

5. Basteln Sie eine Schlange aus Knet, Teig, Wolle oder Pappe und ermutigen Sie das Kind, zusammen mit Ihnen zu zischen (Jeffree und McConkey, 1976).

6. Machen Sie entsprechende Geräusche, wenn Sie mit Spieltieren, Autos, Zügen, Flugzeugen etc. spielen und ermutigen Sie das Kind, mitzumachen und Sie zu imitieren.

7. Machen Sie das gleiche, wenn das Kind gerne Bilder anschaut. Viele Tierbücher beschränken sich auf ein Tier pro Seite, dadurch kann sich das Kind gut konzentrieren.

8. Nehmen Sie einen Spiegel, der so groß ist, daß zwei Personen sich darin anschauen können. Schneiden Sie Gesichter, und produzieren Sie Geräusche, prusten Sie, sprechen Sie mit zugehaltener Nase, schmatzen Sie mit den Lippen usw. Imitieren Sie jeden Laut, den das Kind produziert.

9. Drücken Sie Ihre Gefühle und Stimmungen lautlich angemessen aus, z.B. sagen Sie «ah» bei Seifenblasen und Feuerwerk, «au», wenn Sie sich wehgetan haben oder «oh», wenn Sie überrascht, «grr», wenn Sie ärgerlich sind usw. Begleiten Sie diese Laute mit entsprechender Gestik, Mimik und ausgeprägter Intonation. Das machen viele Leute spontan, aber das sprachverzögerte Kind braucht dies gezielt.

10. Lautmalerein sollen Ihre Handlungen begleiten, z.B. sagen Sie «bum-bum», wenn Ihr Kind hämmert; «platsch» in der Badewanne oder beim Sand-Wasser-Spiel; machen Sie an einem stürmischen Tag Blasegeräusche.

Später können diese Laute in eine kurze Geschichte eingebaut werden, und das Kind kann helfen, sie zu produzieren.

11. Singen Sie mit dem Kind ein Lallied, z.B. auf «la-la-la», «mmmm» oder auf Unsinnslaute und ermutigen Sie es mitzumachen.

12. Begleiten Sie Musikinstrumente mit Lauten, z.B.

* Haben Sie irgendeinen Zweifel, überweisen Sie Mutter und Kind zum Arzt für Allgemeinmedizin.

eine Trompete hört sich «umbahh, umbahh» an, eine Triangel «tingaling»; «krasch» machen die Zimbeln. Auch diese Laute können in eine Geschichte oder in ein Lied eingebaut werden.

13. Lesen Sie Gedichte und Geschichten mit Unsinnswörtern vor, und lassen Sie das Kind das richtige Wort an der richtigen Stelle sagen.

14. Beobachten Sie das Kind im Alltag, merken Sie sich, welche Situationen es zum «Sprechen» anregen, und führen Sie diese öfter herbei (Hastings und Hayes, 1981).

Laute einsetzen, um etwas zu erreichen

Wenn das Kind dann einige Laute produzieren kann, helfen Sie ihm, sie in einer sinnvollen Weise zu gebrauchen. Aber nur in einer entspannten und harmonischen Atmosphäre kann man erwarten, daß es die Laute kommunikativ benützt (Derbyshire Language Programme). Ein sprachentwicklungsverzögertes Kind ist es vielleicht gewohnt, daß die Menschen seine Bedürfnisse erahnen können, daher ist es möglicherweise anfangs, beim verbalen Übermitteln, frustriert. Es gibt Kinder, die gelernt haben, ihre Wünsche und Bedürfnisse zu unterdrücken, weil sie ständig mißverstanden wurden. Ihr Vertrauen muß sorgfältig wieder aufgebaut werden.

Wenn das Kind Sie erst einmal akzeptiert hat, können Sie Spielsituationen und bekannte Alltagshandlungen benutzen, um spontan Vokalisationen anzuregen. Halten Sie Spielzeug oder Spiele zurück, bis das Kind vokalisiert, und verstärken Sie es dann mit dem Gewünschten und mit großzügigem Lob. Wenn man dem Kind öfter einmal Alternativen anbietet (beispielsweise «magst du Milch oder Saft?»), kann dies auch beim Sprechversuch helfen.

Der Erfolg dieser Übung hängt davon ab, ob die Vokalisationen durchgängig und regelmäßig (aber nicht notwendigerweise konstant) belohnt werden, wogegen unangemessene Verhaltensweisen nicht verstärkt werden. Sie sollen jedoch immer einen Kampf vermeiden, seien Sie also unverkrampft, und geben Sie dem Kind viele gute Beispiele und Ermutigung. Die vorsichtige Einbeziehung anderer Kinder als Modell kann nützlich sein.

Geeignete Handlungen sind toben, Guck-guck-da, kitzeln, knuddeln, streicheln, Haare bürsten, Seifenblasen machen, fangen und verstecken, nach Spielsachen, Spielen und Süßigkeiten fragen. Bei jeder dieser Handlungen muß das Kind nach etwas fragen oder um mehr bitten. Man sollte nicht mit dem anfangen, was das Kind braucht, wie Essen, gewaschen werden, zur Toilette gehen, denn man kann ihm diese Dinge nicht verweigern, sollte es nicht vokalisieren können oder wollen.

Wenn das Kind seine Bedürfnisse mit Lauten ausdrückt, beginnen Sie, zwischen den unterschiedlichen Lauten zu differenzieren, z.B. wenn es «m» sagt, assoziieren Sie mit Mama, so daß es anfängt zu begreifen, daß Sprache bedeutungsvoll ist. Wenn es «ba» sagt, zeigen Sie ihm einen Ball, und schauen Sie, ob es «Ball» imitieren kann.

Auch ein klingelndes Spieltelefon (6) kann nützlich sein: das Kind versucht «brr», «piep – piep», «klingeling» oder ähnliches zu lautieren, um die Erwachsenen dazu zu bringen, die Scheibe zu drehen oder in den Hörer zu sprechen. Manche Kindertelefone haben unterschiedliche Funktionen: Das Kind kann die Wählscheibe drehen und einen Knopf drücken, um es klingeln zu lassen. Ein Telefon auf Rädern kann nachgezogen werden. Manchmal befindet sich im Hörer eine Rassel (*Duplo Telefon*) oder Musik (6).

Worte formen

Aktivitäten, Wiederholungen oder Sequenzen sollen aus nur wenigen Schritten bestehen. Ein einfaches Holzpuzzle kann ein langsam reagierendes Kind zum Sprechen führen, z.B.:

a) Blickkontakt ist die Bedingung für das erste Stück.
b) Das Kind soll Mundbewegungen versuchen für das zweite Stück.
c) Für das dritte Stück soll es vokalisieren.
d) Um das vierte Stück zu kriegen, muß es ein Wort imitieren.
e) Für das fünfte Stück muß es das Wort spontan sagen, obgleich in diesem Stadium eine Annäherung daran ausreichend ist.

Auch andere Aktivitäten können so eingesetzt werden, wie:

1. Einen Bauklotzturm bauen.
2. Einen Kegel aus Plastikringen aufeinanderstecken.
3. Ein Set aus Fässern oder Bechern zusammenstecken.
4. Waggons zu einem Zug zusammenfügen.
5. Verschiedenfarbige Bälle durch Löcher hindurchhämmern.
6. Große Perlen oder Garnrollen auffädeln.
7. Matchboxautos auf einen Lastwagen laden, das Kind spricht das Wort «Auto» jedes Mal aus, wenn es ein Auto aufläd t.
8. Zusammengehörige Objekte und Bilder können in ähnlicher Weise benutzt werden.

9. Loch in der Wand: Schneiden Sie in ein großes Stück Karton ein Loch. Schubsen Sie dem Kind einen Ball oder ein Spielzeug hindurch, wenn es ein Wort nachspricht (Jeffree und McConkey, 1976).

Aktivitäten für das erste Konzeptverständnis

Objektpermanenz

Beginnen Sie mit Spielen, bei denen das Objekt nicht aus dem Sichtbereich, sondern nur aus dem Blickfeld des Kindes verschwindet.

1. Rollen Sie einen Ball, eine Süßigkeit o.ä. über den Tisch, und ermutigen Sie das Kind, das sich bewegende Objekt zu beobachten. Wenn es dann am Tischende hinunterfällt, zeigen Sie ihm, wo es jetzt liegt. Das Kind hebt es auf, und Sie fangen wieder von vorne an. Wenn das Kind ganz aufmerksam und interessiert ist, lassen Sie das Kind das Objekt über den Tisch rollen, und zeigen Sie ihm, falls nötig, wo es hingefallen ist.

2. Sie sitzen am Boden und rollen einen Ball direkt hinter dem Kind; helfen Sie ihm, sich umzudrehen und ihn zu finden. Später können Sie den Ball hinter sich rollen und ihn, falls nötig, weiterbewegen. So kann es sehen, wo der Ball ist, bevor es ihn holt.

3. Lassen Sie Spielsachen vom Bettchen, Hochstuhl oder Kinderwagen fallen, und helfen Sie ihm nachzuschauen, wo sie geblieben sind.

4. Verstecken Sie sich, und ermutigen Sie das Kind durch Hervorgucken und Rufen so lange, bis es, laufend oder krabbelnd, nach Ihnen sucht. Kann es sich nicht auf Sie zubewegen, warten Sie, bis es erwartungsvoll zu dem Platz schaut, an dem Sie sich versteckt haben.

Günstig sind Spiele, bei denen eine Person oder Objekte verschwinden und wieder erscheinen. Gehen Sie folgendermaßen vor:

1. Das Objekt verschwindet und taucht ganz schnell im Blickfeld des Kindes wieder auf, was Sie, um seine Aufmerksamkeit zu bekommen, mit großer Überraschung und deutlichen Kommentaren begleiten.

2. Das Objekt verschwindet und taucht nur teilweise im Blickfeld des Kindes wieder auf. Auch hier machen Sie viel Wind um das Wiedererscheinen des Spielzeugs und ermutigen das Kind, danach zu greifen und zeigen das ganze Objekt.

3. Das Objekt verschwindet nur teilweise, bis das Kind angeregt ist, danach zu schauen.

4. Das Objekt verschwindet aus dem unmittelbaren Blickfeld, taucht aber nicht wieder auf. Schaut das Kind nicht überrascht und zeigt kein Suchverhalten, machen Sie beim Suchen ein großes Trara, bis der Gegenstand wieder da ist.

5. Wiederholen Sie Schritt 4, und begleiten Sie das Kind bei der Suche, wenn es das nicht spontan tut.

Passende Spiele sind: Einen Zug in einen Tunnel schieben; ein Auto in die Garage schieben, eine Puppe in eine Schachtel oder ein Haus legen; Wetterhäuschen; Bälle in Löcher hämmern; Handschuhe oder Fingerpuppen auf dem Rücken verstecken; ein Hängespielzeug oder eine Marionette aus der Sicht des Kindes nehmen; eine Süßigkeit in Ihrer oder seiner Hand verstecken und Guckguck-da spielen.

Versteckspiele: Nehmen Sie ein Lieblingsspielzeug, eine Süßigkeit oder ein Objekt, für das das Kind gerade Interesse gezeigt hat und ein Tuch, und gehen Sie wieder in kleinen Schritten vor (adaptiert von Kiernan, Jordan und Saunders, 1978):

1. Stellen Sie das Objekt so vor das Kind, daß es danach greifen kann, lassen Sie es nehmen und kurz mit ihm spielen.

2. Helfen Sie dem Kind, eine Ecke des Objekts mit dem Tuch zu bedecken, und ermutigen Sie es, das Tuch wieder wegzunehmen. Zeigen Sie sich außerordentlich überrascht, wenn Sie das ganze Objekt wieder sehen.

3. Helfen Sie ihm, das Objekt immer mehr zu bedecken, und lassen Sie es die Bedeckung wieder wegnehmen.

4. Gehen Sie dazu über, unter Beobachtung des Kindes das Spielzeug selbst zu bedecken.

5. Bieten Sie das Objekt an, das schon teilweise versteckt ist, und wiederholen Sie nötigenfalls den Vorgang. Bei all den Stadien agieren Sie überrascht und erfreut, das versteckte Objekt wieder zu sehen. Sie brauchen nicht verlegen sein, Ihr Verhalten zu übertreiben. Das Kind braucht das so.

6. Wenn das Kind immer die Bedeckung von einem teilweise bedeckten Objekt wegziehen kann, wählen Sie eine der folgenden Vorgehensweisen: Nehmen Sie entweder unterschiedliche Bedeckungen, um sicherzugehen, daß das Kind ein Objekt nicht mit einer Bedeckung assoziiert, oder verstecken Sie das Objekt ganz.

7. Wenn das Kind einmal zuverlässig ein ganz verstecktes Spielzeug unter verschiedensten Bedeckungen finden kann, führen Sie eine Zeitverzögerung ein, indem Sie 5 Sekunden lang warten, bis es nach dem Objekt greifen darf. Dabei lernt es, sich an das Ziel zu erinnern.

8. Suchen Sie verschiedene Verstecke, z.B. Schirme, Schachteln, Becher und Kartons. Gehen Sie sicher, daß das Kind sieht, wohin Sie das Objekt tun. Denken Sie sich immer mehr Plätze zum Verstecken aus.

9. Verstecken Sie das Objekt an unterschiedlichen Plätzen im Raum, während das Kind Sie beobachtet. Zuerst lassen Sie es ganz herausschauen, dann verstecken Sie es teilweise und schließlich ganz. Wenn nötig, führen Sie das Kind zum Objekt und reduzieren nach und nach Ihre Hilfe.

10. Wiederholen Sie Schritt 9, aber lassen Sie nun das Kind nicht beobachten, wohin Sie das Spielzeug oder die Süßigkeit tun. Wenn es aufzugeben scheint, ermutigen Sie es zum Weitersuchen, und führen Sie es zum Spielzeug. Ist es erst einmal zuversichtlich, wird es dabei bleiben, bis es das Spielzeug findet.

Angemessene Spiele sind: Spielgeld in einem Sparschwein, einer Kasse oder im Geldbeutel verstecken; ein Spielzeug in einer Tasche verstecken (sie soll genügend robust sein); eine Süßigkeit unter einem Taschentuch, einer Puppendecke, in einer Schachtel, einem Becher oder einem Briefkasten verstecken; ein Spielzeug in Schrank, Schubladen, Schachteln oder Regalen usw. verstecken. Machen Sie es aber nicht zu schwer für das Kind.

11. Führen Sie eine Verzögerung von 5 Sekunden zwischen dem Verstecken und dem Suchen ein, und verlängern Sie diese Zeit nach und nach.

12. Spielen Sie Verstecken mit anderen Erwachsenen und Kindern.

Machen Sie dem Kind in vielen natürlich auftretenden Situationen bewußt, daß ein Objekt auch dann weiter existiert, wenn man es nicht sehen kann. Weisen Sie darauf hin, daß Leute den Raum verlassen und wiederkommen; helfen Sie dem Kind zu erwarten, daß jemand wiedererscheint, z.B. Papa, der von der Arbeit kommt; Mama, die in das Therapiezimmer kommt. Weisen Sie auf Dinge in der Umgebung hin, die das Kind regelmäßig sieht, so wie den Spielzeugladen, an dem es vorbeikommt, wenn es in den Kindergarten oder Hort geht.

Ursache und Wirkung (s. auch Kap. 3 über das Spiel)

Ursache und Wirkung zu begreifen ist ein kontinuierlicher Prozeß, der mit der Zeit immer komplexer wird. Viele spontane Aktivitäten zeigen dem Kind Ursachen und Wirkungen, aber es gibt bestimmte Spielsachen und alltägliche Gegenstände, die diesen Zusammenhang besonders verdeutlichen. Sie sind hervorragend geeignet, um das Verhältnis zwischen Handlung und Objekt einerseits, und Ursache und Wirkung andererseits klarzumachen. Einige der bereits erwähnten Spielsachen, wie der *Apfelwurm* (6) ist so ein Beispiel. Spielsachen, die Geräusche machen, ein Bild oder Licht zeigen, sich bewegen oder öffnen und schließen sind sehr nützlich.

Zeigen Sie sie oft. Wenn das Kind aufmerksam ist und sich über das Ergebnis freut, dann helfen Sie ihm, das Spielzeug selbst zu manipulieren, z.B. umfassen Sie seine Hand, die eine Schnur oder einen Griff hält, um das Ding an sich zu ziehen.

Beispiele sinnvoller Spielsachen

1. Geräuschproduzierende Spielsachen

Rasseln, Babyrassel, quietschende Puppen und Spielsachen, brummender Teddy, Tiere, die Geräusche machen, Musikinstrumente – besonders Holzblasinstrumente, die ihren Klang je nach Bedeckung der Löcher wechseln – Wecker, Musikboxen, Türklingeln, Bälle mit Glöckchen, *Spielkugel* (Fisher Price), die Lautstärkeregelung bei Radio, Plattenspieler und Fernseher, *Spiel- und Aktionszentrum* (6), *Drunter und Drüber* (6), *Geräusche Iglu* (6), *Ton-Röhre* (6).

Sie alle machen Geräusche als Ergebnis einer Handlung. Um Ursache – Wirkung zu verstehen hilft es ebenso, mit den Lippen, Backen, Füßen und Händen Geräusche zu machen. Das gilt auch für manche Spielsachen zum Nachziehen, z.B. *Clemens Tausendfüßler* (Kiddicraft) und *Kleiner Snoopy*, der bellt, wenn er gezogen wird (Fisher Price), *Zieh-Raupe* (6).

2. Sich bewegende Spielsachen

Sachen zum Aufziehen, laufende Puppen, *Sand- und Wassermühle* (6), Windräder, *Brummkreisel* (6); Spielsachen an der Schnur wie Hampelmänner, *Spieluhr Riesenrad* (6), Puppen-Ladenkasse, *Klopfbänke; Schaukelpferd* (6), Schaukel, Wippe, *Kugelbahn* (6), Sand- und Wasserrad, Stehaufmännchen, *Purzelmännchen und Klettermax*

(6), Dreirad, Leiterwagen, Bälle und Ballone, Jo-Jo, *Klopfspecht* (4), *Kasten-Clown* (6) usw.

3. Spielsachen und Aktivitäten mit visuellen Effekten

Kaleidoskope, *Wunderscope* (6), *Glitzerkugel* und *Spielkugel* (Fisher Price), *Wassersäule* (6), *Rollender Spiegel* (Brio), *Kugelbärchen* (Kiddicraft), Dia-Gucki, große rollbare Würfel, Bilderwürfel mit verschiedenen Farben oder Bildern, *Zahnrad-Spiel* (6), elektrisches Licht, Wasserhahn, Dusche, Wasserschläuche, Kreisel, *Mobiles*, auch zum Selbstbewegen (6), Puzzles, Malen und Anmalen, Gesichtschminke, Kartoffeldruck (und andere Art Drucke), Zahnpasta, und andere auszudrückende Tuben, Schaum machen, durch ein Mikroskop schauen.

4. Spielsachen zum Auf- und Zumachen

Türen, Schubladen, Schränke, Dosen, Schachteln, Becher, Töpfe, Kanister, Bücher, Umschläge, Tüten, Kisten, Geldbeutel, Kannen, Aufstellbilderbücher, Fenster, Adventskalender, Formenboxen, Russische Puppen, das Maul einer Krokodil-Handpuppe.

5. Spielsachen, die zusammenpassen

Aufschraubbare Gläser, Schrauben und Muttern (*Baufix* (4)), Däumlingsfässer, Baubecher, Steckspiele, z.B. *Bebe-Castor, Schwedenbahn, Mini-Steck, duplo* oder *Lego-Steine, Mobile*, Schachteln, *Playmobil*, Russische Puppen (Babuschka), *Stöpsel-Stab* (6).

6. Andere Arten von Ursache und Wirkung

Dinge im Kühlschrank werden kalt, stellt man sie in den Ofen, werden sie warm; man wird warm, wenn man am Feuer sitzt; Zicklein; Backe Backe Kuchen und andere Klatschspiele mit Körperkontakt; Gegenstände in einen Behälter tun und wieder herausholen, Wasser-Sand-Spiele.

Die entsprechenden sprachlichen Äußerungen werden in diese Spiele und in die realen Situationen mit einbezogen: Das sind Wörter wie ‹auf›, ‹zu›, ‹fort›, ‹da›, ‹es ist weg›, ‹jetzt hört's auf› etc.

Wenn das Kind abschätzen kann, daß eine Handlung ein Ergebnis zur Folge hat, fügen Sie einen weiteren Effekt dazu, z.B. hängen Sie eine Rassel ans Mobile, so daß es sich nicht nur bewegt, sondern auch ein Geräusch macht. *Spiel- und Lerncenter/ -turm* (Fisher Price), *Sanftes Spielzentrum* (6) sind geeignet für dieses Stadium. Es gibt elektronische Aktivitätscenter, die je nach Knopfdruck unterschiedliche visuelle und klangliche Effekte produzieren, was für Kinder mit geringen motorischen Fähigkeiten günstig sein kann.

Objektkonzept

Wenn die neuen Erfahrungen in die bereits vorhandenen Vorstellungen passen, entwickelt das Kind nach und nach ein Objektkonzept. Ist eine neue Erfahrung zu neuartig, reagiert das Baby, indem es schreit, sie ignoriert oder aggressiv wird. Führen Sie daher neue Objekte und Erfahrungen nur vorsichtig und nach und nach ein. Kleinkinder tendieren dazu, zuerst auf Menschen und Objekte, dann auf Handlungen und zuletzt auf Ereignisse zu reagieren.

1. Wenn Sie dem Kind ein Objekt gegeben haben, reduzieren Sie nach und nach die Kontexthilfen, z.B. setzen Sie das Kind nicht in seinen Stuhl oder binden ihm nicht das Lätzchen um, bevor Sie ihm nicht sein Essen oder Trinken gezeigt haben.

2. Überlassen Sie dem Kind mehr Verantwortung, z.B. geben Sie ihm seine Tasse nicht in die Hand, sondern stellen Sie sie vor es hin, und ermutigen Sie es, danach zu greifen. Je besser seine motorischen Fähigkeiten sind, und je besser sein Verständnis für Objekte, desto mehr sollte es aktiv werden, z.B. lassen Sie es seine Tasse holen.

3. Objektkonstanz: Zeigen Sie dem Kind zuerst seine gutbekannten eigenen Besitztümer aus verschiedenen ungewöhnlichen Blickwinkeln, und helfen Sie ihm, sie angemessen zu gebrauchen. Plazieren Sie sie irgendwo im Raum an ungewöhnlichen Orten, und helfen Sie dem Kind, sie zu erkennen und mit angemessenen Handlungen auf sie zu reagieren.

Ein ungewöhnlicher Platz?

4. Wenn das Kind immer sein Eigentum wiedererkennt, indem es in jeder Situation angemessen darauf reagiert, führen Sie nach und nach eine Reihe ähnlicher Objekte ein, z.B. verschiedenfarbige Tassen zum Essen und verschieden gemusterte Waschlappen im Bad.

5. Nehmen Sie die Handlungen des Kindes auf, z.B. trinken Sie beide Orangensaft aus ähnlichen Tassen, oder spielen Sie mit Spielsachen, so daß dem Kind bewußt wird, daß es mehr als eine Tasse, einen Teddy gibt usw.

6. Führen Sie viele Aufgaben zum Sortieren und Zuordnen in natürlichen Situationen durch, wie Tischdecken helfen, Sachen aufräumen, gleiche Dinge stapeln und Geschirrspülen *(s. auch Kap. 6 Wahrnehmung).*

7. Führen Sie Sortier- und Zuordnungsaufgaben mit realen Objekten durch. Das kann sowohl verbal geschehen, z.B. wenn man dem Kind sagt, es soll alle Gabeln herausholen oder nonverbal, indem man alle Gabeln aus der Besteckschublade herausnimmt, sortiert und sieht, ob das Kind das nachmachen kann *(s. auch Kap. 6).*

8. Die Zuordnung von Objekt zu Objekt kann auch als Spiel oder als Tischspiel durchgeführt werden. Einige Objektpaare, z.B. Socken, Tassen, Bälle usw. liegen auf dem Tisch. Man zeigt dem Kind ein Paar und fordert es auf, das nächste Paar zu finden.

Die Objekte sollten zuerst identisch sein, dann nach und nach unterschiedlicher werden, d.h. erst in einer Dimension anders, z.B. in der Farbe, dann in zweien z.B. in Farbe und Form, dann in dreien usw.

Semantische Relationen

Referenz (Existenz, Verschwinden und Wiedererscheinen)

Nutzen Sie jede Gelegenheit, das Kind auf Dinge und Ereignisse in der Umgebung hinzuweisen. Bevor Sie ihm neue Objekte und Spielsachen zeigen, machen Sie es aufmerksam mit «schau», «hör mal», «was ist das?» usw. Benennen Sie die Gegenstände nicht nur, sondern beschreiben Sie ihre Funktionen, oder kommentieren Sie, was gerade passiert. Das brauchen Sie nicht zu planen, jeder Zeitpunkt und jeder Ort ist dafür geeignet, solange das Kind aufmerksam ist.

Denken Sie daran, auf das Verschwinden und Wiedererscheinen eines Gegenstandes aufmerksam zu machen, z.B. ein Vogel, der kommt und wieder wegfliegt. Begleiten Sie das verbal mit «es ist fort!» «Wo ist er?» «Da ist sie wieder!» usw.

Handlung

Fast alle Aktivitäten zeigen dem Kind etwas über den Handelnden, die Handlung und die Objektbeziehung, und da so viele Beispiele in diesem Buch vorhanden sind, zählen wir sie hier nicht auch noch auf. Ermuntern Sie das Kind, Objekte und Bewegungen zu erforschen, mit ihnen zu experimentieren und Handlungen und Effekte selbst zu entdecken. Kommentieren Sie häufig, was das Kind tut, sieht und hört. Ein Kind, das den ganzen Tag immer nur in seinem Hochstuhl sitzt, wird nicht neugierig und macht keine unmittelbaren Erfahrungen, die für seine kognitive und sprachliche Entwicklung Grundlage sind.

Lokalisation

Helfen Sie dem Kind Plätze kennenzulernen, an denen es Sachen finden und etwas erledigen kann, statt daß Sie alles vor es hinstellen. Sie sagen beispielsweise: «Komm, wir essen Kekse» und geben ihm die Dose oder die Schachtel zum aufmachen. Kann es dann laufen, könnte es die Kekse holen, und Sie sehen nebenbei, ob es den richtigen Schrank findet. Das gleiche ist mit seinen Kleidern, Spielsachen, seinem Besteck und Geschirr möglich. Helfen Sie ihm unnötige Frustrationen zu vermeiden, aber auch, daß es herausgefordert wird. Bei der Bewältigung von Herausforderungen entwickeln wir uns nämlich und lernen unsere Leistungsfähigkeiten kennen.

Anfangs hilft man dem Kind mit Bildern der Nahrungsmittel, Spielsachen und Objekten an den Türen oder Deckeln der entsprechenden Schränke und Schachteln. Zur Gedächtnisstütze kann man ihm auch die Bilder der Gegenstände geben, die es holen soll (Jeffree und McConkey, 1976).

Mitwirkung

Zwei Objekte zueinander in Beziehung setzen:

Das geschieht, wenn man Klanghölzer aneinander schlägt, mit einem Klöppel auf die Trommel schlägt, den Löffel auf einen Teller haut, Spielsachen und Puzzlesteinchen zusammensetzt, mit Steckspielen und konstruktiven Spielen, mit Baubechern o.ä. spielt *(mehr in Kap. 2)*

Ideen für instrumentelle Beziehungen

- Aus einem Strohhalm trinken.
- Mit einem Hammer Nägel oder Bälle in die Hammerbank einschlagen.
- Musikinstrumente wie Glockenspiel, Trommeln, Triangeln, bei denen man ein zweites Teil braucht.
- Bälle mit einem Krokett- oder Golfschläger schlagen.
- Steine mit Stöcken schlagen.
- Alle Schlag- und Ballspiele.
- Zeichnen, malen und ausmalen.
- Mit Förmchen Figuren aus Knet oder Teig machen.
- Mit Löffel, Gabel und Messer essen.
- Den Fußboden mit einem Besen fegen.
- Ein Go-Kart, Tretauto oder Dreirad lenken.
- Spielsachen in Spiellastwagen oder Wohnwagen transportieren.
- Mit realen oder Kinder-Angelruten fischen.
- Flohhüpfspiel; Billard.
- Sandburgen mit Eimer und Spaten bauen.
- Mit einem Bagger oder Caterpillar Erde schaufeln.
- Symbolische Spiele, z.B. die Haare einer Puppe kämmen; sie mit dem Waschlappen waschen, das Puppenhaus mit einem Mob putzen, Spielzeugautos mit einem winzigen Eimer und Lumpen putzen usw. *(s. auch Kap. 3 über das Spiel)*.

Geräusche bewußt machen

1. Wecken Sie das Interesse des Kindes an Spielsachen, die auditive und visuelle Stimuli kombinieren, wie Spieldosen, Windspiele, Aktivitätscenter, Kreisel usw. (Derbyshire Language Programme). Gehen Sie dann auf Spielsachen und Objekte mit vorwiegend auditiven Effekten über *(s. auch Kap. 2, zur Aufmerksamkeit des Kindes für auditive Stimuli)*.

2. Imitieren Sie die Geräusche der Spielsachen, und regen Sie das Kind an, mitzumachen.

3. Soll das Kind ein Objekt mit seinem Geräusch assoziieren, holt es z.B. Spielsachen oder Instrumente, deren Geräusch Sie beschreiben, z.B. «Wo ist das, was quieck quieck macht?» Machen Sie es anfangs vor, um dann diese Hilfe nach und nach auszublenden.

4. Zeigen Sie dem Kind viele Geräuschemacher, und fragen Sie es, «wie macht eine Trommel?» «wie macht ein Zug?» Antwortet es nicht, demonstrieren Sie das Geräusch und wiederholen die Frage. Helfen Sie ihm, die wirkliche Handlung durchzuführen, z.B. schlagen Sie zu «bum-bum» die Trommel.

5. Helfen Sie dem Kind, Ereignisse zu erwarten und darauf zu reagieren, die normalerweise von einem bestimmten Geräusch angekündigt werden, beispielsweise bedeutet Papas Auto auf der Auffahrt, daß er heimkommt; wenn die Badewanne volläuft, muß es Zeit fürs Baden sein. Sprechen Sie über Ereignisse, machen Sie auf Geräusche aufmerksam und lassen erleben, was passiert.

6. Bringen Sie dem Kind bei, auf seinen Namen zu reagieren *(siehe Kap. 2 und die komplexeren Aktivitäten in Kap. 6)*.

Aktivitäten für das erste Sprachverstehen

Situationsverstehen

Benutzen Sie anfangs immer die gleichen wenigen Phrasen im Zusammenhang mit einer bestimmten, gut bekannten Situation, z.B. sagen Sie beim Bedienen des Plattenspielers, des Kassettenrekorders oder des Radios «Komm, wir hören Musik» oder «ich mach' die Musik an». Andere Phrasen aus dem familiären Alltag sind z.B. «Zeit zum Essen», «wasch Dir Deine Hände», «Papa kommt», «stehst du auf?», «jetzt ist Kindergarten» usw. In diesem Stadium muß die Phrase die Handlung begleiten. Das Kind braucht viele Wiederholungen, bevor es die Verbindung zwischen Sprache und Situation verstehen kann.

Gehen Sie langsam dazu über, die Phrase kurz vor die Handlung zu setzen, so daß das Kind dabei eine Situation als Reaktion auf bestimmte Sprachzeichen antizipieren lernt. Die Äußerung wird natürlich bedeutungslos, wenn das Ereignis nicht kurz danach folgt.

Achten Sie auf Handlungen des Kindes, die aus seiner Erwartung resultieren. Loben Sie es, denn sie zeigen, daß es Ihre Worte verstanden hat. Haben Sie ihm beispielsweise gesagt, daß Sie es bald zum Einkaufen mitnehmen, und es läuft und holt seinen Anorak, zeigen Sie ihm ihre Freude darüber.

Reduzieren Sie nach und nach Ihre Gesten und die Ihre Sprache begleitenden Kontextvariablen, bis das Kind die Worte wirklich verstehen kann *(s.S. 11 und im Kap. 4 die Ratschläge für den verbalen Input für sehr kleine Kinder).*

Symbolverstehen

Spiel mit großen Puppen

1. Helfen Sie dem Kind, große Puppen als Symbole zu erkennen, indem Sie genau so mit ihnen umgehen, wie mit dem Kind. Beziehen Sie dafür die Puppe in ihre Aktivitäten mit ein, beispielsweise beim Baden, beim Mittagessen und Spielen. Zuerst werden Sie wahrscheinlich Handlungen an der Puppe selbst vollziehen müssen und dem Kind erzählen, was Sie gerade tun, «jetzt wasche ich *Dein** Gesicht, dann waschen wir das Gesicht vom Püppchen». Ermutigen Sie das Kind, die Puppe auch zu waschen. In diesem Stadium sollten immer reale Objekte gebraucht werden.

2. Beziehen Sie die Puppe zuerst als «Beobachter» und dann als Teilnehmer in Spiele mit dem Kind mit ein. Das kann geschehen beim Ballzurollen, die Puppe in einem Zug oder Lastwagen fahren lassen, sich verkleiden, bei der Hausarbeit, wenn Sie aus dem Fenster sehen, oder ein Bilderbuch angucken usw.

3. Alltagshandlungen des Kindes werden auch auf die Puppe übertragen, die Puppe frühstückt, trinkt Orangensaft, badet, geht ins Bett und auf den Spielplatz – alles genau wie das Kind. Das ist auch für das Alltagsverständnis gut.

4. Führen Sie allmählich Gegenstände in Puppengröße ein. Bleiben Sie anfangs bei gut bekannten Gegenständen, wie der Tasse, dem Handtuch und der Zahnbürste der Puppe. Nun wird all das in den Alltag einbezogen.

5. Schaffen Sie langsam eine Distanz zwischen Puppen- und Kinderalltag, und helfen Sie dem Kind immer wieder, Handlungssequenzen mit der Puppe auszuführen. In diesem Stadium sind Sie wahrscheinlich immer noch sehr in das Spiel des Kindes einbezogen, Sie lenken und schlagen die Spiele vor.

6. Führen Sie noch weitere Puppen ein, denen Sie Rollen im Spiel geben, z. B. Mama, Papa, Großmutter und Baby.

7. Weitere Gegenstände, auch weniger bekannte wie die Puppen-Handtasche, der Schirm, ein Pferd usw. kommen dazu. Sinnvoll ist, der Puppe ein eigenes Zuhause einzurichten; vielleicht eine große Schachtel, ein besonderes Regal oder eine Ecke im Kinderzimmer.

8. Ermuntern Sie das Kind, allein mit den Puppen Szenen zu spielen, die Sie bereits zusammen gespielt haben. Beziehen Sie anfangs Ihre Abwesenheit in das Spiel mit ein, z. B. «Ich gehe einkaufen, du bringst inzwischen die Kinder ins Bett.» Bleiben Sie nur kurz weg, fädeln Sie sich aber nach und nach immer mehr aus. Erwarten Sie jedoch von einem Vorschulkind nicht, daß es sich lange Zeit alleine beschäftigt, weil auch dem fantasievollsten Kind mit der Zeit die Ideen ausgehen, und keine noch so geliebte Puppe kann die Kommunikation und die Gemeinsamkeiten mit einem lebendigen Spielgefährten ersetzen.

Spiel mit kleinen Puppen

1. Sie können so nun immer kleinere Puppen einsetzen oder sie in das Spiel mit den großen einbauen. Sind die Puppen dann klein, leuchtet es dem Kind vielleicht ein, daß sie auch ihre eigenen Möbel und Utensilien brauchen. Ist das nicht der Fall, betonen Sie, wie komisch es aussieht, wenn die kleinen Puppen die großen Schuhe und Kleider tragen. Fördern Sie das Erkennen von ganz kleinen Puppen möglichst früh, denn mit ihnen sind Sie bei symbolischen und anderen Spielen flexibler. Trotzdem ist auch das Spiel mit großen Puppen noch sehr wichtig, und wird es auch noch einige Zeit bleiben. Man sollte es nicht abtun.

2. Bieten Sie viele kleine Figuren an, so wie *Playmobil, Lego, Biegepüppchen* (6), Zoo- und Bauernhoftiere, um mehr unterschiedliche Spielsituationen zu schaffen.

3. Zeigt das Kind durch das Spiel kein Verständnis für die Kleinspielsachen, wählt man einen direkteren Weg zur Förderung des symbolischen Spiels.

Vergleichen Sie große und Miniaturobjekte. Beginnen Sie mit gut bekannten Gegenständen wie Stuhl, Tisch und Schuh und zeigen Sie die Ähnlichkeit. Der Größenunterschied sollte groß genug sein, ist er aber zu groß, nimmt das Kind die Ähnlichkeit nicht mehr wahr.

Am besten beginnt man mit der unterschiedlichen Größe. Z. B. zeigt man dem Kind einen Spielzeugtisch und bittet es, den ‹großen› Tisch zu finden. Später kann man ihm die Begriffe ‹richtig› und ‹Spielzeug› nahebringen.

Es ist leichter für das Kind, das Spielobjekt zum realen zu bringen, später wechseln Sie. Ist das nicht möglich, zei-

* Gebrauchen Sie den Namen des Kindes, wenn das besser ist.

gen Sie auf das (große) Objekt und fragen das Kind nach dem Spielobjekt. Beginnen Sie mit nur einem oder zwei klar sichtbaren Spielzeugen und erweitern die Anzahl nach und nach. Komplexer machen Sie die Aufgabe, indem Sie die Merkfähigkeit und Figur-Grundwahrnehmung beanspruchen. Legen Sie z.B. die kleinen Sachen in eine Spielkiste, so daß sich das Kind an das Objekt zu erinnern hat, wenn es in der Kiste sucht.

4. Gelingt das Zusammenführen von Objekt und Spielzeug ganz gut, variieren Sie die Aktivität, indem Sie zwei kleine Sachen in eine Fühlschachtel oder einen Krabbelsack stecken, zum Realobjekt deuten und das Kind die Miniatur durch Fühlen finden lassen.

Denken Sie sich für Objekt und Spielzeug neue und interessante Spiele aus, z.B. legen Sie die kleinen Dinge in Schachteln, so daß das Kind die Schachteln aufmachen muß, um das richtige Ding zu finden; verstecken Sie die Objekte irgendwo im Raum; verpacken Sie sie in Schachteln; bauen Sie die Zuordnungsaufgabe in eine Spielsequenz ein, indem Sie z.B. ein Puppenzimmer einrichten, das genau so wie das Kinderzimmer aussieht.

Bilderkennen

Objekt-Bild-Zuordnung

Bunte Fotos werden meist zuerst erkannt, farbige Zeichnungen vor schwarz-weißen und schließlich die mehr abstrakten Umrißzeichnungen. Bilder zeigt man dem Kind zuerst gemeinsam mit den Gegenständen.

Beim Zuordnen beginnt man am besten mit eindeutigen Fotos einfacher Objekte, um dann auf immer weniger eindeutige Bilder überzugehen. Wichtig ist, so lange optisch oder funktional ähnliche Objekte zu vermeiden, z.B. Messer und Gabel, Teller und Schüssel bis das Kind die Spielregeln verstanden hat.

1. Kleben Sie Bilder vom Schrank-, Dosen und Schubladeninhalt an den jeweiligen Behälter, so daß das Kind die Bilder außen mit den Objekten innen verbinden lernt (Jeffree und McConkey, 1976).

2. Den Fotografien der Familienangehörigen des Kindes ordnet man Fotos ihrer Lieblingssachen zu.

3. Zeigen Sie dem Kind drei Fotos seiner Spielsachen und bringen Sie ihm das, worauf es zeigt (Jeffree und McConkey, 1976).

4. Stellen Sie Fotos auf die jeweiligen Objekte im Zimmer.

5. Verstecken Sie Spielsachen und Objekte in Schachteln mit den entsprechenden Bildern auf dem Deckel. Um das Spielzeug zu finden, muß das Kind das Bild erkennen (Jeffree und McConkey, 1967). Beginnen Sie mit nur einer Schachtel, so daß das Kind keinen Fehler machen kann. Bei zwei Schachteln enthält aber nur die mit der Abbildung das Spielzeug z.B. ein kleines Auto. So lernt das Kind, daß es die Schachtel mit dem Bild nehmen muß. Führen Sie in diesem Stadium ein anderes Bild ein, und gehen Sie bis zu 6 Schachteln. Wechseln Sie jeweils das Bild aus. Nur eine Schachtel sollte ein Spielzeug enthalten, so daß das Kind nicht bei jedem beliebigen Schachtelöffnen belohnt wird. Wählt es immer die richtige Schachtel, können Sie andere Spielsachen in das Spiel einführen.

6. Ordnen Sie Bilder Objekten zu, benennen sie jedes einzelne dabei. Vergewissern Sie sich, daß sich Objekt und Bild in der gleichen Blickrichtung des Kindes befinden. Legen Sie die Objekte in eine Tüte oder Schachtel, benennen Sie sie wieder, und bitten Sie dann das Kind, jeweils das Objekt auf dem Bild zu finden (Derbyshire Language Programme).

7. Zeigen Sie dem Kind ein Bild, und bitten Sie es, das entsprechende Spielzeug oder Objekt zu holen. Anfangs kann es das Bild als Gedächtnisstütze mitnehmen.

Zuordnung zu kleinen Bildern

Die Zuordnung von Objekten zu Bildern geschieht erst mit Fotos oder eindeutigen Abbildungen der kleinen Spielsachen, um dann nach und nach zu abstrakteren Bildern überzugehen. Die Schwierigkeitshierarchie geht von Bunt- zu Schwarzweiß-Fotos, zu angemalten, zu schattierten Bildern, zu Umriß- bis zu cartoon-ähnlichen Zeichnungen.

1. Führen Sie einige der o.g. Spiele durch.

2. Stellen Sie nacheinander ein bis sechs kleine Spielsachen und Bilder vor das Kind, und helfen Sie ihm, sie zuzuordnen.

3. Zeigen und benennen Sie ein Bild und 3 kleine Spielsachen, die Sie in einen Krabbelsack stecken. Fordern Sie das Kind auf, das abgebildete Spielzeug durch Fühlen zu finden. Zuerst zeigen Sie ihm das Bild, nachdem Sie das Spielzeug in den Krabbelsack gesteckt haben. Beim nächsten Schritt geben Sie ihm den Krabbelsack mit dem Spielzeug drin und zeigen ihm dann das Bild mit dem gesuchten Gegenstand.

4. Legen Sie drei oder vier Spielsachen auf die entsprechenden Abbildungen, und benennen Sie sie. Das Kind

verdeckt die Augen, Sie entfernen eines der Bilder und legen es auf einen Stapel neben das Kind. Bitten Sie es, das fehlende Bild zu finden (Derbyshire Language Programme). Erweitern Sie bis zu sechs Paaren.

5. Lotto: Das Kind hat eine Lotto-Bild-Karte vor sich, die Erwachsene zeigt ein Spielzeug. Hat das Kind das entsprechende Bild auf der Karte gefunden, stellt es das Spielzeug drauf. Variieren Sie die Zuordnung Spielzeug – Bild möglichst vielfältig, damit es nicht langweilig wird, z.B.:

a) Richten Sie ein Zimmer in einem Puppenhaus ein, dessen Möbel das Kind auf Abbildungen finden soll.
b) Das Kind nimmt eine Bildkarte von einem Stapel und findet den entsprechenden Gegenstand.
c) Das Kind findet Abbildungen seiner Spielsachen (o.a. Dinge) in einem Bilderbuch.
d) Legen Sie große robuste Bilder auf den Fußboden, das Kind wirft ein Bohnensäckchen darauf und sucht den getroffenen Gegenstand.
e) Stecken Sie große Bilder auf Kegel; das Kind versucht z.B. den Auto-Kegel umzuwerfen, wenn die Therapeutin das Auto zeigt.
f) Stecken Sie die Bilder in «Geheim-Umschläge», die das Kind öffnen und nach dem Gegenstand suchen darf.

6. Das Kind rollt einen Bilderwürfel und sucht das Spielzeug, das das oben liegende Bild zeigt (*s. im Kap. 5 die Anleitung zum Bau eines Bilderwürfels*).

7. Das Kind ordnet Spielsachen und kleine Objekte einem komplexeren Bild zu (ab etwa 3 Jahren).

8. Das Kind handelt analog zu Verbbildern, es kickt z.B., wenn das Bild einen kickenden Jungen zeigt (ab 3 bis 3½ Jahren).

Alle diese Spiele können auch mit 2 Kindern gespielt werden, z.B. das eine würfelt, das andere findet das Spielzeug.

Bild-Bild-Zuordnung

1. Das Kind ordnet zwei gleiche Bilder zu. Erhöhen Sie nach und nach die Anzahl der Bild-Paare. Gelingt es gut, bieten Sie unähnlichere Paare an.

2. Dreh den Pfeil: Das Kind soll das gleiche Bild finden, auf das der Pfeil zeigt.

3. Die Therapeutin und das Kind ziehen abwechselnd eine Bildkarte von ihrem Stapel gleicher Karten. Wer eine gleiche Karte zieht, bekommt die des Gegenübers.

4. Basteln Sie ein Bilderbuch und ein Set entsprechender Bilder.

5. Verteilen Sie Bilder im Raum und geben dem Kind das Duplikat dessen, was es finden soll.

6. Basteln Sie ein Bilder-Karussell, indem Sie eine Stricknadel durch einen Karton-Bilderwürfel stecken. Das gleiche Bild, worauf das Karussell gelandet ist, soll gefunden werden.

7. Spielen Sie Bild-Zuordnungsspiele wie Schnipp-Schnapp, Domino oder Lotto. Für kleinere Kinder sind große Abbildungen wichtig.

8. Fertigen Sie kleine Bilder an, die einem großen Zusammengesetzten zugeordnet werden können. Nachdem Sie das Bild gemeinsam angeschaut und besprochen haben, helfen Sie dem Kind beim Zuordnen (ab etwa 3 Jahren).

9. Lassen Sie das Kind Karten in gleiche und nichtidentische sortieren. Ein nichtidentisches Paar ist z.B. ein

blauer und ein roter Hund. Die Unterschiede sollten ziemlich deutlich sein.

10. Kombinieren Sie diese Aktivitäten mit den beiden vorausgegangenen Bereichen.

Bild-Handlung-Zuordnung

Hierbei sind die Spiele die gleichen wie oben beschrieben, das Kind soll nun ein Handlungsbild der wirklichen Handlung oder Mimik zuordnen. Das Kind wählt etwas aus, das es pantomimisch darstellt, die Erwachsene rät es.

Wenn das Kind ein Handlungsbild nur mit Hilfsmitteln darstellen kann, blenden Sie diese langsam aus, bis es die Handlungen rein pantomimisch oder gestisch ausführen kann *(s. Kap. 5 mit weiteren Aktivitäten für das 3-jährige und ältere Kind).*

Kapitel 2
Aufmerksamkeit und Zuhören

Aktivitäten zur Förderung der Aufmerksamkeit und des Zuhörens

Kapitel 2
Aufmerksamkeit und Zuhören

Einführung

Die Fähigkeit, sich einem Reiz zuzuwenden und dabei zu bleiben, ist für alle Formen des Lernens und besonders für den Spracherwerb wichtig, denn dieser erfordert einen hohen Grad an Aufmerksamkeit (Reynell, 1980). Ein Kind, das nicht aufmerksam werden und bleiben kann, hat Schwierigkeiten bei der Verarbeitung der komplexen Sprachreize (Berry, 1980). Wenn ein Kind sich Menschen durch Anschauen, Lächeln, Kontaktaufnahme nicht zuwenden kann, wird die soziale Kommunikation schwer beeinträchtigt. Auch die Konzeptbildung kann sich nicht entwickeln, solange ein Baby sich einem Objekt nicht lange genug zuwendet, um seine genaue Bedeutung zu erfassen.

Cooper et al. (1974) fanden, daß viele sprachentwicklungsverzögerte Kinder Aufmerksamkeitsprobleme haben, und daß eine Therapie, die das berücksichtigt, auch ihrer Sprachentwicklung hilft. Die Kinder brauchen also eine Therapie, in der sie lernen, aufmerksam zu sein.

Faktoren, die die Aufmerksamkeit beeinflussen

1. Wir gehen von einer neurologischen Komponente aus, die als elektrophysiologische oder metabolische Irritation im Zentralnervensystem die Unterbrechungen der Aufmerksamkeit bewirken (Berry, 1980).

2. Das Kind muß zu Hause oder in der Schule gelernt haben, gewisse Reize zu ignorieren, z.B. sich an eine laute Umgebung anzupassen.

3. Krankheit, Müdigkeit und Medikamente können unaufmerksam machen.

4. Störungen der Emotionen und des Verhaltens können Aufmerksamkeitsprobleme hervorrufen.

5. Die Reize in der Umgebung können so intensiv sein, daß sich das Kind nicht auf die vorliegende Aufgabe konzentrieren kann.

6. Vielleicht reicht die Erinnerungsfähigkeit des Kindes für die vorliegende Aufgabe nicht aus.

7. Vielleicht ist das Kind auch nicht motiviert, weil
   a) die Aufgabe für seinen Entwicklungsstand zu komplex oder zu einfach ist, so daß es verwirrt oder gelangweilt reagiert;
   b) es die verbale Anweisung für die Aufgabe nicht verstanden hat;
   c) ihm das Material uninteressant oder die Aufgabe ohne Sinn erscheint;
   d) es das Gefühl hat, die Aufgabe nicht bewältigen zu können.

Untersuchung

Auf jeden Fall sollte man den Aufmerksamkeitslevel und die spezielle Art des Problems genau untersuchen. Dazu beobachtet man das Verhalten in vielen verschiedenen Situationen, zu Hause, im Kindergarten oder in der Schule. Berücksichtigung findet dabei das freie Spiel, die Interaktion mit Kindern, Eltern und anderen Erwachsenen, das Verhalten im Kindergarten bzw. in der Schule und die Beschäftigung mit sich selbst. Die Beobachtungen von Eltern und Lehrern sind hierfür sehr wertvoll.

Stufen der Aufmerksamkeit

1977 führte Joan Reynell eine Untersuchung von nichtbehinderten Kindern durch und entdeckte in der normalen Entwicklung der Aufmerksamkeit deutlich unterscheidbare Stufen. Innerhalb jedes Stadiums gibt es eine beträchtliche Variabilität, da die Aufmerksamkeit zum einen von der Situation und der Art der Aufgabe abhängt und zum anderen durch eine Vielzahl anderer Faktoren (s.o.) beeinflußt wird. Das Verhalten des Kindes kann in folgende Stufen eingeordnet werden:

Level 1 (0 bis 1 Jahr): Level 1 ist charakterisiert durch extreme Ablenkbarkeit. Die Aufmerksamkeit des Kindes huscht von einem Objekt, einer Person oder einem Ereignis zum anderen. Jedes neue Ereignis, selbst wenn nur jemand vorbeigeht, lenkt es unmittelbar ab.

Level 2 (1–2 Jahre): Das Kind kann sich auf eine bestimmte, selbst herausgesuchte Aufgabe konzentrieren. Aber es kann keine verbale oder visuelle Interventionen Erwachsener ertragen. Dadurch erscheint es vielleicht stur oder willensstark, in Wirklichkeit ist nur seine Aufmerksamkeit einkanalig: es muß alle äußeren Stimuli ignorieren, um sich auf das zu konzentrieren, was es gerade tut.

Level 3 (2–3 Jahre): Noch immer ist die Aufmerksamkeit einkanalig, so daß das Kind nicht gleichzeitig auf einen auditiven und visuellen Stimulus aus unterschiedlichen Quellen achten kann. Daher hört es beim Spielen die Anweisungen eines Erwachsenen nicht. Erst wenn es seine ganze Aufmerksamkeit dem Sprecher zugewendet hat, kann es dann mit Hilfe der Erwachsenen wieder zum Spiel zurückfinden.

Level 4 (3–4 Jahre): Das Kind muß seine Aufmerksamkeit visuell und auditiv noch zwischen der Sprecherin und der Aufgabe alternieren, aber es macht das jetzt von sich aus, ohne daß die Erwachsene die Aufmerksamkeit des Kindes wieder fokussieren muß.

Level 5 (4–5 Jahre): Die Aufmerksamkeit ist nun zweikanalig, d.h. es versteht verbale Instruktionen, die sich auf die Aufgabe beziehen, ohne daß es seine Aktivität unterbrechen muß, um die Sprecherin anzusehen. Seine Konzentrationsspanne ist vielleicht noch kurz, aber man kann mit ihm in einer Gruppe arbeiten.

Level 6 (5–6 Jahre): Der auditive, visuelle und taktile Kanal sind voll integriert, die Aufmerksamkeit ist stabil.

Therapeutische Richtlinien

1. Zur Optimierung des Lerneffekts sollte ein Transfer nach Hause und in die Schule möglich sein.

2. Aufmerksamkeitstherapie sollte in einer ablenkungsfreien Umgebung beginnen, um dem Kind zu ermöglichen, sich auf den momentanen Reiz zu konzentrieren (Reynell, 1980).*

3. Das Kind braucht etwas Druck, damit es lernen kann.

4. Das Kind sollte sich körperlich gut fühlen und rasch Erfolg in der Therapie haben.

5. Das Kind muß Erfolgserlebnisse haben. Da unser Ziel ja vor allem die Zuwendung zu einer Aufgabe ist, müssen die ersten Handlungen kurz, einfach und gut zu bewältigen sein.

6. Das Material muß das Kind interessieren.

7. Im Spiel oder in der Aufgabe sollten Belohnungen enthalten sein, z.B. Freude an der Entdeckung, die Befriedigung, etwas fertig gemacht zu haben usw.

8. Wenn intrinsische Belohnungen nicht ausreichen, müssen auch extrinsische, sei es Material, z.B. Süßigkeiten oder Chips, sei es soziale wie Lächeln oder Lob unmittelbar und konsistent eingesetzt werden, so daß das Kind lernt, sie mit der Aufgabe zu assoziieren.

9. Die Fortschritte müssen sorgfältig in einer für das Kind angenehmen Form aufgezeichnet werden.

10. Die jeweilige Aufgabe muß den Entwicklungsstand und den Stand anderer Bereiche berücksichtigen, wie z.B. das Symbolverständnis, die Geschicklichkeit.

11. Die verbalen Instruktionen sollten dem Sprachverständnis des Kindes angepaßt sein.

12. Einschränkungen des Gedächtnisses müssen bedacht werden.

13. Zwar sollte das Material altersangemessen sein, doch entscheidender ist das Interesse des Kindes; einige sprachentwicklungsverzögerte Kinder mögen lieber Spielzeug für jüngere Kinder.

* M.F. Berry hat einen anderen Ansatz. Ihrer Meinung nach sollte Aufmerksamkeitstherapie mit den Ablenkungen in der normalen Umgebung des Kindes stattfinden. Statt den Stimulus zu betonen, z.B. die momentane Aufgabe, sollte man intensiver und interessanter handeln, um die Beteiligung des Kindes zu intensivieren. Eine Situation irgendwo zwischen beiden Darstellungen ist wahrscheinlich am ehesten machbar.

14. Therapie sollte in der Regel kleinschrittig durchgeführt werden; nach und nach dehne man die Dauer und Komplexität der zu bewältigenden Stimuli aus.

15. Wichtig sind regelmäßige Kontrolluntersuchungen während der Therapie.

Weitere Prinzipien finden Sie im Anschluß an die Aktivitäten jedes Levels.

Transfer der Aufmerksamkeit

Man nimmt an, daß Kinder zwischen 4 und 5 Jahren fähig sind, verbalen Aufforderungen zuzuhören und bei Einzel- und Gruppenaktivitäten in einem großen, oft lauten Raum, voll von Kindern und vielen verlockenden und ablenkenden Reizen, mitzumachen. Diese Bedingungen sind für viele sprachentwicklungsverzögerte Kinder aufgrund ihres Aufmerksamkeitslevels ungeeignet. Obgleich man bei ihnen in einer Einzelsituation an der Aufmerksamkeit arbeiten müßte, verbringen diese Kinder ihre Zeit meist in den großen Räumen des Kindergartens oder der Schule. Daher ist es wichtig, dafür zu sorgen, daß sie ihre neuen Fähigkeiten in ihrer normalen Umgebung einsetzen können. Die Therapeutin sollte auch berücksichtigen, daß Gleichaltrige einen wichtigen Einfluß auf das Lernen und die soziale Entwicklung eines Kindes haben: daß es lernen muß, sich anderen Kindern zuzuwenden und mit ihnen zu interagieren (Berry, 1980).

Aktivitäten zur Förderung der Aufmerksamkeit und des Zuhörens

Ziel ist es, den Aufmerksamkeitslevel des Kindes zu konsolidieren und zur nächsten Stufe zu entwickeln. Die beschriebenen Materialien sind für kleine Kinder geeignet; für ältere Kinder sollte man möglichst altersangemessenes Material benützen. Beispielsweise können für 3- oder 4jährige auf dem Level 1 der Aufmerksamkeit Handpuppen, kleine Autos und kleine Püppchen benutzt werden, um das Interesse hervorzurufen und zu halten.

Level 1 (0 bis 1 Jahr)

Ziel

Das Ziel ist, das Kind auf Menschen, Objekte und Ereignisse seiner Umgebung aufmerksam zu machen und genügend lange zu konzentrieren, daß senso-motorische Eindrücke und soziales Interesse entstehen können.

Prinzipien

1. Für das kleine Kind sind die Eltern die besten Therapeuten.

2. Der Stimulus muß in Sicht- und Hörweite des Kindes und intensiv genug sein, um eine Reaktion hervorzurufen (Berry, 1980).

3. Halten Sie die Aufmerksamkeit so lange wie möglich auf dem ursprünglichen Reiz, untersuchen Sie dessen Merkmale, und stimulieren Sie alle Sinne des Kindes (Berry, 1980).

4. Bleiben Sie nicht bei etwas, an dem das Kind sein Interesse verloren hat, warten Sie jedoch eine Weile, bevor Sie ein anderes Objekt einführen.

5. Bevor die Aufmerksamkeit des Kindes schwindet, müssen extrinsische Belohnungen eingesetzt werden.

Geeignete Materialien

Mobiles, Windrädchen, hopsende Spielsachen, Glöckchen, Rasseln, Windspiele, Spieluhren, Quietschtierchen,

Seifenblasen, kurz, alles, was das Interesse des Kindes erregt.

Aktivitäten, die die Aufmerksamkeit herbeiführen und aufrechterhalten

1. Kleine Kinder sind fasziniert von sich bewegenden Objekten, hängen Sie daher seitlich in Augenhöhe ein Mobile oder ein schwebendes Spielzeug (6). Es soll sich immer wieder bewegen und drehen, z.B. ein hängendes Glockenspiel.

2. Drehen Sie eine bedruckte Platte (z.B. bunte Fahrrad*speichenscheiben* (4) auf einen Faden, so daß sich sein Muster verändert; oder ein drehendes Rad mit einem Clown auf der einen und einer Spirale auf der anderen Seite, *Dreh-Hampelclown* (6).

3. Hängen Sie Windspiele oder *Klangstäbe* (6) auf, die klingen, wenn sie sich bewegen. Findet das Kind Interesse daran, lassen Sie sie zur Belohnung wieder klingen. Hängen Sie das Spielzeug ab und zu auf die andere Seite, oder ein bißchen niedriger, höher oder näher.

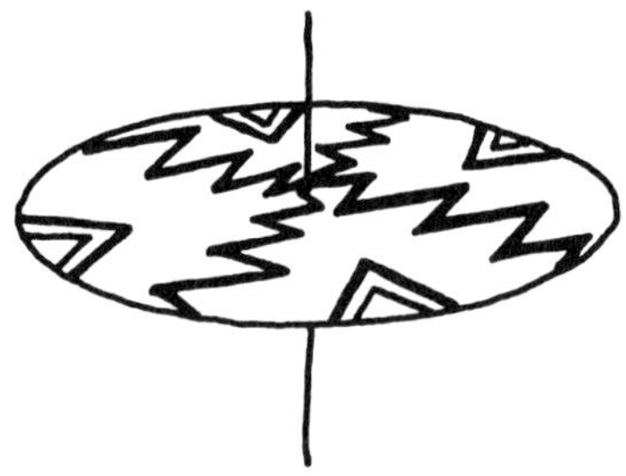

4. Benutzen Sie Lichtquellen in derselben Weise, aber variieren Sie sie, damit sie interessant bleiben. Bewegen Sie sie in seinem ganzen Gesichtsfeld. Verbalisieren Sie Ihre Handlungen «an» und «aus».

5. Schütteln Sie neben ihm die Rassel, variieren Sie deren Lautstärke und Bewegungen; nähern Sie sie; lassen Sie sie auf der anderen Seite klappern, und wenn das Kind sie dann in die Hand genommen hat, bringen Sie seine Hand ins Gesichtsfeld, und helfen Sie beim Schütteln.

6. Führen Sie Ähnliches mit vielen unterschiedlichen Geräuschemachern durch, am besten solche, die das Kind leicht selbst manipulieren kann.

Wenn Sie das Kind besser kennengelernt haben, probieren Sie folgende Aktivitäten:

7. Nähern Sie Ihr Gesicht dem des Kindes und formen Sie übertrieben ihre Lippen; schneiden Sie Gesichter; strecken Sie die Zunge rein und raus; nähern und entfernen Sie Ihr Gesicht; plaudern oder singen Sie in einer übertriebenen Intonation; küssen Sie die Bäckchen, die Nase etc. Ermutigen Sie es, Ihr Gesicht mit seinen Händen zu erforschen.

8. Locken Sie die Aufmerksamkeit des Kindes durch Fingerspiele und Reime; streicheln Sie seine Bäckchen; bringen Sie seine Hand in sein Blickfeld, und spielen Sie «das ist der Daumen», «Der ist ins Wasser gefallen» (z.B. in Bogner, 1989) usw.

9. Finden Sie heraus, auf welchen Stimmklang das Kind am besten reagiert: auf den der Mama, des Papas, auf eine Kinderstimme, ein Tier; summen oder singen Sie gefühlvoll, erzählen Sie Kindergedichte. Wenn Sie ihm viele Lieder und Klangmuster vorsingen oder mit ihm plappern, halten Sie das Kind so, daß es Sie gut sehen kann; drehen Sie es zu sich.

10. Geben Sie vom Badeschaum etwas auf seine Nase, den Mund oder den Bauch; blasen Sie ihn wieder weg; malen Sie Muster ins Wasser; plantschen Sie im Wasser.

Schwingen Sie eine farbige Seife an einer Schnur; reiben Sie sie auf der Haut bis es schäumt; lassen Sie sie mit einem Schwupps ins Wasser plumpsen, und spielen Sie anschließend Suchen.

Streuen Sie ein bißchen Talkum Puder auf die Handflächen des Kindes; zeigen Sie ihm, wie weich er ist, reiben Sie ihn ein und blasen Sie ein bißchen weg (Vorsicht: nicht ins Gesicht!)

11. Zeigen Sie dem Kind, wie Seifenblasen hochsteigen und herunterschweben, und geben Sie vor, sie zu fangen; lassen Sie einige auf dem Kind platzen. Aufregend sind *Riesenseifenblasen* (6).

Aktivitäten für das Nachschauen

Wenn das Kind sich einmal einem Spielzeug zugewandt hat, ermutigen Sie es, dessen Bewegungen nachzuschauen, so daß es sich immer mehr umdrehen muß. Am geeignetsten sind visuell und auditiv anregende Spielsachen. Dreht es sich nicht spontan um, helfen Sie sanft nach, so daß es lernt, wie es ein Objekt im Blickfeld behalten kann.

1. Klappern Sie mit einer Rassel, klingeln Sie mit einer Glocke oder einem anderen Geräuschproduzierer, und bewegen Sie sie nach und nach durch das Gesichtsfeld des Kindes. Dreht es sich dann um, rasseln Sie nochmals und geben Sie sie ihm. Helfen Sie ihm beim Hantieren mit der Rassel.

2. Rollen Sie einen Ball mit einem Glöckchen oder Perlen darinnen über Boden oder Tisch.

3. Schieben Sie vor dem Kind ein großes Auto hin und her und ermutigen Sie es, das gleiche zu tun.

4. Stellen Sie ein schaukelndes Spielzeug vor es hin, und lassen Sie die Hin- und Herbewegungen beobachten.

5. Binden Sie eine Leine an große, beräderte Spielsachen, schubsen Sie sie weg, und ziehen Sie sie wieder zum Kind. Ermutigen Sie es zum Wegschubsen.

6. Ermuntern Sie das Kind, seine Mutter (oder andere Personen) beim Umherlaufen zu beobachten.

7. Zeigen Sie dem Kind, wie eine bunte Kugel eine Kugelbahn hinunterrollt und immer wieder die Richtung ändert.

8. Lenken Sie Seifenblasen oder Luftballone über den Kopf des Kindes.

Aktivitäten für das Greifen

Um Interesse an einem Objekt zu finden und daran zu lernen, muß ein Kind sensorische Erfahrungen «aus erster Hand» machen. Normalerweise greift es spontan zu, eventuell muß es das auch lernen. Dafür eignen sich besonders gut handhabbare Spielsachen mit leicht hervorzurufenden Effekten. Die folgende Vorgehensweise zur Förderung des Greifens muß an jedes Kind angepaßt werden.

1. Lenken Sie die Aufmerksamkeit des Kindes auf eine Rassel.

2. Geben Sie ihm die Rassel in die Hand, und helfen Sie ihm beim Schütteln.

3. Führen Sie die Hand des Kindes zu der etwas entfernt gehaltenen Rassel. Sorgen Sie dafür, daß es sie ergreift, und helfen Sie beim Schütteln.

4. Initiieren Sie die Greifbewegung anstelle des Kindes.

5. Berühren Sie seinen Arm auffordernd.

6. Halten Sie die Rassel nach und nach weiter weg.

7. Generalisiert es nicht spontan, wiederholen Sie die Vorgehensweise mit verschiedenen Spielsachen, z.B. mit Spielsachen zum Ziehen, mit hängenden Spielsachen usw.

Aktivitäten zur Lenkung der Aufmerksamkeit

Es ist wichtig, daß das Kind seine Aufmerksamkeit von einem Objekt zum anderen lenken kann, so daß

- es alle Aspekte eines großen Objektes oder eines Gesichts erforschen kann, um es sich besser zu merken;
- es sich Objekte heraussuchen und vergleichen kann;
- es sich später vom Sprecher zur Aufgabe und zurück wenden kann (Kiernan et al., 1978).

1. Wenn Sie die Aufmersamkeit des Kindes beim ersten Stimulus gehalten haben, zeigen Sie einen interessanten zweiten Stimulus. Dann entfernen Sie den ersten wieder aus dem Blickfeld. Halten Sie es kurz aufmerksam, bevor Sie ihm das erste Spielzeug wieder zeigen (Kiernan et al., 1978).

2. Wiederholen Sie den Vorgang ohne das erste Spielzeug zu verstecken.

3. Wiederholen Sie den Vorgang, und verbinden Sie zwei Objekte, z.B. schlagen Sie zwei Bauklötze gegeneinander.

4. Wiederholen Sie das, aber ermutigen Sie das Kind, die beiden Objekte zu halten und zu verbinden.

5. Verfahren Sie in der gleichen Weise mit zwei Autos. Lassen Sie sie zusammenstoßen.

6. Benutzen Sie beim Baden zwei Wasserspielsachen.

7. Nehmen Sie einer großen Puppe mit Hut diesen Hut «überrascht» ab und setzen ihn dem Kind auf. Nachdem Sie seine Aufmerksamkeit wieder auf die Puppe gelenkt haben, setzen Sie ihr den Hut wieder auf. Sagen Sie «da»!

8. Ermutigen Sie das Kind, einem großen Spielzeug ein leicht zu entfernendes Teil abzunehmen, und fügen Sie es wieder an.

Aktivitäten für den Blickkontakt und die Reaktion auf den Namen

Ein Kind von 10–12 Monaten sollte fähig sein, auf seinen Namen zu reagieren.

1. Sie können seine Aufmerksamkeit auf Ihr Gesicht lenken, indem Sie ein interessantes Spielzeug daneben halten. Allerdings könnte sich das Kind dabei mehr dem Objekt als Ihrem Gesicht zuwenden.

2. Setzen Sie einen lustigen Hut auf, kleben Sie einen falschen Bart an oder schminken sich stark; all das macht es dem Kind leichter, Blickkontakt aufzunehmen.

3. Haben Sie das Kind beim Namen gerufen und keine Antwort bekommen, wiederholen Sie ihn nochmals, und drehen Sie seinen Kopf am Kinn rasch und leicht in Ihre Richtung. Bieten Sie ihm lächelnd als Belohnung ein Objekt oder Spielzeug an. Reagiert es häufiger umsonst auf seinen Namen, wird es ihn bald ignorieren (Kiernan et al., 1978). Blenden Sie nach und nach die Hilfen aus, aber belohnen Sie das Kind nicht eher, bis es Sie angeschaut hat.

Level 2 (1 bis 2 Jahre)

Ziel

Das Kind soll lernen, die Anwesenheit einer Erwachsenen und deren Beteiligung an einer vom Kind erwünschten Handlung zu tolerieren.

Prinzipien

1. Jede verbale Aufforderung soll eng mit der Aufgabe verbunden sein.

2. Haben Sie eine Weile parallel zu Ihren Handlungen gesprochen, gehen Sie zu Kommentaren unmittelbar *vor* der Demonstration über.

3. Machen Sie die Belohnung mit Material zum Teil der Aufgabe, so daß das Kind nach Bewältigung einer Aufgabe mit Baubechern z.B. ein Bonbon in einem davon findet.

Geeignete Materialien

Sehr einfache Bildpuzzles; Spielsachen zum Zusammensetzen; Bälle, Bauklötze; Steckwürfel oder -fässer; Musikinstrumente, Spielsachen zum Klopfen oder Drücken; große Puppen und weiche Spielsachen.

Aktivitäten

Wenn das Kind am Anfang noch nicht ertragen kann, sein Spielzeug mit Ihnen zu teilen, nehmen Sie ein zweites dazu.

1. Setzen Sie sich kurze Zeit neben das Kind, aber beobachten Sie nur! In günstigen Momenten loben Sie es für Sachen, die es gut gemacht hat.

2. Setzen Sie sich neben es, und spielen Sie parallel zu ihm. Erweitern Sie sein Spiel durch Ihre Handlungen, ohne aber bei ihm einzugreifen; wenn es z.B. mit Bauklötzen spielt, bauen Sie mit Ihren Bauklötzen einen kleinen Turm. Folgende Reaktionen sind dann möglich:

a) es bemerkt Sie offenbar nicht, beginnt aber, Ihre Handlung zu imitieren;
b) es hört mit seiner Tätigkeit auf und schaut Ihnen interessiert zu;
c) es wirft Ihren Turm um.

In allen Fällen haben Sie es aufmerksam gemacht, wodurch ein Kontakt zustande kam.

3. Generalisieren Sie das anhand vieler Spiele und Handlungen, bei denen das Kind noch mehr Spielzeug kennenlernen kann.

a) Formenboxen: Nehmen Sie einen Stecker und probieren Sie ihn an verschiedenen Öffnungen, bevor Sie die richtige finden.
b) Stapelbecher: Verwenden Sie sie als Behälter und stecken Sie sie zusammen; bauen Sie einen Turm damit;
c) Fahrzeuge: Zeigen Sie wie Autos und Anhänger abgehängt werden, wie sie fahren und zusammenstoßen.
d) Wasserspiele: Schütten Sie Wasser von einem in den anderen Behälter.
e) Perlen und Bauklötze: Sortieren Sie alle roten und gelben Bauklötze; lassen Sie das Kind Ihren aus blauen bzw. grünen Klötzen gebauten Zug nachbauen.

4. Toleriert das Kind die Erwachsene und beginnt sie zu imitieren, kann sein Spiel leichter modifiziert werden.

a) Schieben Sie ihm das richtige Puzzlestück zu;
b) geben Sie zu seinem Turm oder seinem Zug ein weiteres Stück hinzu;
c) ermuntern Sie es, beim Kritzeln verschiedene Farben zu benutzen.

Begleiten Sie Ihre Handlungen mit entsprechenden verbalen Kommentaren wie «der Klotz kommt obendrauf»; «jetzt schmeißen wir ihn um, gell?»; «probier doch mal den roten Stift» etc. Gehen Sie nach und nach dazu über, vor Ihren Handlungen einfache verbale Anweisungen zu erteilen.

Aktivitäten zum Zuhören

1. Fördern Sie die auditive Aufmerksamkeit durch geräuschproduzierende Spielsachen, z.B. Spieldosen und Telefone zum Nachziehen.

2. Experimentieren Sie mit Musikinstrumenten, und betonen Sie die unterschiedlichen Klänge.

3. Singen Sie Kinderlieder mit viel Mimik und Bewegungen (z.B. Ringele ringele Rosen). Die Handlung lenkt die Aufmerksamkeit auf die Schlüsselworte und verändert den Rhythmus.

4. Lassen Sie das Kind aussuchen, welches von 3 Spielsachen es möchte. Zeigen Sie ihm jedes einzelne, und fragen Sie «möchtest du die Puppe, den Teddy oder den Zug?» etc. Betonen Sie diese Schlüsselwörter.

5. Bitten Sie das Kind, bekannte Objekte und große Spielsachen zu holen, z.B. «ich brauche eine Tasse», «gib mir mal den Schuh». Denken Sie daran, daß kleinere Kinder auf die begleitende Gestik und Intonation angewiesen sind.

Level 3 (2 bis 3 Jahre)

Ziel

Beim Level 3 soll das Kind das Ziel seiner Aufmerksamkeit selbst mehr im Auge behalten.

Prinzipien

1. Halten Sie die Aufgaben kurz und einfach.

2. Helfen Sie dem Kind entweder bei der Aufgabe oder bei der Bewältigung der Frustration.

3. Die Aufgabe soll die Belohnungen schon beinhalten.

4. Die Sprecherin muß klare Instruktionen geben, solange sich das Kind ganz auf sie konzentiert.

Geeignete Materialien

Einfache Puzzles, Schraubfässer, Russische Puppen, *farbige Zählrahmen* (1), Puppen, rollende Spielsachen, Bilderbücher, Kleinspielzeug.

Aktivitäten

1. Zeigen Sie dem Kind das Aufgabenmaterial, und lassen Sie es ein paar Minuten damit spielen. Bevor Sie dann Anweisungen geben, achten Sie darauf, daß es ruhig sitzt und nicht herumspielt. Dann sprechen Sie es an, achten auf den Blickkontakt und halten die Anweisung kurz und einfach.

Angemessene visuell-manipulative Aufgaben sind z.B.

a) 1 : 1 Zuordnung von Formen und Grundfarben.

b) Türme und Züge aus Bausteinen nachbauen.

c) Formen auf Papier nachmalen z.B.

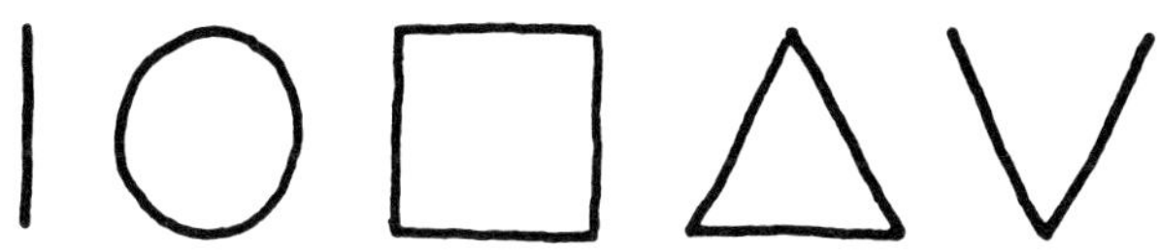

d) Grobmotorische Imitationsspiele mit Erwachsenen.

2. Finden Sie viele ähnliche Aufgaben zur Generalisierung.

3. Nun machen Sie das Kind aufmerksam, während es mit der Aufgabe beschäftigt ist. Nennen Sie seinen Namen, sagen Sie «schau mal», «hör mal», aber geben ihm noch keine Anweisung, bis das Kind den Blickkontakt aufgenommen hat. Die Anweisungen müssen auf die Aufgabe bezogen sein.

4. Machen Sie immer weniger aufmerksam, bis das Kind lediglich bei Nennung seines Namens aufschauen und zuhören kann.

5. Generalisieren Sie das mit vielen Aktivitäten, z.B.

a) Parallelspiel mit Puppen, Autos, etc. Veranlassen Sie das Kind, von Zeit zu Zeit zu schauen und Sie zu imitieren.

b) Körperspiele, Bewegungsimitationen.

Denken Sie daran, daß das Kind bei diesen eher aktiven Spielen unkonzentrierter sein könnte. Daher sollte zuerst die körperliche Unruhe abgeklungen sein, bevor Sie es aufmerksam machen. Blenden Sie nach und nach auch diese Hilfen für den Blickkontakt aus. Halten Sie ihre Anweisungen sehr kurz, und begleiten Sie sie mit passenden Gesten. Beginnen Sie beispielsweise mit «mach mir nach», «tu das», «ziehe die Puppe an», «setz sie hier hin».

Aktivitäten zum Zuhören

Einige der folgenden Ideen sind auch für kleine Gruppen geeignet.

1. Um etwas bitten: Zeigen Sie dem Kind drei Objekte, achten Sie weiter auf seine Aufmerksamkeit, und bitten Sie deutlich um ein oder zwei davon, z.B. «gibt mir den Bär». Für Kinder mit einem gewissen symbolischen Ver-

ständnis kann man auch kleine Spielsachen und Bilder benützen.

2. Es gibt unendlich viele Variationen zu diesem Thema:

a) Legen Sie die Objekte, Spielsachen oder Bilder in einen «Briefkasten», z.B. in eine gelb angemalte Schuhschachtel mit einem großen Schlitz.
b) Nehmen Sie die Sachen aus einem Einkaufsspiel.
c) Zeichnen Sie auf einen großen Karton einen Tierkopf, der einen groß ausgeschnittenen Mund hat. Fordern Sie das Kind in einem lustigen Spiel auf, die Objekte in den Mund zu werfen.

d) Während Sie Ihre Augen zuhalten, soll das Kind ein Objekt verstecken. Machen Sie beim Suchen viel Aufhebens.

3. Singen Sie Kinderlieder und Lieblingslieder des Kindes. Lassen Sie immer wieder eine kleine Pause, in der das Kind das Nachfolgende einfügen kann.

4. Erzählen Sie dem Kind bekannte Märchen immer wieder, unterbrechen Sie an einer interessanten Stelle, damit es mitmachen kann. Geschichten mit sich wiederholenden Reimen, wie in ‹Hänsel und Gretel› oder ‹Rumpelstilzchen› sind gut geeignet.

5. Lassen Sie das Kind einen versteckten, laut tickenden Wecker oder eine Spieldose finden. Denken Sie daran, daß das Kind die Gegenstände kennen muß.

6. Spielen Sie «Musikalische Standbilder». Das Kind tanzt herum bis die Musik aufhört und steht dann möglichst still wie eine Statue. Es ist wichtig, dies sowohl einzeln, als auch in der Gruppe zu spielen, da das Kind in einer Gruppe von den anderen Kindern visuell angeregt werden kann.

7. Bei *Fang eine Maus* (2) müssen die Kinder auf ein bestimmtes Signal hin Plastikmäuse an ihren Schwänzen wegziehen, damit sie nicht mit einem Becher gefangen werden.

8. Bitten Sie das Kind, eine Anzahl von Trommelschlägen nachzumachen.

9. In einer Gruppe bittet man jedes Kind, auf seinen Namen zu hören und eine einfache Handlung auszuführen, wie beispielsweise «Jens, steh auf!»

Level 4 (3 bis 4 Jahre)

Ziel

Ziel ist, den auditiven und visuellen Kanal zu integrieren. Damit beginnt der Transfer der Aufmerksamkeit auf die Gruppe oder den Kindergarten.

Prinzipien

1. Geben Sie dem Kind Zeit, aufmerksam zu werden, bevor Sie Anweisungen geben.
2. Helfen Sie bei schwierigen Teilen der Aufgabe.

Geeignete Materialien

Puzzles, ausmalen, ausschneiden, mit Ton kneten und modellieren, Puppen, Autos, Züge, *Tönende Röhren* (6) Puppengegenstände, wie Spielgeld und Kaffeegeschirr, Marionetten, *Spiel- und Aktionszentrum* (6) große Perlen zum Auffädeln.

Aktivitäten

1. Bringen Sie dem Kind nach und nach bei, zuzuhören und aufzunehmen, was Sie sagen, ohne daß es seine Tätigkeit unterbricht. Gehen Sie in folgenden Schritten vor:

a) Während das Kind eine visuell-manipulative Aufgabe durchführt, machen Sie es auf Ihre Anwesenheit aufmerksam, indem Sie es ansprechen, warten und eine klare, kurze Anweisung geben.
b) Machen Sie das Kind mit einer Bemerkung aufmerksam, wie «was machst du da?», «das ist gut!» usw. Schlagen Sie etwas vor, wie es die Aufgabe modifizieren kann.
c) Stellen Sie sich schweigend neben das Kind, bis es Sie wahrnimmt, dann geben Sie ihm die Anweisung.
d) Wenn das Kind fortfährt, Sie anzuschauen, ermutigen Sie es zum Weitermachen, mit Bemerkungen wie «schau nicht hoch, du machst es sehr gut» etc. Falls nötig, wiederholen Sie die Anweisungen.

e) Stellen Sie sich gelegentlich hinter das Kind und kommentieren Sie seine Handlung. So kann es Sie nicht anschauen, ohne sich herumzudrehen.

2. Spielen Sie viele solcher Aktivitäten mit ihm, auch Symbolspiele mit kleinen Püppchen, Konstruktions- und Sortierspiele. Manche Kinder verharren eine Weile auf dem 4. Level und können sich nicht einer Anweisung oder Frage zuwenden, ohne der Sprecherin ihre ganze Aufmerksamkeit zu schenken. Aufmerksamsein gelingt nur in Einzelsituationen, nicht aber in großen Räumen wie im Kindergarten.

Aktivitäten zum Transfer der Aufmerksamkeit

Der Transfer in den Kindergarten kann geschehen:

a) Indem die Umgebung mehr Ablenkung bietet, z.B. durch interessante Bilder und Umgebungsgeräusche.
b) Durch die Anwesenheit von mehr Menschen.

1. Das Kind kann in einer 1:1 Situation aufmerksam sein.

2. Eine andere Erwachsene ist im Raum, am besten eine Erzieherin oder Helferin, die später mit dem Kind arbeitet. Sie beteiligt sich erst nach und nach an den Aktivitäten des Kindes.

3. Ein anderes Kind mit ähnlicher Aufmerksamkeitsleistung wird in die Therapie mit einbezogen.

4. Aufmerksamkeitstraining kann langsam in einer kleinen Gruppe durchgeführt werden. Am Anfang ist vielleicht mehr Hilfe nötig, weil die Aufmerksamkeit des Kindes wahrscheinlich nicht so gut sein wird, wie in der 1:1 Situation. Diese Hilfen sollen nach und nach wieder ausgeblendet werden.

Aktivitäten zum Zuhören

Viele der folgenden Spiele sind auch für kleine Gruppen geeignet.

1. Geräusche zu Objekten oder Bildern zuordnen:

a) Imitieren Sie die Geräusche von 3–4 bekannten Tieren, die Sie auf Bildern zeigen, lassen Sie das Kind die richtigen Bilder finden.
b) Das Kind soll herausfinden, auf welchem der 2–4 Musikinstrumente Sie gerade gespielt haben. Am Anfang muß es vielleicht noch schauen; später kann es sich dann auf seine auditiven Eindrücke verlassen.
c) Nehmen Sie bekannte, Geräusche produzierende Objekte oder Spielsachen für diese Ratespiele.

2. Lassen Sie in einer erfundenen Geschichte eine Person mit dem Namen des Kindes vorkommen. Bevor Sie sie das zweite Mal erzählen, erklären Sie, daß es jedesmal seine Hand heben soll, wenn es seinen Namen hört. Wenn Sie das Spiel in der Gruppe machen, nennen Sie die Namen der aufmerksameren Kinder zuerst, damit sie Modell für die anderen sein können.

3. Wie oben, doch wenn die Kinder den Namen eines Jungen hören, stehen alle Buben auf, und wenn sie den Namen eines Mädchens hören, stehen alle Mädchen auf. Benutzen Sie die Namen der anwesenden Kinder (dieses Spiel ist nur für eine kleine Gruppe geeignet).

4. Nach Objekten fragen: Wie bei Level 3, nehmen Sie jedoch mehr Objekte.

a) Einkaufstasche: Bitten Sie das Kind, eine Reihe von Dingen in eine richtige Einkaufstasche zu packen.
b) Koffer: Bitten Sie das Kind, einen richtigen Koffer mit großen Kleidungsstücken oder Puppenkleidern zu packen.
c) Zeichnen Sie eine Wäscheleine. Bitten Sie das Kind kleine Abbildungen von Kleidungsstücken mit Klebestift «aufzuhängen.»

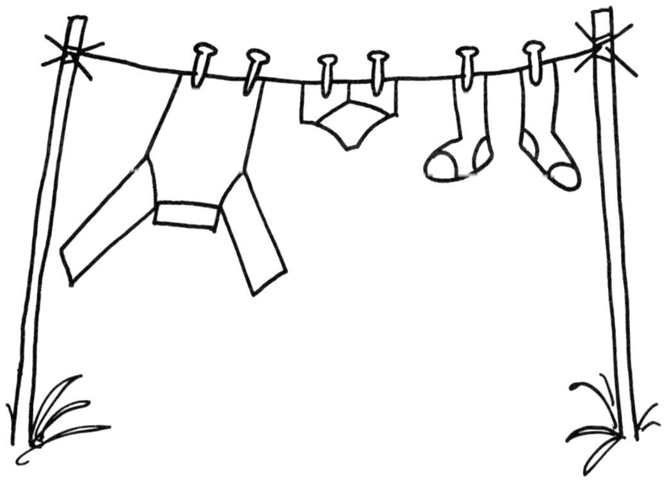

5. Einfache Anweisungen befolgen:

a) Bitten Sie das Kind, zwei oder drei Körperteile zu berühren.
b) Bitten Sie es, zwei zusammengehörige Objekte zu berühren oder zu nehmen (z.B. Tisch, Stuhl).
c) Bitten Sie es, zwei nicht zusammengehörige Dinge zu berühren oder Ihnen zu geben, z.B. Schuh und Buch. Das ist etwas schwieriger, denn es kann das zweite Objekt nicht erraten.

d) Lassen Sie es zu Musik einfache Handlungen ausführen, z.B. wenn es die Trommel hört, soll es zur Tür laufen. Vielleicht werden Sie es vormachen müssen.

6. Spielen Sie in der Gruppe «Reise nach Jerusalem». Die Kinder setzen sich auf Kissen am Boden, wenn die Musik stoppt. Legen Sie immer ein Kissen weniger aus, als es Kinder sind.

Level 5 (4 bis 5 Jahre)

Ziel

Das Ziel ist die Verlängerung der Konzentrationsspanne und der folgende Transfer in den Kindergarten.

Geeignete Materialien

Verse, Rätsel, Baukästen, Tischspiele, Marionetten, Kasperle, *Spielteppiche* (1), Spiele für draußen und Kleidung zum Verkleiden. Lassen Sie das Kind immer längere Zeit an den visuell-manipulativen Aufgaben verbringen. Gestalten Sie sowohl die Aufgaben als auch die verbalen Instruktionen komplexer. (*Kap. 6 enthält entsprechende Aktivitäten dafür*).

Aktivitäten zum Transfer der Aufmerksamkeit

1. Das Kind sollte nun fähig sein, Seite an Seite mit einem anderen Kind an der gleichen Aktivität zu arbeiten.

2. Verbessern Sie seine Toleranz,

a) indem es sich in einer kleinen Gruppe mit Kindern eines ähnlichen Aufmerksamkeitslevels aufhält;
b) indem Sie es in einem abgeteilten Bereich des Kindergartenraums arbeiten lassen; nach Entfernung der Abtrennung arbeitet es mit dem Rücken zur Gruppe.

3. Lassen Sie das Kind mit der Erzieherin oder der Helferin bei den alltäglichen Kindergartenaktivitäten mitmachen, damit es Hilfe hat, wenn es nicht mehr aufmerksam sein kann.

4. Ziehen Sie sich nach und nach zurück.

5. Finden Sie heraus, welche Kindergartenspiele und Aufgaben es gern hat, und verwenden Sie diese in Ihren Einzelsitzungen.

Aktivitäten zum Zuhören

Bieten Sie ähnliche Aktivitäten wie bei Level 4 an, aber mit komplexeren Stimuli und Reaktionen.

1. Fragen Sie wie bei Level 4 nach Objekten und Bildern, nun aber mit mehr Bildern. Führen Sie ein fantastisches Element mit ein, z.B. «stell Dir vor, Du gehst auf eine einsame Insel und nimmst eine Schachtel Streichhölzer mit, eine Taschenlampe und einen Badeanzug». Das Kind sammelt die drei Objekte ein. (Weitere Ideen sind Ferien, Weltraumreise, Scheinkämpfe, Sport.)

2. Lesen Sie einem oder mehreren Kindern eine Geschichte vor

a) von einer Katze oder einem Hund. Wenn das Tier erwähnt wird, soll das Kind ein passendes Geräusch bzw. Mimik dazu machen.
b) Über den Geburtstag des Kindes und die verschiedenen Geschenke, die es bekommt; hört das Kind von einem Geschenk, nimmt es das entsprechende Bild. Erzählen Sie danach die Geschichte nochmals und schauen Sie gemeinsam nach, ob es die Bilder richtig herausgesucht hat.

4. Die Kinder sitzen in einem Kreis; eines ruft ein anderes beim Namen und wirft ihm ein Bohnensäckchen zu. Dieses macht dann weiter.

5. Aktivitäten zur auditiven Diskrimination:

a) Legen Sie mehrere Alltagsobjekte vor das Kind, z.B. Schlüssel, Glocke, einen Löffel in einer Tasse, ein Aufziehspielzeug. Hat es die Augen geschlossen, machen Sie ein Geräusch, das es dem Objekt zuordnen muß.
b) Setzen Sie Musikinstrumente ähnlich ein.
c) Das Kind soll auf einer Trommel einen einfachen Rhythmus imitieren, z.B. zwei schnelle Schläge, Pause, ein Schlag.
d) Je nach dem erklingenden Musikinstrument handelt das Kind unterschiedlich, z.B. als «Soldat», wenn es die Trommel hört, als «Regentropfen» beim Glokkenspiel, als «Schlange» bei der Rassel, als «Auto» bei einer Hupe.
e) Beim Zuordnen von Geräuschen zu Bildern nehmen wir Tonaufnahmen von Alltagsgeräuschen, z.B. rennende Schritte, brutzelnder Speck, die Türglocke, bekannte Kindergartengeräusche und bekannte Stimmen. Im letzten Spiel identifiziert das Kind die Person, deren Stimme es hört.
f) Man spielt *Geräusche Lotto* (4) mit einer Tonkassette und entsprechenden Bildern.
g) *Geräuschdosen* (4, 6) sollen einander zugeordnet werden.

6. Zwei Kinder sitzen sich, durch einen Sichtschutz getrennt, mit einem Blatt Papier und einem Stift gegenüber. Eines sagt dem anderen, was es malen soll, z.B. «male ein Haus, mach einen Schornstein drauf, mach drei Fenster» usw. Am Ende sollten beide «Gemälde» gleich aussehen. Dann Rollentausch.

Level 6 (5 bis 6 Jahre)

Ein Aufmerksamkeitstraining ist nun nicht mehr nötig. Die Therapeutin übt die Konzentrationsfähigkeit des Kindes für immer komplexere Stimuli und ergänzt so den Transfer in eine normale Lernsituation.

Kapitel 3
Die Rolle des Spiels

Aktivitäten zur Förderung des Spielens

Kapitel 3
Die Rolle des Spiels

Einführung

Das Spiel von Kindern kann unterschiedlichste Formen annehmen und dient sehr verschiedenen Funktionen. Wygotski zeigt ihre Bedeutung für die kindliche Entwicklung: «Spielen ist nicht die vorherrschende Handlungsform, aber in einem gewissen Sinne ist es die wichtigste Quelle der Entwicklung im Vorschulalter.» Durch das Medium des Spiels ist das Kind imstande, neue Fähigkeiten zu entwickeln und die vorhandenen zu üben. Das geht von Geschicklichkeit, wie zum Beispiel Rechtshändigkeit, bis hin zu sozialer Kompetenz (Jeffree, McConkey und Hewson, 1977).

Spielen ist ein freiwilliges und normalerweise auch ein erfreuliches Verhalten. Es befähigt das Kind, ohne Angst vor Fehlern mit alternativen Möglichkeiten und Rollen zu experimentieren. Das Kind setzt seine eigenen Ziele und stellt seine eigenen Regeln auf. Spielen ist ein Entwicklungsbereich, der für die Sprachtherapie von großer Bedeutung ist. Es hilft, die für die Sprachentwicklung wichtigen Voraussetzungen zu entwickeln: Zuhören, Beobachten, Imitieren, Konzeptbildung und symbolisches Verständnis. Es wird auch als therapeutisches Werkzeug gebraucht (Bänninger-Steiner 1989). Man sollte sich immer vergegenwärtigen, daß die vielen Formen des Spiels zusammenhängen, und Fortschritte auf der Konsolidierung dieser Fähigkeiten basieren.

Funktionen des Spiels

1. Beim Spielen entwickelt das Kind durch Beobachten, Erforschen, Entdecken, Zusammenfügen und Imitieren neue Fähigkeiten.

2. Es kann damit bereits erworbene Fähigkeiten üben.

3. Durch Spielerfahrungen entwickelt sich das Verständnis des Kindes für Symbole und Konzeptbildung.

4. Spielen ist eine erfreuliche Aktivität, die Langeweile und Frustrationen verringert.

5. Spielen löst Körperenergie.

6. Spielen bietet eine Gelegenheit, negative Gefühle wie Angst und Ärger in einer harmlosen Form auszudrücken.

7. Das Kind wird fähig, die Rollen und Fähigkeiten anderer Menschen durch jede Art von Rollenspielen zu erlernen.

8. Spiel ist ein Teil der Entwicklung der Geschlechtsrollenidentität des Kindes.

Faktoren, die die Entwicklung des Spiels beeinflussen

1. Bei einem geistigbehinderten Kind kann die Spielentwicklung verzögert sein.

2. Eine Körperbehinderung kann verhindern, daß das Kind seine Umgebung erforscht und Erfahrungen erwirbt, die für die Entwicklung des Spiels ganz wichtig sind.

3. Vermindertes Seh- oder Hörvermögen kann die dem Kind zur Verfügung stehenden Spielformen begrenzen.

4. Auch Wahrnehmungsprobleme können die Spiel-Fähigkeit des Kindes beeinflussen.

5. Spiel kann bei einem Kind, das emotional oder im Verhalten Schwierigkeiten hat, abnorme Muster zeigen oder nicht altersgemäß sein.

6. Einen Mangel an Spielgelegenheiten kann es geben, weil:

- nicht genügend Spielsachen vorhanden sind;
- die Spielsachen nicht altersgerecht oder den Fähigkeiten nicht angemessen sind;

- Spielkameraden fehlen, Eltern und Betreuer unfähig sind, mit dem Kind zu spielen, oder das Kind keine geeigneten Spielkameraden hat;
- Platz fehlt;
- Zeit fehlt.

7. Verzögerungen in Sprache und Sprechen kann die Entwicklung bestimmter Spielbereiche einschränken.

Untersuchung

Spontanes Spielen kommt in einer dem Kind bekannten Umgebung häufiger vor, wenn seine Spielsachen und seine Spielkameraden um es herum ist. Daher sollte man versuchen, das Kind zu Hause, in der Kinderkrippe, auf dem Spielplatz oder im Kindergarten zu beobachten und durch Berichte der Eltern und anderer Betreuer zu ergänzen.

Es gibt im englischsprachigen Raum einige Entwicklungsskalen, die auch Verhaltensweisen beim Spiel beinhalten. Damit kann man den Spiel-Level des Kindes bestimmen, z.B. *Childrens Developmental Progress from birth to five years* (Mary Sheridan, 1973). Ein standardisiertes Testverfahren ist *The symbolic play test* (Lowe und Costello) für Kinder von 1–3 Jahren, der das Symbolverständnis anhand von Spielen mit Spielsachen untersucht. Im deutschen Sprachraum berücksichtigt z.B. die *Entwicklungskontrolle für Krippenkinder* (Zwiener und Schmidt-Kolmer in Rennen-Allhoff und Allhoff, 1987) das kindliche Spielverhalten.

Spielformen

Wir klassifizieren hier das Spiel in einzelne Formen, die jedoch nicht isoliert existieren, sondern eng miteinander in Verbindung stehen und abhängig voneinander sind.

Erforschendes Spiel

Die meisten Kinder sind allgemein auf sich und die Welt neugierig. Sie entdecken, daß Menschen und Dinge unabhängig von ihnen existieren. Durch Erforschen finden die Kinder die Eigenschaften und Qualitäten dieser anderen Ganzheiten heraus. Das erfordert Kombinationen von Fähigkeiten in Motorik, Wahrnehmung und Kognition.

Körperspiele

Bei diesen Spielen geht es um die Entwicklung und Verfeinerung z.B. der Grobmotorik wie sitzen, rennen und balancieren oder auch um die Fähigkeiten zur Imitation, Koordination und um Bewegungsmuster.

Fantasiespiel

Das Grundsätzliche an dieser Spielform ist der Gebrauch von Objekten oder Gesten, die anderes, nicht Vorhandenes repräsentieren (Jeffree, McConkey und Hewson, 1977). Charakteristisch dafür sind So-tun-als-ob-Spiele und Rollenspiele. Für die Entwicklung von Fantasiespiel braucht man imitative, motorische, sensorische und kognitive Fähigkeiten.

Soziales Spiel

Spiel kann eine Handlung eines Einzelnen, oder eine gemeinsame Handlung mit einem Erwachsenen oder anderen Kindern sein. Interaktion ist das Grundkonzept im sozialen Spiel und bezieht sich auf den zweikanaligen Prozeß des Gebens und Nehmens zwischen den Spielenden. Das Kind muß die Ideen den Teilens und die der Rollenübernahme verstehen.

Spiele mit Regeln

Um sich mit solchen Spielen zu beschäftigen, muß das Kind die intrinsischen Fähigkeiten für die Spiele haben und in der Lage sein, den gesetzten Regeln zu folgen. Ein Verständnis für das Miteinander und das «Dran-Sein» muß erworben sein, bevor das Kind Spiele mit Regeln spielen kann.

Richtlinien für die Therapie

1. Die Aktivität muß dem Entwicklungsstand entsprechen und sollte auch dem in irgendeiner Weise behinderten Kind angepaßt werden.

2. Spielsachen und Materialien sollten altersgemäß sein.

3. Finden Sie das Interesse des Kindes heraus, und nutzen Sie es.

4. Die verbalen Instruktionen sollten dem Sprachverständnislevel des Kindes entsprechen.

5. Neues Material sollte ebenso wie die Einübung neuer Fähigkeit langsam und kleinschrittig erfolgen (Kiernan et al., 1978).

6. Anfangs kann es notwendig sein, das Zielverhalten erst einmal vorzumachen. Hat das Kind Schwierigkeiten, Sie zu imitieren, können folgende Strategien helfen:

a) Nützen Sie Gestik, z.B. den Arm hoch und runter bewegen, um das Winke-Winke zu imitieren.
b) Wenn das Kind Ansätze für die Bewegung zeigt, reduzieren Sie nach und nach Ihre unterstützenden Bewegungen.
c) Führen Sie die Handlung schließlich parallel zu ihm aus.

7. Die Dauer einer Handlung ist wichtig. Das Kind kann frustriert sein, wenn es zu wenig Zeit für eine Handlung hat; ist die Zeit zu lang, langweilt es sich.

8. Einem Kind mit Widerstand erleichtern Sie das Mitmachen, wenn es sicht, daß Sie an einer Handlung Spaß haben. Bestechen oder locken zahlt sich nicht aus.

9. Loben Sie das Kind, wenn es eine Aufgabe oder ein Spiel beendet hat.

10. Wenn Sie Ihre Freude am Spiel des Kindes zeigen, ist das ein hoch motivierender Faktor.

11. Zwingen Sie ein Kind nicht, mitzumachen. Lassen Sie es spielen, wenn es will, und versuchen Sie, es nach und nach zu einer sinnvolleren Aktivität zu führen. Spielen soll erfreulich sein und nicht erzwungen werden.

12. Wenn sich das Kind mit einem Spielzeug langweilt, stellen Sie es ihm in einer anderen Art vor, z.B. indem Sie es in einem Krabbelsack oder einer Suchschachtel verstecken.

13. Sprechen Sie beim gemeinsamen Spielen über Ihre Handlungen.

14. Ermutigen Sie das Kind, über die Spielsachen, und was es damit tut, zu sprechen.

15. Denken Sie daran, daß ein Kind Zeit braucht, um sowohl mit sich alleine, als auch mit anderen zu spielen.

16. Spielsachen sollen haltbar sein. Kleine Kinder erforschen gerne Dinge, indem sie darauf klopfen, beißen und sie herumwerfen.

17. Entfernen Sie das Material, dem gegenüber ein Kind aggressiv ist, und sagen Sie ihm, daß es das erst wieder bekommt, wenn es ordentlich damit spielt. Versuchen Sie herauszufinden, warum es so aggressiv ist. Denken Sie daran, daß sich ein entwicklungsverzögertes Kind auf einem niedrigeren Spiellevel befinden könnte (Newson, 1979).

18. Achten Sie weiterhin auf das, was Sie dem Kind beigebracht haben (Berry, 1980).

19. Teilen Sie dem Kind seine Fortschritte in einer verständlichen Weise mit.

20. Gehen Sie immer sicher, daß das Kind passende Kleidung zum Spielen anhat (Overalls sind ebenso günstig wie alte Männerhemden).

21. Sicherheit ist immer sehr wichtig. Sicherheit bedeutet passenden Spielraum, Beaufsichtigung und eine gute Qualität, besonders bei Selbstgebasteltem.

Aktivitäten zur Förderung des Spielens

Erforschende Spiele

Funktionen des erforschenden Spiels

1. Es soll dem Kind durch Beobachten der Umwelt bei der Entdeckung von Objekten der Umwelt und Ereignissen helfen.

2. Es soll dem Kind durch Beobachten und Manipulieren bei der Entdeckung der Natur und dem Funktionieren von Objekten helfen.

3. Das Kind kann durch die erforschenden Handlungen neue Fähigkeiten ausbilden.

4. Es kann diese Fähigkeiten in unterschiedlichen Situationen üben.

5. Die Neugierde des Kindes wird so angeregt, daß es den Wunsch und das Bedürfnis hat, noch mehr auszuprobieren.

Die Rolle des erforschenden Spiels

Erforschendes Spielen gibt dem Kind die Möglichkeit, Objekte in seiner Umgebung zu beobachten und zu entdecken. Um deren Qualitäten und Charakteristika herauszufinden, benützt es seine sensorischen und motorischen Fähigkeiten – es schaut, hört, schmeckt, schüttelt, drückt und läßt hinunterfallen. So baut das kleine Kind seine Konzepte über die Welt auf.

Diese Konzepte sind wichtige Voraussetzungen für die Sprachentwicklung. Später hilft dann erforschendes Spielen, das Wissen des Kindes um die Welt zu erweitern und zu entfalten.

Prinzipien des erforschenden Spiels

1. Dem Kind soll eine Vielzahl von Gegenständen und Spielsachen zum Ausprobieren zur Verfügung stehen.

2. Das Material soll für das Kind interessant sein.

3. Aktivitäten und Materialien sollen variiert werden, um das Kind «bei der Stange zu halten».

4. Die Aktivitäten müssen dem körperlich oder wahrnehmungsbehinderten Kind angepaßt werden.

5. Zeigen Sie dem Kind, wie man ein Objekt untersucht, z.B. riechen Sie an einem Stück Seife, und lassen Sie dann das Kind riechen.

6. Lassen Sie sich vom Interesse des Kindes lenken, und übernehmen Sie dann die Führung und Erweiterung des Spiels.

Das kleine Kind braucht Erwachsene, die es Erfahrungen machen lassen. Spielsachen hingegen sollen Erfahrungen durch Beobachten, Zuhören, Fühlen, Riechen und Schmecken vermitteln.

Aktivitäten zum Hinschauen

Spielsachen müssen interessant aussehen, sich möglichst bewegen und Geräusche machen, die das Kind aufregend findet. Zum Beispiel *Kugelbärchen*, die sich in einem durchsichtigen Ball befinden und Purzelbäume schlagen können (Kiddikraft); *Das musikalische Küken* ist eine Spieluhr, die zu der Melodie die Flügel schlägt und die Augen rollt (O. Maier).

1. Gesichtsspiel: Variieren Sie Ihre Mimik, Ihre Augen- und Mundbewegungen. Tragen Sie unterschiedlichste Hüte, Brillen und Schmuck.

2. Mobiles werden nahe beim Kind aufgehängt. Sie sind leicht selbst herzustellen, indem Sie Utensilien an Drahtkleiderbügeln aufhängen. Geeignet sind Materialien wie helle Knöpfe, Perlen, Garnrollen, Schlüssel, Stoffstücke, Silberpapier, ausgeschnittene Formen, Flaschenverschlüsse usw.

3. Hängende, klingende Spielsachen ermuntern das Kind hinzufassen, sie zu berühren und zu ergreifen, aber auch hinzuschauen. Sie sollen viele verschiedene Formen, Farben und Größen haben und sind am besten an einer dicken elastischen Schnur aufgehängt. Als Material kommen Plastikschachteln, zerknülltes Papier, Papierschlan-

Selbstgebastelte Mobiles

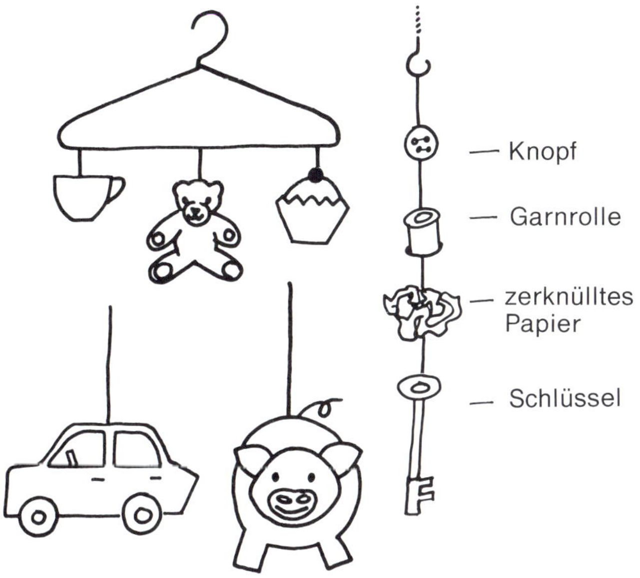

gen, Papierketten, Rasseln und helles, durchsichtiges Plastik in Frage; das Aussehen sollte oft verändert werden.

4. Guck-guck-Da: Beginnen Sie damit, daß Sie Ihr Gesicht hinter Ihren Händen verstecken und dann hervorschauen. Später verstecken Sie sich im Zimmer und kommen plötzlich z.B. hinter dem Vorhang hervor. Helfen Sie dem Kind, sich hinter seinen Händen zu verstecken und dann hervorzuschauen.

5. Fingerpuppen lenken die Aufmerksamkeit des Kindes auf Ihre Hände. Später können Sie sie auf die Finger des Kindes stecken und es zum Spielen ermuntern. Malen Sie auch mit abwaschbaren Farben Gesichter auf ihre Fingerspitzen.

Fingerpüppchen

6. Dreidimensionale Bilderbücher und «Erste Bilderbücher» geben visuelle Anreize.

Wenn das Kind einen Gegenstand interessiert anschaut, lassen Sie es dessen Bewegungen verfolgen.

7. Bieten Sie dem Kind ein Objekt oder ein Spielzeug an, bis es aufmerksam wird. Wenn Sie den Gegenstand langsam erst zur einen, dann zur anderen Seite bewegen, erweitern Sie nach und nach sein Blickfeld. Am Anfang müssen Sie vielleicht den Kopf des Kindes noch in die richtige Richtung drehen.

Wenn das Kind fähig ist, langsam einfachen, horizontalen Bewegungen zu folgen, verändern Sie Geschwindigkeit und Richtung. Für dieses Stadium sind sich bewegende Objekte günstig z.B. Puppen auf einem Stock, Ballone, Seifenblasen, Bälle und dehnbare Spielsachen wie die weihnachtliche Papierkette.

8. Kann das Kind der Bewegung eines Objektes folgen, machen ihm bewegliche Zieh-Spielsachen wie Eisenbahn, Telefon, Autos, *Biene Maja, Tausendfüßler, Nachziehente* (O. Maier) usw. Spaß.

9. Kegeln: Die Grundidee ist das Umfallenkönnen von Dingen z.B. Kegel, Bauklotzturm, aufgestapelte Streichholzschachteln, Kartons, Klopapierrollen, Spielzeugmännchen und Schachteln. Das Kind kann auch zuschauen, wie der rollende Ball alles umschmeißt (Jeffree, McConkey und Hewson, 1977). *(S. Kap. 2 mit weiteren Ideen für die visuelle Aufmerksamkeit und das Verfolgen.)*

Aktivitäten zum Zuhören

Dem kleinen Kind müssen viele verschiedene Laute nahegebracht werden, aber man sollte es möglichst auch sehen lassen, was es hören kann. Geräusche und Klänge müssen oft wiederholt werden.

1. Während eines Tages gibt es viele Geräusche, bei denen das Kind innehalten und zuhören kann – laufendes Wasser, raschelndes Papier, ein Löffel in einer Tasse, klappernde Teller etc. Zeigen Sie dem Kind die Ursache eines Geräusches, und sprechen Sie mit ihm darüber.

2. Stimmenspiel: Variieren Sie den Klang Ihrer Stimme: laut und leise, tief und hoch, summen, singen und pfeifen Sie (setzen Sie dabei das Kind am besten auf Ihren Schoß nahe an Ihr Gesicht).

3. Zeigen und demonstrieren Sie dem Kind viele geräuscherzeugende Spielsachen. Beispiele sind *Holzrasseln* (6, O. Maier), *Duplo-Rasseln, Bienchen Mobile mit*

Spieluhr (Chicco), *weiche Musik-Spieltiere* (6), Quietschentchen usw.

4. Spieluhren: Lassen Sie das Kind das Spielzeug halten und der Musik zuhören.

5. Ermuntern Sie das Kind, sich an den o.g. Aktivitäten zu beteiligen. Wenn es mit den Spielsachen selbst noch nicht umgehen kann, z.B. den Ball rollen oder die Spieluhr aufziehen, unterstützen Sie seine Bewegung leicht, und führen Sie die Handlung gemeinsam aus.

Aktivitäten zum Fühlen

1. Lassen Sie das Kind Ihre Hände und Ihr Gesicht erforschen.

2. Es ist sehr wichtig, daß Sie es seinen Körper spüren lassen.

3. Machen Sie Fingerspiele, wobei Sie beispielsweise die Handflächen des Kindes kitzeln etc. (z.B. «Da hast 'nen Taler...»)

4. Wenn ein Kind Gegenstände nicht festhalten kann, berühren Sie damit sein Gesicht, seine Hände und seinen Körper.

5. Machen Sie das Kind immer wieder darauf aufmerksam, wie sich verschiedene Objekte an den Körperteilen anfühlen, z.B. die glatte Seife und die rauhe Nagelbürste. Geben Sie ihm unterschiedlich beschaffene Spielsachen, z.B. einen harten Baustein und einen weichen Teddybär.

6. Bieten Sie unterschiedliche Oberflächen an beispielsweise beim *Tastspiel* (4), *Taktiles Domino* (4) und *Tastbrett* (6).

Aktivitäten zum Riechen und Schmecken

1. Lenken Sie die Aufmerksamkeit des Kindes auf den Geruch von Dingen in seiner Umgebung. Bringen Sie dafür Gegenstände an seine Nase zum Riechen. In der Küche kann es an unterschiedlichen Lebensmitteln und Putzmitteln riechen; im Bad kann es die Seife, die Waschmittel, das Parfüm, das Schaumbad usw. riechen.

2. Lassen Sie das Kind unterschiedliche Nahrungsmittel probieren.

Aktivitäten zum Greifen

Mit 6 Monaten kann das Kind normalerweise nach einem Gegenstand in der Reichweite seines Armes greifen (Sheridan, 1977).

1. Mobiles: Diese können aus ähnlichem, wie oben beschriebenem Material angefertigt werden. Hängt man sie dann an einem Gummifaden in seiner Reichweite auf, kann sie das Kind zu sich herziehen (auch 6).

2. Patchwork Steppdecken: Man kann sie aus verschiedenen Stoffen herstellen, z.B. aus Samt, Baumwolldrillich, Satin und Nylon (Jeffree, McConkey und Hewson, 1977). Kinder, die viele Reize brauchen, kann man Sachen auf die Decke nähen; besonders sinnvoll sind solche, die Geräusche machen – kleine Tierglöckchen, zerknülltes (festes) Toilettenpapier, Rasseln.

3. Belohnen Sie das Kind für das Greifen mit geräuscheproduzierenden Spielsachen, z.B. Glöckchenbälle und Spieluhren. Rasseln kann man leicht aus Dosen, Plastikflaschen und kleinen stabilen Gläschen selbst herstellen. Sie können u.a. mit Wasser, Sand, Perlen, Knöpfen, Kieselsteinchen, Reis, Linsen gefüllt werden.

4. Die folgenden Spielsachen sind käuflich, z.B. die *Glockenkette* (Brio), das *Spiel- und Lerncenter* (Fisher Price), aber sie sind auch leicht selbst zu machen:

Man klebt dazu das Material und die Objekte auf eine starke Pappe, hängt sie an Fäden auf oder schraubt sie an. Denken Sie daran, daß die Objekte sicher sind und

Aktivitätstafeln

Schau-Tafel

Greif-Tafel

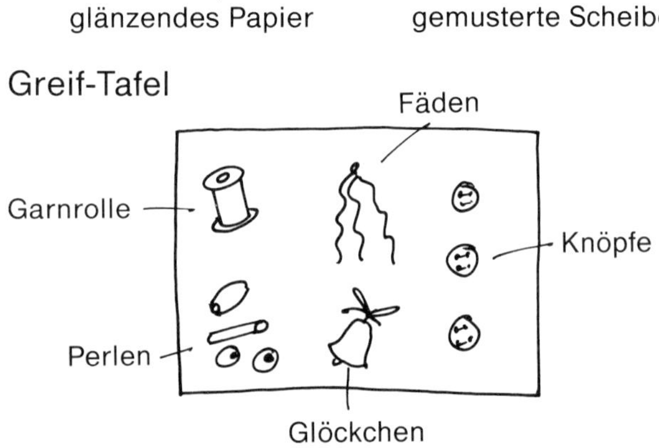

starkes Ziehen aushalten. Zum Schauen animierende ‹Spielcenter› bestehen beispielsweise aus Spiegelstückchen, durchsichtigem Papier, gemusterten Pappscheiben, Hologrammen; ‹Fühlcenter› haben z.B. Sandpapier, Samt, Baumwolle, Teppichstoff, Schwamm zum Anfassen; für ein ‹Greifcenter› nehmen Sie Garnrollen, Schnur, Knöpfe, Perlen, Bänder, Schuhlöffel oder Knaufe; für das ‹Hörcenter› sind Tierglöckchen, Rasseln, zerknülltes Papier, kleine Glockenspiele günstig.

Aktivitäten zum Hinfassen und Greifen

1. Hängende Spielsachen, z.B. eine über dem Bettchen hängende Spielzeugkette, *Zieh-Schmetterling* (6), regen das Kind zum Greifen an. Da verschiedene Formen und Größen unterschiedliche Greifmuster erfordern, sollten Sie das Material variieren.

2. Um das Greifen des Kindes zu fördern, legen Sie Ihren Finger in seine Handfläche und kitzeln sie. Seine Hand sollte sich um Ihren Finger schließen; nun ziehen Sie erst vorsichtig, dann immer stärker an Ihrem Finger (Jeffree, McConkey und Hewson, 1977).

3. Lassen Sie das Kind Erfahrungen im Ziehen, Dehnen und Zusammendrücken machen. Die entsprechenden Materialien können Schnur, Gummibänder, Knet, Schachteln, Stoffe sein. (Man kann die Materialien zum Suchen in Schachteln packen. Schauen Sie, daß alles sauber und sicher ist.)

4. Paket auspacken: Wickeln Sie Spielsachen in Zeitungspapier ein, oder legen Sie ein Spielzeug in ein anderes, z.B. ein Püppchen in eine Tasse, diese wiederum in eine Schüssel.

5. Sandkästen animieren das Kind, Sand zu fühlen und auszuprobieren, wie man damit umgehen kann.

6. Plastilin und Teig kann gezogen, gedehnt, zusammengedrückt werden. Rühren Sie Teig mit Mehl, Wasser und Salz an.

7. Beim Baden gibt es viele Spielmöglichkeiten z.B. *Badewannenfreude* (Duplo), Schwimmvogel, Boot, Bälle, Schleppkahn usw. Auch Haushaltsmaterialien ergeben hervorragende Badespielsachen, z.B. Korken oder Plastikflaschen.

8. Krabbelsack: Verstecken Sie einige Sachen in einem Stoffbeutel. Lassen Sie das Kind jedesmal nur eines herausnehmen.

Aktivitäten zum Verständnis von Ursache und Wirkung

Zwischen 12 und 18 Monaten beginnt das Kind Ursache und Wirkung zu verstehen (Sheridan, 1977).

1. Nutzen Sie den Spaß des Kindes am Klopfen aus und geben Sie ihm einen Stock und verschiedenste Objekte zum Draufklopfen. Ein harter hölzener Bauklotz vermittelt ein anderes Gefühl als ein weiches Kissen. Eine leere Dose klingt anders als eine volle.

2. Geben Sie dem Kind viele unterschiedliche Musikinstrumente und zeigen Sie ihm, wie man Klänge produziert. Wenn nötig, führen Sie seine Hand. Kann es schon Geräusche machen, lassen Sie es allein probieren (Alvin, 1988).

3. Füllen Sie einige Flaschen mit unterschiedlich viel Wasser. Zeigen Sie dem Kind, wie man hineinblasen und verschiedene Töne produzieren kann. Fordern Sie es zum Nachmachen auf.

4. Spielsachen, die reagieren, belohnen das Kind, wenn es eine bestimmte Handlung durchführt, beispielsweise: *Glockenturm* (6), *Kugel-Clown* (6), *Hüpf-Figuren* (6), *Kasten-Clown* (6); Stehaufmännchen.

5. Klappbilderbücher: Das Kind kann die Illustrationen bewegen, indem es an etwas zieht, etwas dreht usw. Zum Beispiel De Haen: *Fühl mal.* O. Maier.

6. Einfache Legespiele und Puzzles.

7. Lassen Sie das Kind die unterschiedlichen Bewegungen verschiedener Rollspielzeuge untersuchen. Das können zylindrisch geformte Rasseln, Spielsachen mit Rädern, Bälle oder Ballone sein.

8. Es gibt einige käufliche Produkte (bei 6), die aus einem Gegenstand mit Löchern bestehen und Dingen (Männchen, Bälle o.a.) zum Reinhämmern, -drücken oder -stecken. Sie sind alle sehr sinnvoll.

9. Bälle oder andere Hohlkörper, die man ins Badewasser taucht, springen von alleine wieder heraus.

Aktivitäten für die Geschicklichkeit

Kinder beginnen mit 18–24 Monaten vermehrt Interesse an der genaueren Untersuchung und Manipulation kleiner Objekte zu zeigen (Sheridan, 1977).

Geben Sie dem Kind viele Gelegenheiten, kleine Spielsachen in einen Behälter zu stecken und wieder herauszunehmen, Spielzeug zusammenzustecken und zu legen.

Das hilft dem Kind, die Konzepte für Größe, Gewicht und Raum zu erwerben.

1. Kinder lieben *Playmobil-* oder ähnliche Figuren, die sich in Boote, Flugzeuge, Karussells, Sessel etc. setzen lassen.

2. *Lego* bietet viele verschiedene Steine zum Bauen an.

3. Formenboxen: Beginnen Sie mit Boxen, die nur drei oder vier Öffnungen haben, weil diejenigen mit vielen verschiedenen Öffnungen schwieriger sind.

4. Einfache Puzzles, deren Teile ein ganzes Objekt darstellen.

Aktivitäten für Reihen oder Muster

Zwischen zwei und drei Jahren beginnt das Kind, sich mit einfachen Puzzles, Däumlingsfässern, Baubechern, Spielsachen zum Schrauben (Sheridan, 1977) zu beschäftigen.

1. Baubecher helfen, das Konzept der Größe zu festigen. Zeigen Sie dem Kind zuerst zwei Teile, und schauen Sie, ob es sie richtig ineinandersetzen kann. Vielleicht sollten Sie zunächst zwei in der Größe sehr unterschiedliche nehmen. Bieten Sie nach und nach mehr an. Hat das Kind Schwierigkeiten, helfen Sie ihm, die wichtigste Form zu finden, korrigieren Sie die Fehler vorsichtig.

Demonstrieren Sie so lange wie nötig, oder führen Sie die Aufgabe mit einem zweiten Set gleichzeitig aus. Ähnliche Spielsachen sind Russische Puppen oder Eier, Däumlingsbecher, Spielsachen zum Stecken.

2. Ringe verschiedener Größe auf einem Konus. Zeigen Sie dem Kind die Aufgabe, und beginnen Sie mit nur zwei oder drei verschiedenen Größen.

3. Puzzles mit Teilen verschiedener Größe.

4. Stapelbare Spielsachen, z.B. *Baubecher, aus Ringen zusammengesetzte Biene, Clown, Quadratpyramide, Kugel-Abakus* (4) usw.

Aktivitäten für das ältere Kind

1. Verschiedene Sachen im Zimmer verstecken.

2. Spiegel-Spiele: Gesichter schneiden, winken, zuzwinkern.

3. Das Kind auf dem Spielplatz oder Park etwas sammeln lassen. Sprechen Sie über die Dinge, wie sie aussehen, sich anfühlen oder anhören, und wo Sie sie gefunden haben.

4. Lassen Sie das Kind im Zoo, auf dem Bauernhof oder in Läden schauen, erforschen und viel erfahren.

5. Geben Sie dem Kind nach und nach kompliziertere Gegenstände zum Untersuchen. Es soll versuchen, herauszubekommen, wie mechanisches Spielzeug funktioniert; nehmen Sie Metallteile weg, und geben Sie schwierigere Vorlagen zum Nachbauen.

6. Lassen Sie das Kind mit Farben experimentieren, Farben mischen und neue Effekte mit Kreide, Wachsmalstifte usw. ausprobieren.

Körperspiele

Funktionen des Körperspiels

1. Es soll dem Kind helfen, Kontrolle über seinen Körper zu bekommen.

2. Es soll dem Kind helfen, seine Bewegungen zu koordinieren.

3. Es soll helfen, seine Mobilität und damit auch seine Unabhängigkeit zu entwickeln.

Die Rolle des Körperspiels

Das Kind braucht Mobilität zur Erforschung seiner Umgebung. Dabei lernt es etwas über die Objekte und Ereignisse in seiner Welt und erwirbt damit entscheidende Grundlagen für die Sprech- und Sprachentwicklung.

Prinzipien des Körperspiels

1. Körperspiele brauchen ausreichend Platz und sorgfältige Beaufsichtigung.

2. Vergewissern Sie sich, daß alle Geräte sicher sind.

3. Sorgen Sie dafür, daß es für das Kind auch notwendig ist, sich zu Hause und im Kindergarten zu bewegen, d.h. daß Erwachsene ihm nicht alles abnehmen.

4. Manchmal werden Sie das Kind bei einigen Aktivitäten körperlich unterstützen müssen. Versuchen Sie, entspannt und in Ihren Bewegungen weich zu sein.

5. Einige Aktivitäten könnten für Kinder mit gesundheitlichen Problemen zu anstrengend sein, z.B. bei einem Herzfehler. Tauschen Sie sich immer mit dem betreuenden Arzt, den Krankengymnasten und den Eltern aus, bevor Sie bestimmte Spiele ausprobieren.

Aktivitäten für das kleine Kind

1. Vergewissern Sie sich, daß das Kind sitzen und seine Umgebung sehen kann. Falls nötig, unterstützen Sie es mit Kissen, oder setzen Sie es auf ihren Schoß.

2. Schwingen Sie das Baby, heben Sie es hoch und schaukeln Sie es in Ihren Armen. Spielen Sie auf Ihren Knien Hoppe Reiter mit ihm.

3. Beim Baden gibt es viele Möglichkeiten, im Wasser zu planschen und zu spritzen.

4. Schaukel: Legen Sie das Kind auf den Rücken, und knien Sie vor ihm. Nehmen Sie es sicher an den Händen, ziehen Sie es vorsichtig in die Sitzposition und lassen es dann wieder nach hinten hinunter (Jeffree, McConkey und Hewson).

5. Bewegen Sie die Arme und Beine des Kindes; hoch, runter und kreisend.

6. Wenn Sie mit ihm spielen, legen Sie seine Spielsachen etwas außer Reichweite, damit es sich danach streckt. Legen Sie das Spielzeug so, daß das in verschiedene Richtungen geschieht.

7. Greifen Sie auf Aktivitäten aus dem Abschnitt über das erforschende Spielen zurück, um das Hinfassen zu fördern.

Aktivitäten für das Laufen

Ungefähr mit 15 Monaten kann ein Kind mit unregelmäßigen Schritten und weit ausgestellten Füßen alleine laufen. Es fällt oft hin oder stößt sich an Möbeln. Um vom Stehen ins Sitzen zu kommen, läßt es sich rückwärts oder vorwärts auf seine Hände und dann nach hinten zum Sitzen fallen (Sheridan, 1973).

1. Geben Sie dem Kind Anreize zum Laufen. Lassen Sie es zu seinem Essen, Trinken oder zum Spielzeug laufen, statt es hinzutragen. Lassen Sie es seine Spielsachen alleine wegräumen; eine Spielzeugkiste mit einem lustigen Gesicht darauf animiert zum Aufräumen.

2. Stellen Sie sich in kurzem Abstand vor das Kind. Rufen Sie es zu sich und strecken Sie die Arme nach ihm aus. Hat das Kind einige Schritte alleine geschafft, nehmen Sie es in den Arm. Vergrößern Sie nach und nach die Distanz.

3. Stellen Sie Stühle mit einer Süßigkeit oder einem Spielzeug darauf zu einem Kreis, so daß das Kind von Stuhl zu Stuhl gehen muß, um seine Belohnung zu bekommen. Fangen Sie mit einem kleinen Kreis an, und vergrößern Sie ihn nach und nach (Jeffree, McConkey und Hewson, 1977).

4. Spielsachen, die man vor sich herschieben kann, *Schiebe-Rolle* (6), *Lauflernwagen* (6) sind ebenfalls ermutigend und eine Hilfe beim Laufenlernen.

5. Reiten: Setzen Sie das Kind auf Ihren Schoß, oder lassen Sie es auf Ihrem Rücken reiten, wiegen Sie sich vorsichtig dabei von Seite zu Seite. Indem es versucht, oben zu bleiben, übt es das Gleichgewicht.

Schaukel

Aktivitäten für das Laufen, Klettern und Rennen

Mit 2½ Jahren hat das Kind schon gute Fortbewegungsfähigkeiten. Es kann rennen und mühelos auf Kindermöbel klettern (Sheridan, 1973).

1. Hindernisrennen machen Spaß. Man kann dafür Tische, Stühle, Matten, *Spieltunnel* (s. Bild) aus Plastik (3), *Balance-Tau* (3) Reifen, *Spielfaß* (4) und Bänke benutzen. Das Kind soll durch- und darunterkrabbeln oder darüberklettern und um oder zwischen Objekte kriechen. Helfen Sie dem Kind, auf einer Bank oder zwischen zwei Kreidelinien zu balancieren, einem Pfad aus Seilen oder anderen Markierungen zu folgen.

Spiel-Tunnel

2. Denken Sie sich verschiedene Fangspiele aus.

3. Zwar kann auch die Treppe zum Klettern-üben benutzt werden, aber hier müssen Sie immer beaufsichtigen.

4. Dies ist auch auf dem Spielplatz mit Rutschbahnen und Klettergerüsten der Fall.

5. Füße: Das Kind stellt seine Füße auf *Fußformen aus Plastik* (3) (oder ausgeschnittenen Teppichfliesen). Geschicktere Kinder folgen in unregelmäßigen Abständen ausgelegten Fußformen, so daß sie sich beim Gehen drehen und verrenken müssen.

6. O'Grady: Die Erwachsene führt eine Handlung aus, die er beschreibt und den Namen O'Grady hinzufügt. Das Kind soll sie imitieren. Z.B. «O'Grady sagt, heb Deine Hand in die Luft». Fehlt dem Kommando das «O'Grady», und das Kind macht die Bewegung dennoch, muß es ausscheiden (ähnlich wie «Kommando Bimberle»).

7. Bewegen zur Musik: Solange die Musik spielt, laufen oder gehen die Kinder umher. Ist sie nicht mehr zu hören, bleiben sie stehen oder setzen sich auf den Boden.

8. Verschiedene Handlungen werden mit verschiedenen Geräuschen verbunden. Wenn eine Trommel schlägt, geht das Kind vorwärts, wenn es eine Glocke hört, setzt es sich hin.

9. Zur Musik tanzen, Mimik machen, Handlungslieder und Kinderlieder spielen und singen.

10. Weitere grobmotorische Spielmöglichkeiten gibt es in Form von *(Riesen)sommerski* (3), *Pedalo* (3), *Kullerkugel* (3), *Walzen-, Stock- und Tandemstelzen* (3), *Lauf-Dosen* (6), Ziehseil, Springseil.

Aktivitäten für das Kicken, Fangen und Werfen

Um 2½ Jahre ist das Kind fähig, einen größeren Ball, wenngleich noch nicht gezielt, zu kicken. Mit drei Jahren kann es kräftig kicken und einen großen Ball auf oder zwischen den ausgestreckten Armen fangen. Mit vier Jahren gelingt das Werfen, Fangen, Prellen und Kicken meistens (Sheridan, 1973).

1. Wollen Sie, daß das Kind kickt, müssen Sie ihm möglicherweise beim Halten des Gleichgewichts helfen. Zuerst kicken beim Gehen: Legen Sie einen großen Ball vor das Kind, den es beim Vorwärtslaufen ganz natürlich kicken wird. Seien Sie bereit, es aufzufangen, wenn es hinfällt.

2. Wenn das Kind einen Ball ohne hinzufallen kicken kann, geben Sie ihm Ziele, z.B. Kegel, ein Tor oder einen Spielgefährten.

Greifen ist eine frühe Form des Fangens, so daß dessen Übungen die Entwicklung des Fangens unterstützen *(siehe S. 49)*.

1. Lassen Sie das Kind seine Arme ausstrecken und ein Spielzeug in seine Hand fallen. Vergrößern Sie nach und nach den Abstand zu ihm. Möglicherweise kann auch eine andere Person die Arme des Kindes in die richtige Position bringen.

2. Wenn das Kind am Anfang zu werfen versucht, läßt es den Ball vielleicht einfach fallen. Nehmen Sie eine Schachtel, in die er hineinfallen kann. Bewegen Sie sich immer weiter weg, bis das Kind wirklich wirft (Jeffree, McConkey und Hewson, 1977).

3. Kann das Kind werfen, geben Sie ihm Ziele. Lassen Sie es Kegel (auch aus Schaumstoff) umwerfen, den Ball einem Freund zuwerfen, ihn in einen Reifen auf dem Boden werfen.

4. Traditionelle Werfspiele: Nehmen Sie Bohnensäck-

chen oder Schaumgummibälle u.ä., sie sind sicherer und leichter zu fangen.

5. Achten Sie auf die Beschaffenheit des Balles, probieren Sie aus, ob er leicht, schwerer, noppig, hart, groß, klein sein soll.

Aktivitäten für das ältere Kind

1. Trampolinspringen verhilft den Kinder zu besserem Gleichgewicht und Grobmotorik. Beaufsichtigung ist aber notwendig!

2. Hüpfball: Dies ist ein robuster, aufblasbarer Ball mit «Ohren», an denen sich das Kind beim Sitzen und Hüpfen festhalten kann; er ist auch als *Springpferdchen* zu haben (1).

3. Kinder mögen das Schaukeln, es ist möglich auf Schaukelpferden, Wippkegeln, Schaukeln, *Wipp-Tieren* (4), *Sprossenwiegen* (3) u.ä.

4. Veranstalten Sie mit den Kindern Rennen mit *Stelzen* (2), *Tandemstelzen* (3) oder *Laufdollis* (4).

5. Stellen Sie Blumentöpfe mit der Öffnung nach unten auf den Boden. Die Kinder sollen darauf laufen, ohne den Boden zu berühren. Erfinden Sie dazu eine Fantasiegeschichte z.B., das Kind muß einen gefährlichen Fluß voll von Krokodilen überqueren.

Konstruktive Spiele

Funktionen des konstruktiven Spiels

1. Es unterstützt die Hand-Auge Koordination (Visomotorik).

2. Das Kind lernt beim Umgang mit unterschiedlichsten Materialien etwas über deren Wesen und Eigenschaften.

3. Es hilft, das Gedächtnis zu entwickeln und zu fördern.

4. Es verhilft dem Kind durch den Erwerb neuer Fähigkeiten zur Unabhängigkeit.

5. Durch die Bewältigung konkreter Aufgaben wird das Selbstbewußtsein gefördert.

Die Rolle des konstruktiven Spiels

Wenn das Kind mit einem Objekt umgeht, lernt es etwas über seine Größe, seine Form, die Farben, das Gewicht und die Beschaffenheit, was für die Konzeptbildung wichtig ist. Das Kind kann damit auch verstehen lernen, welche Wirkung es auf diese Objekte ausüben kann, und welche Wirkung sie aufeinander haben.

Die Fähigkeit, visuelle Informationen zu behalten und sie dann später aus dem Gedächtnis abzurufen, ist für konstruktive Leistungen sehr wichtig. Das Kind setzt diese Informationen für die Bewältigung viso-motorischer Aufgaben ein. Konzeptbildung und Gedächtnis sind wichtig für die Sprachentwicklung (Reynell, 1977).

Prinzipien des konstruktiven Spiels

1. Zerlegen Sie jede Aufgabe in seine Komponenten. Finden Sie heraus, auf welcher Stufe das Kind den Fehler macht, und intervenieren Sie genau da.

2. Machen Sie die Aufgabe zuerst vor.

3. Mit dem Modell vor sich führen Sie die Übung mit dem Kind durch.

4. Demonstrieren Sie die Aufgabe und entfernen Sie dann das Modell.

5. Lassen Sie das Kind unmittelbar danach die Aufgabe aus dem Gedächtnis ausführen.

6. Ermutigen Sie das Kind mit Lob.

Für das konstruktive Spiel muß man folgendes können:

a) ein Objekt ansehen
b) ein sich bewegendes Objekt verfolgen
c) nach einem Objekt greifen, es ergreifen
d) mit einem Pinzettengriff zugreifen
e) Koordination von Hand-Auge-Bewegung
f) Bewegungssequenzen und -muster wahrnehmen und speichern
g) auditive Information der Aufgabe behalten
h) behaltene Information abrufen und sie in eine visomotorische Aktivität umsetzen.

(*Für Aktivitäten zum Schauen, Nachsehen, Greifen und Nehmen s. Kap. 2 und den Absatz über das Erforschungsspiel in diesem Kapitel.*)

Aktivitäten für den Pinzettengriff

Ein einjähriges Kind kann kleine Objekte mit Daumen und der Zeigefingerspitze aufnehmen (Sheridan, 1973), es kann den Pinzettengriff.

1. Dinge zusammenbringen: man kann allgemeine Haushaltsgegenstände oder besonders angefertigte Spielsachen benutzen, z.B. Gläser mit Schraubverschlüssen, Russische Puppen, Däumlingsfässer, Schrauben und Muttern. Vergewissern Sie sich, daß die Deckel oder Muttern ziemlich locker und leicht zu öffnen sind. Hat das Kind große Schwierigkeiten, schrauben Sie den Gegenstand fast auf und lassen Sie es das letzte Stück tun. Auf dieses Weise hat es etwas fertiggebracht.

Russische Puppen

2. Geben Sie dem Kind viele verschiedene Behälter und kleine Objekte oder Spielsachen, z.B. *Playmobil*figuren, *Holz-Biegepüppchen* (6), kleine Gummitierchen usw. Das beliebte Einsortieren geschieht meist mit dem Pinzettengriff.

3. Basteln Sie dem Kind ein ‹Aktivitätsbuch› aus dickem Karton mit applizierten Bildern auf jeder Seite. Nehmen Sie dafür Materialreste und Reißverschlüsse, Knöpfe oder Druckknöpfe, die das Kind auf- und zumachen kann.

4. *Geschicklichkeitspuppe Anja* (3): Das Kind lernt dabei den Umgang mit Knöpfen, Gürtelschnallen, Schuhbändern, großen und kleinen Druckknöpfen sowie Zopfbändern. *Textilbuch Lausemädel* (3): es lernt Zöpfe flechten, Knöpfe schließen, Gürtelschnallen zumachen und Schleifen binden.

5. Bilder-Roulette: Zeichnen oder stecken Sie um die Außenseite eines runden Kartonstückes kleine Bilder. Auf eine andere ähnliche Karte schneiden Sie ein kleines rechteckiges Fenster am Rand aus. Verbinden Sie die beiden Karten mit einer langen Nadel durch die Mitte. Stekken Sie die Zacke sicherheitshalber um. Dreht das Kind die obere Karte, erscheint immer ein anderes Bild im Fenster.

Aktivitätsbuch

Bilder-Rad

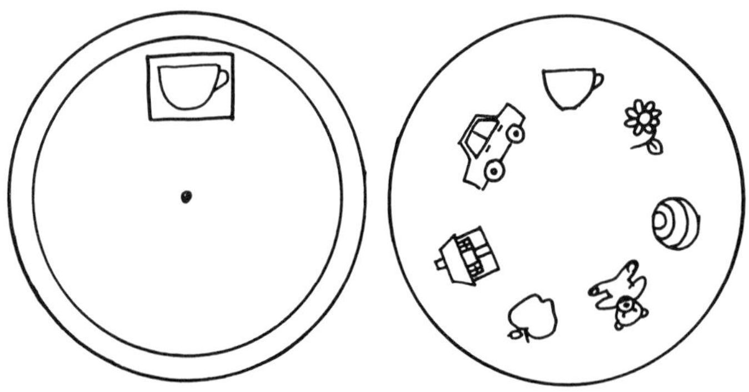

6. Geben Sie dem Kind Steck-Spielsachen. Das sind beispielsweise Ringpyramide, Formenwürfel, Perlenstecken.

7. *Kubus und Scheiben* (6) heißt ein Hohlwürfel, in den unterschiedlich große und dicke Scheiben hineingesteckt werden.

8. Lassen Sie das Kind viel anmalen, zeichnen, malen.

9. Puzzles: Die ersten Puzzles haben wenige Teile, die jeweils einen ganzen Gegenstand darstellen und genau in die vorgestanzten Formen passen. Sie sind meist aus Holz mit kleinen Haltestiften.

Aktivitäten zum Fädeln

Mit fast drei Jahren kann das Kind große Perlen auf einen Schnürsenkel auffädeln (Sheridan, 1973).

1. Fangen Sie mit großen Gegenständen und einem dikken Faden an. Die Materialien eignen sich in folgender Reihenfolge: große Ringe, Garnrollen, Holzperlen, kleine Perlen und dicke Schnüre; Holzstifte, Schuhsenkel, Faden. Fragen Sie das Kind, was es macht: «Soll es eine Halskette werden, ein Zug oder eine Schlange?»

Zuerst zeigen Sie dem Kind, wie man auffädelt. Machen Sie es mit Garnrollen, und geben Sie ihm den Faden zum Halten. Wenn das Kind beim Auffädeln der nächsten Rolle Schwierigkeiten hat, fädeln Sie selbst ein und lassen es die Rolle den Faden herunterschieben. Dann hält das Kind die Garnrolle und gleichzeitig den Faden. Helfen Sie, den Faden durch die Garnrolle zu stecken, indem Sie seine Hände führen. Unterstützen Sie so lange, bis es ihn selbst hindurch führen und diese Handlung mit dem Herunterstreifen der Perle koordinieren kann.

2. Fädelspiele: Es gibt zahlreiche kommerzielle Produkte mit vielen verschiedenen Formen und Objekten (4), z.B. *Fädeltiere, Fädelscheiben, Fädelholz* (3), *Motorik-Kasten* (6).

3. Sticken: Einfache Sticksets bestehen aus einem Rahmen und grobem Stoff, um den Umgang mit der Nadel zu erleichtern. Aus solchen mit aufgedruckten Mustern kann das Kind ein Stickbild, einen Geldbeutel, eine Tischdecke usw. machen.

Einfache konstruktive Aktivitäten

Mit drei Jahren kann das Kind einen Turm aus neun Klötzen bauen; mit 3½ kann es eine oder mehrere Brükken mit drei oder mehr Würfeln nach einer Vorlage bauen (Sheridan, 1973).

1. Die meisten Kinder bauen gern Türme, besonders, wenn sie sie dann wieder umwerfen können. Nehmen Sie Garnrollen, Eierkartons, Milchkartons, Eierbecher, Streichholzschachteln oder auch Bauklötze.

2. *Lego, Bebe-Castor-Bausteine* (3) und *Kartonbausteine* (3) sind geeignet, interessante Gebäude und Fahrzeuge zu bauen.

3. Lassen Sie das Kind einen Zug, eine Brücke, ein Haus, ein Auto, ein Raumschiff bauen, aber zeigen Sie ihm, wie man das macht. Diese Konstruktionen können anfangs sehr einfach sein – ein Zug oder eine Brücke aus drei Bausteinen – und sehr kompliziert werden. Später ermutigen Sie das Kind, Eigenes zu erfinden.

4. *Riesenperlen* (Fisher-Price): Weiche Kunststoffperlen zum Zusammenstecken.

5. *Baublöcke* (Fisher-Price): Farbige Kunststoffblöcke und -stangen zum Bauen und Gestalten.

Aktivitäten für das ältere Kind

Ältere Kinder bauen komplexe Strukturen ohne Vorlagen. Zwischen drei und vier Jahren fangen die Kinder an, im voraus zu planen und zu benennen, was sie bauen (Sheridan, 1973).

1. *Dusyma-rondino* (2) besteht aus großen, bunten Plastikrundbausteinen, mit denen man viele Dinge bauen kann.

2. Puzzle: O. Maier z.B. hat in seinem Programm viele interessante Puzzles, auch mit abstrakten Mustern (4).

3. Das *Biegesteckspiel* (2) besteht aus biegsamen Teilen, die man auch ineinander stecken kann.

4. *Pertra-Satz** enthält Material für Röhren und Tunnel, so daß eine Murmelbahn o.ä. aufgebaut werden kann.

5. *Edralud Würfel- und Zylinderbaukasten* (6) ist ein handliches Großbau-Stecksystem.

6. Aus dem Bausatz *Kugelbahn* (4) lassen sich die unterschiedlichsten Bahnen bauen.

7. *Duplo, Nopper* oder *Lego, Modul Bausystem* (6) bestehen aus vielseitigen Bauelementen.

* zu bestellen bei Holz-Hoerz, Lichtensteinstr. 50, D-7420 Münsingen

Fantasiespiele

Funktionen des Fantasiespiels

1. Es hilft, neue Fertigkeiten zu entwickeln und alte zu üben.

2. Es ist eine Hilfe zur Denk- und Sprachentwicklung (Jeffree, McConkey und Hewson, 1977). Sprachverständnis kann sich ohne symbolisches Verständnis nicht entwickeln (Cooper, Moodley und Reynell, 1974).

3. Das Kind kann sich durch das Ausagieren von Angst und Ärger abreagieren.

4. Das Kind bekommt die Möglichkeit, andere Rollen auszuprobieren, was zu einem besseren Verständnis für andere führt.

5. Es hilft Kreativität zu fördern.

Die Rolle des Fantasiespiels

Fantasiespiel ist wahrscheinlich die wichtigste Spielform für die Sprachentwicklung, denn es geht hier um die Fähigkeit des Kindes, Symbole wiederzuerkennen und einzusetzen.

Reynell betont ausdrücklich den symbolischen Charakter der Sprache und meint, die eigentliche verbale Sprache bestehe aus verbalen Symbolen und könne sich erst entwickeln, wenn das Kind symbolisches Erkennen entwickelt hat. (Die Entwicklung des Symbolverständnisses ist in Kap. 1 ausführlicher behandelt.)

Prinzipien des Fantasiespiels

1. Kaufen Sie weniger die teuren, komplizierten Sachen, sondern greifen Sie eher auf selbstgemachte zurück, denn damit entwickelt das Kind eher Fantasie.

2. Es ist ganz wichtig, daß das Kind Spielkameraden hat.

3. Lassen Sie das Kind über sein Spiel sprechen.

4. Fantasiespiele sollten lustig sein; daher sollten Sie keine Anweisungen geben, sondern einfach mitmachen und Spaß haben.

5. Geben Sie dem Kind viele Verhaltensmodelle, mit denen Sie sein Spiel erweitern. Auch fantasievolle Kinder können mal in der Routine stecken bleiben – *Ihre* Rolle besteht darin, mit stimulierendem Material und Vorschlägen dem Kind zu helfen weiterzumachen.

6. Kinder müssen Verschiedenes erleben, sonst können sie das nicht spielen.

7. Greifen Sie Begebenheiten des Alltags für neue Spielsituationen auf, wenn sich z.B. jemand schneidet, kann man daraus ein Krankenhaus-Spiel machen.

Aktivitäten für erste Tun-als-ob-Spiele

Mit 12 Monaten zeigt das Kind an alltäglichen Objekten, daß es «durch Gebrauch definiert», beispielsweise das Trinken aus einer leeren Tasse (Sheridan, 1973).

1. Das Fantasiespiel beginnt durch Imitation (Jeffree, McConkey und Hewson, 1977). Zuerst muß das Kind viele Verhaltensmodelle beobachten, bevor es beginnt, sie symbolisch nachzuahmen. Spielt es mit alltäglichen Gegenständen, tut es z.B. dann so, als ob es während eines imaginären Kaffeetrinkens Milch in die Tasse gibt.

2. Geben Sie dem Kind Alltagsdinge, beispielsweise eine Tasse, einen Kamm, einen Waschlappen. Macht das Kind keinen Versuch, damit zu spielen, und klopft es nur damit oder nimmt es in den Mund, demonstrieren Sie seinen Gebrauch, kämmen Sie z.B. seine Haare. Geben Sie ihm das Objekt wieder und, falls notwendig, wiederholen sie Ihre Handlung. Handelt das Kind, belohnen Sie es mit viel Lob und verstärken seine Aktion, indem Sie es imitieren.

3. Danach ermutigen Sie das Kind, eine Spielzeugtasse, einen Puppenkamm, etc. in der gleichen Art zu benutzen.

Aktivitäten für Puppenspiele

Mit 18 Monaten imitiert das Kind kurze, einfache alltägliche Aktivitäten, beispielsweise ein Baby füttern, kehren etc. (Sheridan, 1973).

1. Führen Sie mit einer großen Puppe verschiedenste Handlungen aus, z.B. umarmen, waschen, füttern und laufen. Halten Sie anfangs alles sehr einfach. Geben Sie dem Kind die Puppe, und regen Sie diese Handlungen an. Wenn es die Sachen bei sich selbst benützt, dann nehmen Sie beispielsweise die Tasse – füttern Sie sich und dann die Puppe, sagen Sie «jetzt kommt die Puppe dran». Geben Sie dem Kind die Puppe und animieren Sie es, sie auch zu füttern. Hat es das gemacht, loben Sie es.

2. Geben Sie dem Kind Spielsachen, mit denen es All-

tagshandlungen imitieren kann. Am Anfang müssen Sie vielleicht die tatsächlichen Handlungen parallel dazu ausführen, z.B. wenn Sie das Baby baden, badet das Kind seine Puppe.

Aktivitäten für erste Symbolspiele

Das zweijährige Kind führt spontan einfache Rollenspiele aus (Sheridan, 1973).

1. Lassen Sie das Kind seine aktuellen Erfahrungen mit Puppen ausagieren, z.B. ein Besuch beim Friseur oder ein Spaziergang im Park.

2. Marionetten können wie Puppen genutzt werden. Sie können winke-winke machen, essen, gewaschen werden usw.

3. Für Guck-guck-da- und Versteckspiele können Sie auch Hand- oder Fingerpuppen nehmen.

Hand- und Fingerpüppchen, Marionetten

4. Fingerspiel: Malen Sie auf ihre Fingerkuppen Gesichter. Lassen Sie sie rennen, hüpfen, tanzen usw.

Fingerpüppchen

5. Spieltelefone machen Kindern viel Spaß.

6. Spielsachen auf Rädern: schubsen Sie sie den Boden entlang, und imitieren Sie Motorgeräusche. Ermutigen Sie das Kind, mitzumachen.

7. Spielzeugautos: Kinder können Autofahren spielen und lernen, bei der Ampel anzuhalten oder weiterzufahren.

8. ‹Wir sind jetzt...›: ein bestimmtes Tier, ein Riese usw. Nehmen Sie die entsprechenden Haltungen ein und produzieren Sie die jeweiligen Geräusche (grunzen, brüllen u.ä.) (Jeffree, McConkey und Hewson, 1977).

Aktivitäten für Fantasiespiele

Mit drei Jahren tauchen im Symbolspiel Personen und Objekte auf (Sheridan, 1973).

1. Basteln Sie gemeinsam mit ausgedienten Gegenständen, aus aufgefädelten und angemalten Garnrollen wird z.B. eine Schlange (Jeffree, McConkey und Jewson, 1977); eine leere Schachtel ist ein Haus, ein leerer Eierkarton ein Boot. Diese Sachen können in erfundene Geschichten eingebaut werden.

Garnrollenschlange

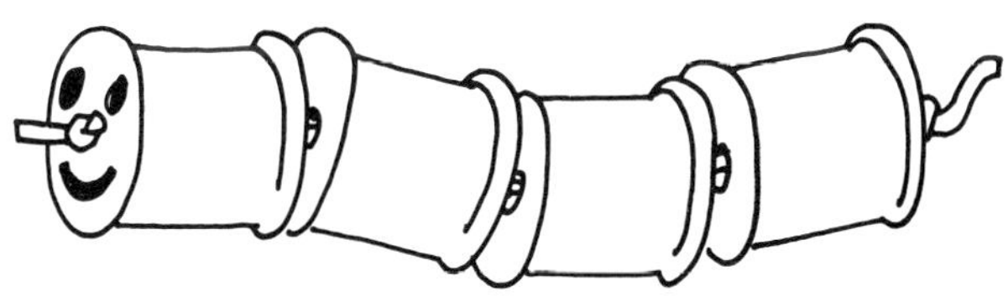

2. Die Kinder spielen verschiedene soziale Situationen, z.B. eine Party, eine Taufe, essen gehen, jemanden besuchen.

3. Geben Sie dem Kind kleine Spielsachen wie z.B. Tiere, *Legoland* Leute, eine Puppenstube, *Holz-Biegepüppchen* (6), eine Garage, einen Bauernhof. Zeigen Sie dem Kind, wie man die Sachen bei einer Geschichte mit verschiedenen Personen einsetzt.

4. *Play Mobil* (2) hat eine große Auswahl an Figuren und Gegenständen. Kinder können spielen, mit einem Raumschiff auf dem Mond zu landen, als Feuerwehr gegen das Feuer zu kämpfen oder bei einem Rennen mitzumachen, um nur ein paar Beispiele zu nennen.

5.a) *Klebe- und Malposter* (2): Auf ein großes Poster mit einer vorgegebenen Szene (Wald, See, Bauernhof) kann das Kind mit Fantasie und Gestaltungssinn Objekte kleben oder die Formen ausmalen. Man kann auch eine Geschichte dazu erfinden.

b) *Haftbilder*: Filzobjekte werden auf einer Filztafel angeordnet (5).

c) Aus einem steifen Karton kann man eine Bildtafel selbst herstellen und mit Abfallmaterialien ein Bild entwerfen. Leere Schachteln, zerknülltes Papier, Folie etc. machen es dreidimensional.

Bild-Tafel

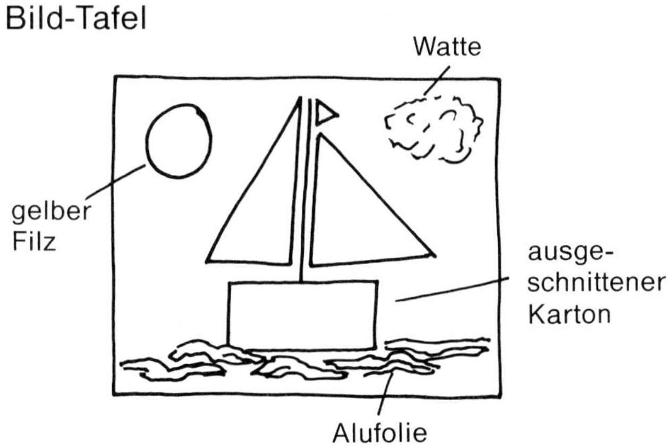

6. Spielteppiche oder Bodenmatten: Große Kartonstücke werden angemalt und auf dem Boden ausgelegt. Sie stellen z.B. einen Park, ein Straßennetz o.ä. dar. Mit Hilfe kleiner Spielsachen lassen sich unterschiedliche Situationen am Strand, im Zoo, auf der Straße, im Garten, in der Stadt u.ä. inszenieren. Als Material kommt Packmaterial, Filz, gummiertes Papier, Schwamm, Wellpappe, Silberfolie und Materialreste in Frage. Vieles von dem, was Sie normalerweise wegwerfen, kann dafür benutzt werden. Fangen Sie gleich mit dem Sammeln an. Parkbäume bestehen aus Karton, beklebt mit grünem Papier, ein Teich ist eine Silberfolie, die Sitze sind aus Wellpappe und das Karussell aus Käseschachteln usw.

Aktivitäten für Rollenspiele

Vierjährige lieben Rollenspiele mit Verkleiden besonders (Sheridan, 1973).

1. Verkleiden: Legen Sie sich eine Sammlung von Kleidungsstücken an, besonders Accessoires wie Hüte, Tücher, Taschen, Schmuck usw. Vielleicht regen folgende Vorschläge Ihre Vorstellungen an: Cowboyhut, Gürtel, Weste, indianisches Kopfband, Polizeimütze, Notizbuch, Geldbeutel, Korb, Handtasche, Handschuhe, Uhr, Brille, Schal, alte Gamaschen, Schuhe, Gummistiefel oder mit Papier oder anderem Material ausgestopfte Strümpfe als Tierschwänze.

Kinder können Doktor, Krankenschwester, Lehrer, Busfahrer, Polizist, Raumfahrer, Cowboy oder Indianer etc. spielen. Kostüme bei (1).

2. Bemalbare *Pappköpfe von Zootieren* oder *Schminke* (4) sind weitere Hilfsmittel für Rollenspiele.

3. Spielhaus: Das kann entweder eine Puppenstube oder aber eine Zimmerecke sein, wo sich die Materialien befinden und Verkleidespiele und Symbolspiele stattfinden können. Für eine häusliche Szene sind Spielzeugmöbel und Küchengeräte gut, z.B. Pfannen, Herd, Tisch, Stühle, Teller, Tassen und Schüsseln.

4. Einkaufen: Sammeln Sie leere Dosen und Schachteln von Nahrungsmitteln. Nehmen Sie nur Dosen ohne scharfe Kanten und säubern Sie sie vorher. Eine Spielkasse, Spielgeld, Geldbeutel, Einkaufstaschen kann man gut gebrauchen. Nahrungsmittel können aus Knet, Salzteig oder Pappmaché hergestellt werden.

5. Andere Szenen können im Polizeirevier, im Bus, im Krankenhaus, in der Schule oder in der Post etc. spielen.

6. Puppen: Puppen machen viel Freude und sind oft wichtig für das schüchterne Kind. Alle Puppen sollten einen Charakter und eine individuelle Stimme bekommen. Kinder können dann Geschichten mit ihnen erfinden.

7. Für Kinder mit eingeschränkter expressiver Sprache sind Tierfiguren hilfreich, denn sie regen an, Tiergeräusche nachzumachen.

8. «Wer bin ich?» oder «Was bin ich?»: Das Kind spielt eine Person. Die anderen Kinder haben zu erraten, wen

oder was es spielt, z.B. einen Polizisten oder einen Baum. Gibt man den Kindern Bilder von Menschen oder Objekten, kann das ihre Vorstellungskraft unterstützen, z.B. Karten aus dem *Helferspiel* (O. Maier).

9. Bildgeschichten: Das Kind führt die Handlungen aus, die in einer Geschichte oder in einem Lied beschrieben sind (z.B. «Wer will fleißige Handwerker sehn»). Wählen Sie anfangs einfache Handlungen aus, beginnen Sie mit den Lieblingstätigkeiten; später können Sie das Kind als einer der Charaktere einbeziehen.

10. Drama oder Pantomime: Das Kind führt eine Handlung aus, die es gesehen oder gehört hat, z.B. bei einem kürzlichen Zoobesuch.

11. Spiel: Bringen Sie dem Kind eine einfache pantomimische Sequenz bei, zu der die Therapeutin die Geschichte erzählt. Später erfinden die Kinder einen einfachen Dialog dazu. Das Spiel kann den Eltern oder anderen Kinder vorgeführt werden.

12. Ausdrucksmöglichkeiten finden: Manchen Kinder muß man helfen, ein zukünftiges, angsterregendes Ereignis auszudrücken, z.B. einen Krankenhausaufenthalt, einen Zahnarztbesuch, den Schulanfang, etwas vortragen. Erwachsene, Kind und Puppen können alle mitmachen und verschiedene Rollen einnehmen. Solche Rollenspiele helfen, schwierige Situationen transparent zu machen und Angst zu vermindern.

Soziale Spiele

Funktionen des sozialen Spiels

1. Das Kind kann durch Beobachten und Imitieren neue Fähigkeiten erlernen.

2. Das Kind kann diese Fähigkeiten in unterschiedlichen Situationen praktizieren.

3. Das Kind bekommt Möglichkeiten, seine kommunikativen Fähigkeiten zu entwickeln und zu expandieren.

4. Das Kind wird durch gemeinsames Spielen ermutigt, sich sozialer zu verhalten und Freundschaften zu schließen, was sein Vertrauen in die Kommunikation festigt.

Die Rolle des sozialen Spiels

In unserem Kontext hier nimmt die Entwicklung und die Verbesserung kommunikativer Fähigkeiten des Kindes die wichtigste Rolle ein. Soziales Spiel schafft natürliche Situationen, in denen diese kommunikativen Fähigkeiten geübt und erweitert werden können (Jeffree, McConkey und Hewson, 1977). Dabei kann das Kind andere beobachten, imitieren und unterschiedlich auf andere eingehen, grundlegende Voraussetzung für das Erlernen von Sprache (Bloom und Lahey, 1978).

Prinzipien des sozialen Spiels

1. Machen Sie zuerst das erwünschte Verhalten vor, spielen Sie z.B., wie Sie Kaffee für jemanden kochen. Geben Sie dem Kind Zeit, zu reagieren. Möglicherweise müssen Sie es einige Male vormachen, bevor das Kind zu imitieren beginnt.

2. Sprechen Sie gut verstehbar über Ihre und des Kindes Handlungen.

3. Manchmal bringt die Therapeutin dem Kind Spiele bei, die es später mit ähnlich weit entwickelten Kindern spielt.

4. Sorgen Sie in den Gruppen dafür, daß alle Kinder aktiv sind und keines dominiert.

5. Für Gruppenaktivitäten sollen die Kinder teilen, warten und sich verständigen können.

6. Aktivitäten müssen ein oder mehr Mitglieder mitsamt ihrer unterschiedlichen Reaktionen berücksichtigen!

Aktivitäten für soziales Spiel zwischen Eltern und Kind

Die ersten Spielgefährten des Kindes sind seine Eltern. Mit 9 Monaten braucht es beim Spiel noch die leibliche Anwesenheit eines Elternteils (Sheridan, 1977). Eltern können folgende Aktivitäten mit ihrem Kind ausprobieren:

1. Setzen Sie das Kind auf Ihren Schoß, Ihrem Gesicht und Ihrer Stimme zugewandt. Zuerst wird das Kind vielleicht nur beobachten, aber dann immer aktiver werden, bis es bereit zum Imitieren ist. Dann lassen Sie es die Führung übernehmen und reagieren auf seine Handlungen und Äußerungen Ihrerseits imitierend. Folgende Spiele sind beispielsweise dafür geeignet:

a) Knuddeln und Kuscheln.
b) Kitzeln.
c) Spiele mit der Stimme: summen, singen, zum Kind sprechen. Variieren Sie Tonhöhe und Lautstärke.
d) Schneiden Sie Gesichter, zeigen Sie ausgeprägte Augen- und Mundbewegungen.
e) Tragen Sie auf unterschiedliche Weise lustige Hüte oder ungewöhnlichen Schmuck; das Kind fühlt und betrachtet alles.

2. Körperspiele: Heben Sie das Kind hoch, schaukeln oder rollen Sie es. Setzen Sie es auf Ihre Knie und lassen es hopsen (Autoren der Zeitschrift Spielen und Lernen (1987)). Ermuntern Sie es, mitzumachen, indem Sie die Bewegung plötzlich anhalten, bis das Kind eine Reaktion zeigt.

3. Guck-guck-da: Legen Sie Ihre Hände vor das Gesicht, und linsen Sie durch Ihre Finger. Variieren Sie das Spiel, indem Sie hinter dem Stuhl oder dem Vorhang usw. hervorschauen, das Kind sollte dabei in der Nähe sein. Lassen Sie auch das Kind führen – bedecken Sie sein Gesichtchen mit den Händen und lassen es dann hervorlinsen, oder es zieht ein Tuch vom Kopf herunter.

4. Verstecken: Verstecken Sie sich vor dem Kind irgendwo im Raum und schauen Sie hervor, bis es kommt und Sie findet. Verstecken Sie sich auch gemeinsam und lassen eine andere Person suchen. Danach suchen Sie gemeinsam nach einer weiteren Person, was dem Kind helfen kann, das Prinzip Verstecken zu verstehen.

5. Imitationsspiele:

a) Setzen Sie sich zum Kind, und wenn es etwas tut oder ein Geräusch macht, machen Sie es nach. Wiederholen Sie das einige Male.
b) Imitieren Sie seine Handlung, und fügen Sie eine andere hinzu, von der Sie wissen, daß es sie beherrscht. Braucht das Kind vielleicht am Anfang Hilfe, können andere Erwachsene helfen. Hat das Kind die Handlung imitiert, belohnen Sie es mit viel Lob. Wiederholen Sie immer wieder und blenden Sie nach und nach Ihre Hilfen aus (Jeffree, McConkey und Hewson). Spiegel können Imitationsspiele noch lustiger machen, müssen jedoch sensibel eingesetzt werden.

6. Bringen Sie dem Kind einige Kinderreime bei. Beginnen Sie mit einem, der eine einfache Handlung hat, z.B. Backe Kuchen oder Ringel Reihen.

7. Schauen Sie gemeinsam ein Bilderbuch an. Erste Bilderbücher mit einfachen, klaren Bildern gut bekannter Dinge oder Lieblingsspielsachen sind für kleine Kinder am besten. Die Seiten sollten so stabil sein, daß das Kind sie gut umblättern kann.

8. Sie rollen Bälle oder Spielsachen auf Rädern zwischen Ihnen und dem Kind hin und her. Loben Sie das Kind, wenn es das Spielzeug zurückgeschubst hat.

9. Wenn Sie zu einer anderen Handlung übergehen und ein neues Spielzeug nehmen, geben Sie es ihm erst, wenn es Ihnen seines gegeben hat. Strecken Sie ihm Ihre Hand entgegen, so daß es leichter versteht, was Sie meinen (Jeffree, McConkey und Hewson, 1977).

Aktivitäten für eine Kindergruppe

Mit 2½ Jahren spielt das Kind zwar in der Nähe anderer Kinder, aber noch allein. Erst mit drei Jahren spielt es Rollenspiele mit Gleichaltrigen (Sheridan, 1977).

1. Viele Aktivitäten können zwei Kinder nebeneinander an einem Tisch für sich spielen, wie malen, auffädeln, Puzzle, Bauspiele *(mehr Ideen in Kap. 6).*

2. Wippe, Schaukel, Go-Kart und Tretautos, wo immer ein Kind das andere schubst.

3. Tauziehen.

4. Ballspiele, kicken, werfen oder einander den Ball zurollen. Loben Sie, wenn es den Ball einem anderen Kind zugeworfen hat.

5. Autos und Spielsachen auf Rädern können auch dazu genutzt werden, eine Verbindung zwischen zwei Kindern zu schaffen.

6. Suchen und Verstecken, z.B. Räuber und Gendarm.

7. Imitationsspiele. Kinder wechseln sich ab, Führer zu sein, z.B. «Kaiser, wieviel Schritte darf ich gehen?»

Aktivitäten für Spiele mit Kindergruppen

Mit 4 Jahren braucht das Kind die Freundschaft anderer Kinder und versteht, was An-der-Reihe-Sein und Teilen ist (Sheridan, 1983).

1. Kaffeetrinken: Nehmen Sie ein käufliches Service oder sammeln Sie Plastiktassen, -löffel und -kaffeekanne. Jeweils ein Kind ist verantwortlich dafür, den Tisch zu decken und den Kaffee zu kochen (so tun als ob, natürlich). Ermutigen Sie die Kinder, zu ihrem Spiel zu sprechen. Machen Sie mit, und geben Sie damit den Kindern ein Modell.

2. Einkaufen: Sammeln Sie leere, saubere Nahrungsmitteltüten und -dosen ohne scharfe Kanten. Die Kinder sind abwechselnd Verkäufer/in und Käufer/in. Eine alte

Tasche und ein Geldbeutel mit Spielgeld sind hilfreiche Accessoires. Lassen Sie die Kinder darüber sprechen, was sie eingekauft haben und sich gegenseitig eine gemalte Einkaufsliste geben.

3. Ballspiele gibt es viele verschiedene, nachfolgend ein paar Vorschläge:

a) Ein Kind in einem Kreis ruft den Namen eines anderen und wirft ihm den Ball zu. Dieses Kind ruft dann ein weiteres auf usw.
b) Ein Kind steht zwischen zwei Spielern und versucht den hin- und hergeworfenen Ball zu fangen.
c) Die Kinder stehen in einem Kreis und werfen sich den Ball zu. Läßt ihn ein Kind fallen, muß es ausscheiden. Das letzte ist der Gewinner.

4. Eine Gruppe von Kindern faßt sich an den Händen. Wenn sich alle unter irgendwelche Arme und Beine drehen und ducken, sich aber dabei immer an den Händen halten, entsteht ein riesiger Händeknoten. Andere Kinder sollen den Knoten lösen, indem sie Teilnehmer so herausziehen, daß sich ihre Hände lösen und sie frei sind.

5. Rennen und Mannschaftsspiele.

6. Festhalten: Die Kinder machen einen großen Kreis und beginnen sich händehaltend in eine bestimmte Richtung zu bewegen. Auf ein Zeichen hin wechseln sie die Richtung, legen ihre Hände z.B. auf die Schultern des Nachbarkindes, halten sich dann an den Armen, Beinen usw. fest.

7. Stille Post: Die Kinder sitzen mit der Therapeutin im Kreis. Sie flüstern sich reihum ein Wort oder eine Phrase zu. Interessant ist, was am Ende dabei herauskommt.

8. Kinder stehen händehaltend im Kreis. Die Therapeutin oder ein Kind drückt die Hand des Nachbarn. Jeder muß den Händedruck weitergeben, bis er wieder am Anfang ankommt.

9. Raupe: Die Kinder sitzen hintereinander in einer Reihe auf dem Boden. Jedes Kind befindet sich zwischen den ausgestreckten Beinen des anderen, faßt dessen linkes Fußgelenk und winkt mit der rechten Hand. Dann rutscht die Raupe am Boden entlang. Zwei Raupen machen ein Wettrennen.

10. Mannschaften: Die Kinder einer Gruppe spielen pantomimisch Akteure aus Fernsehen, Filmen und Büchern, die anderen müssen sie erraten.

11. Fizz-Buzz: Die Kinder sitzen im Kreis und zählen ab. Bei jeder Zahl mit einer Vier muß das Kind Fizz und bei einer Sieben Buzz sagen. Fizz-Buzz muß es z.B. bei der Zahl 47 sagen. Das Kind, das Fizz und Buzz vergißt, scheidet aus.

Raupe

Regelspiele

Funktionen der Regelspiele

1. Das Kind kann Fähigkeiten, wie An-der-Reihe-Sein, Warten und soziales Spielen üben.

2. Das Kind lernt neue Fähigkeiten, z.B. zu gewinnen und zu verlieren, d.h. auch Frustrationstoleranz.

3. Die Fähigkeit des Kindes, Anweisungen zu befolgen, verbessert sich.

4. Das Gedächtnis wird verbessert.

Die Bedeutung von Regelspielen

Diese Art Spiele erfordern eine gute Kommunikations-, Diskussions- und Planungsfähigkeit. Das Kind muß verstehen, was teilen ist, was es heißt, an der Reihe zu sein, und wie man verbale und nonverbale Instruktionen befolgt. Erst ab 4 Jahren lernt das Kind, mit anderen zu spielen und An-der-Reihe-Sein (Sheridan, 1973).

Diskutieren, Planen, Teilen und An-der-Reihe-Sein sind wichtige Fähigkeiten für die soziale und sprachliche Entwicklung.

Hierarchie für das Erlernen von Spielregeln

(Übernommen von Jeffree, McConkey und Hewson, 1977)

1. Spielen Sie alleine mit dem Kind, und führen Sie die Regeln nach und nach ein. Lassen Sie das Kind lernen, zu verlieren.

2. Einige Spiele haben sehr viele Regeln, so daß Sie immer nur wenige auf einmal anbieten sollten.

a) Notieren Sie sich alle Regeln.
b) Wählen Sie einige Grundregeln aus, mit denen Sie eine einfachere Spielversion erfinden.
c) Komplexer wird es, wenn Sie Regeln zu verschiedenen Versionen des Spiels einführen.
d) Führen Sie nach und nach die restlichen Regeln ein.

Beispiel: Bei einem Würfelspiel müssen die Spieler auf Feldern rücken. Auf einem bunten Feld muß man eine gewisse Felderzahl zurückgehen.

Vereinfachungen:

a) Demonstrieren Sie dem Kind die Idee von Start und Ziel mit Papierstreifen mit aufgezeichneten Quadraten. Eines geben Sie dem Kind, das andere behalten Sie. Beginnen Sie mit zwei Farben auf einem Farbwürfel. Sie können auch farbiges Papier über die Zahlen eines normalen Würfels kleben. Geben Sie eine einfache Regel vor: «Zeigt der Würfel rot, darf man ein Quardrat weitergehen. Bei blau darf man nicht weitergehen.» Falls nötig, belohnen Sie das Kind am Ende. Manche Kinder muß man nicht nur da, sondern sogar beim Gewinnen belohnen.

Start – Ziel

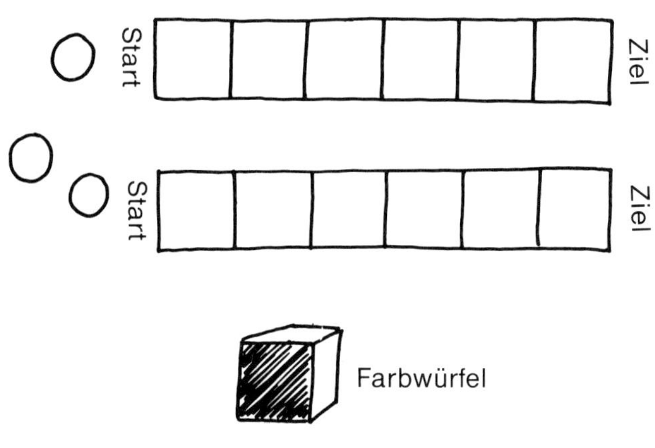

b) Hat das Kind die Idee begriffen, durch Würfeln vom Start zum Ziel zu gehen, verlängern Sie die Strecke und verändern die Form, z.B. rund oder in einer S-Form.

Brettspiele

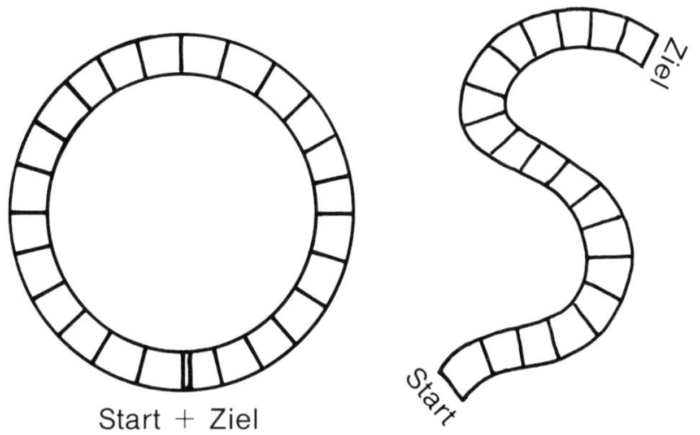

c) Führen Sie nach und nach immer mehr Regeln ein. Manche Kinder begreifen auch mehrere Regeln auf einmal.

3. Kennt das Kind die Regeln, ist ein Kind mit einem ähnlichen Entwicklungslevel ein geeigneter Spielpartner. Am Anfang sollten Sie noch dabei sein, um an die Regeln zu erinnern und dafür zu sorgen, daß nicht geschummelt wird, später werfen Sie nur noch ab und zu einen Blick auf die Kinder.

4. Sorgen Sie dafür, daß das Kind in einer Gruppe spielen kann. 5- und 6jährige mögen Spiele für drinnen mit komplexen Regeln gerne.

Zimmerspiele

1. Domino
2. Kartenspiele: Schnipp Schnapp, Quartett
3. Brettspiele: *Bunte Ballone, Fang den Hut, Sterntaler, Fang eine Maus, Wundergarten, Tic-Tac, Fuchs, du hast die Gans gestohlen* (2), *Schäferspiel, Die Bären auf dem Eis, Der Schneemann, Arche Noah, Henne Berta, Froschkönig* (alle 1) u.v.a.
4. Bingo und Lotto

Spiele für draußen

1. Ballspiele, z.B. Völkerball, Jägerball, Schlagball u.ä.
2. Fangspiele, z.B. fangen, Räuber und Gendarm

3. Laufwettbewerbe wie z.B. zu zweit auf drei Beinen laufen, zwei Kinder sind zusammengebunden; Sackhüpfen; auf Stelzen, auf *Tandemstelzen* (3), *Laufdosen* (6), *Sommerski* (3) laufen; Eierlauf

4. Hüpfen: Hochhüpfen, Weitspringen, Gummitwist und Hürdenlauf

5. Mannschaftswettbewerbe

6. Hindernisrennen

7. Zielspiele, z.B. Bowling, Kegeln, Pfeilwerfen, Büchsenwerfen.

Kapitel 4
Die Entwicklung des Sprachverständnisses

Aktivitäten zur Entwicklung des Sprachverständnisses

Kapitel 4
Die Entwicklung des Sprachverständnisses

Einführung

Wir haben Sprachverständnis und Sprechen nur zur besseren Übersichtlichkeit getrennt. Im Praxisalltag gibt es eine solche Trennung nicht. In diesem Kapitel geht es um das Sprachverständnis, das mit der Verbindung einer verbalen Bezeichnung mit einem Objekt beginnt.

Bisher war man der Ansicht, daß das Sprachverständnis dem Sprechen vorausgeht (Reynell, 1980; Mittler, 1972). Bloom und Lahey (1978) jedoch meinen, daß «ein Wort kennen, eine grammatische Regel kennen und strukturiertes Sprechen verstehen verschiedene mentale Fähigkeiten repräsentieren; solche Fähigkeiten entwickeln sich keinesfalls in einer linearen, zeitlichen Beziehung, in der Verständnis einfach der Produktion vorausgeht.»

Der Sprachverständnislevel eines Kindes kann nicht immer aus seinem Sprechen geschlußfolgert werden und sollte sorgfältig untersucht werden. Die mit dem Kind befaßten Personen müssen sein Sprachverständnis einschätzen, um ihre Äußerungen entsprechend modifizieren zu können.

Faktoren, die das Sprachverständnis beeinflussen

1. **Intellektuelle Fähigkeiten:** Ein Kind mit einer geistigen Behinderung kann eine Sprachentwicklungsverzögerung haben.

2. **Aufmerksamkeit:** Ein Kind muß sich auf Reize konzentrieren, um deren Bedeutung herauszufinden.

3. **Kognitive Fähigkeiten:** Die Sprachentwicklung wird durch Schwierigkeiten bei der Begriffsbildung verzögert.

4. **Art des Sprach-Inputs:** Das Kind lernt seine ersten Worte von den Menschen, die seine Sprache stimulieren und anbahnen und seiner Umgebung (McDade, 1981). Der erste Wortschatz des Kindes spiegelt die Kategorien wider, die in der Sprache der Eltern gefunden werden, z.B. Essen, Körperteile, Kleidung, Menschen und Alltagsdinge (Clarke, 1979).

Untersuchungen zeigten, daß Eltern ihre Sprache beim Sprechen mit dem Kind verändern. Sie vereinfachen sie und gebrauchen kürzere Sätze (Snow, 1972; Broen, 1972; Moerk, 1976). Diese Reduzierung der Komplexität beeinflußt weder die Bedeutung noch die intendierte Information. Neben Expansionen und Bemerkungen zu den kindlichen Äußerungen wiederholen und paraphrasieren sie und bieten viel Redundanz (McDade, 1981). Die Eltern halten ihre eigene Sprache zurück und fördern damit den kindlichen Spracherwerb. Während der Vorschuljahre ist die Sprache der Eltern immer etwas komplexer als die des Kindes (Baldwin und Baldwin, 1973). Diese kleine Diskrepanz stimuliert sein Interesse und seine Motivation, sprachlich Neues zu lernen. Ist die Diskrepanz jedoch zu groß, verliert das Kind das Interesse und wird von der neuen Information abgelenkt (Hunt, 1961).

5. **Quantität des Sprach-Inputs:** Das Kind braucht nicht nur die richtige Art, sondern auch die richtige Menge an Sprach-Input.

6. **Kindliche Erfahrungen:** Die Wortart, die ein Kind lernt, spiegelt seine täglichen Erfahrungen wider. Welche Wörter es zuerst lernt ist eine Frage der Kultur, seiner sozialen Klasse und seiner Position in der Familie.

7. **Sensorische Störung:** Ein Kind, das wenig oder sogar kein Sprechen hört, wird immer Schwierigkeiten beim Spracherwerb haben. Gleichermaßen hat das visuell beeinträchtigte Kind Probleme, dem gesprochenen Wort Dinge oder Ereignisse zuzuordnen, die es nicht sehen kann.

8. **Körperliche Störung:** Eine Körperbehinderung kann das Kind davon abhalten, seine Welt zu erforschen und damit seine Begriffs- und Sprachentwicklung stören.

9. **Motivation:** Vielen sprachentwicklungsgestörten Kin-

dern fehlt Motivation und Neugierde der Umwelt gegenüber (Berry, 1980).

Untersuchung

Um den angemessenen sprachlichen Input für ein Kind zu finden, muß man ermitteln, wie gut es verbale Sprache versteht.

Das Sprachverständnis läßt sich durch Subtests aus den folgenden standardisierten Untersuchungsmethoden untersuchen:

1. *Der Heidelberger Sprachentwicklungstest* von Grimm/Schöler (1978).

2. *Der Psycholinguistische Entwicklungstest* von Angermaier (1974).

Diese Tests haben den Vorteil daß sie die Hilfen auf ein Minimum reduzieren. Sie untersuchen aber nicht alle Formen des kindlichen Verständnisses (Symbolverständnis, Situationsverständnis usw. fehlen). Zusätzlich sollte man noch herausfinden, wieviel und welche Reizformen das Kind braucht, um das im Test nicht Erkannte zu verstehen. Möglicherweise sind viele Kinder in einer unbekannten Situation oder beim Testen gehemmt.

Günstig ist, das Kind zu Hause oder in anderen, ihm bekannten Situationen zu beobachten. Es wird auch besser auf eine ihm gut bekannte Untersucherin reagieren. Vergleichen Sie die zusätzlichen Informationen von Betreuern mit Ihren Testergebnissen.

Was ist Spachverständnis?

Anfangs kann ein Kind ein Wort oder eine Phrase nur im Zusammenhang mit einem bestimmten Kontext und begleitenden Gesten verstehen. Wirkliches Sprachverständnis beginnt, wenn das Kind ein verbales Konzept in jedweder Form mit einem sinnvollen Objekt in Beziehung (Reynell, 1977) und das in verschiedensten Kontexten (Bloom und Lahey, 1972) setzen kann (*s. Kapitel 1, S. 3*).

Eine einzige verbale Bezeichnung hat viele verschiedene Bedeutungen, die je nach Kontext variieren. Bloom und Lahey (1972) beschreiben die unterschiedlichen perzeptiven und linguistischen Fähigkeiten, die bei der Wahrnehmung und dem Verstehen gesprochener Sprache erforderlich sind.

1. Erkennen der Lautmuster eines Wortes (b – a – l).

2. Fähigkeit, das Muster für die Wortproduktion zu erinnern.

3. Die referentielle Bedeutung, d.h. die spezielle Bedeutung des Wortes wissen, d.h. auf was das Objekt, die Handlung oder das Ereignis referiert, z.B. Ball.

4. Die gesamte Anzahl der Referenzen, die erweitere Bedeutung kennen, d.h. das Wort in Verbindung zu diesem Objekt, der Handlung oder dem Ereignis in jedem Kontext kennen, d.h. alle Bälle.

5. Die darin enthaltenen Beziehungen, d.h. die Bedeutung des Wortes in Bezug auf andere Wörter kennen (z.B. Objekt einer Handlung oder Handelnder einer Handlung). Das wird relationale Bedeutung genannt.

6. Die semantische Kategorie, d.h. die kategorielle Bedeutung des Wortes kennen, z.B. Ball = Spielzeug.

7. Erkennen, daß das Lautmuster ein Wort ist, und daß ein Wort aus gesprochenen und geschriebenen Lauten bestehen kann. Dies nennt man den «metalinguistischen Sinn».

Bis das Kind zeigen kann, daß es alle diese Bedeutungen in allen Kontexten ohne Hilfen versteht, kennt es ein Wort nicht wirklich (Bloom und Lahey, 1972). Es dauert eine gewisse Zeit, bis dieses Wissen erworben ist.

Die Entwicklung des Sprachverständnisses

Erste verbale Bezeichnungen

Mit 6–10 Monaten beginnen Wörter für das Kind eine gewisse Bedeutung zu haben (Weiss und Lillywhite, 1981); aber dieses Verständnis ist auf bestimmte Kontexte beschränkt. Das Kind hält sich an kontextuelle und nonverbale Zeichen, wie Blickrichtung, Gestik und Deuten, um die genaue Wortbedeutung herauszubekommen. Bringt seine Mutter den Orangensaft, reagiert es vielleicht richtig auf die Aufforderung, seine Tasse zu holen, aber es kann sie beim Spielen nicht aus vielen Objekten heraussuchen. Es reagiert vor allem auf die Situation, das Wort «Tasse» kennt es als Symbol für das Objekt noch nicht.

Erst ab 15 bis 18 Monaten beginnt das wirkliche Sprachverständnis (Reynell, 1977), nämlich wenn das Kind fähig ist, bekannte Objekte am Namen zu erkennen, auch wenn sie sich nicht in ihrer üblichen Umgebung befinden.

Das Kind lernt zuerst die Objektbezeichnungen seines Alltags; daher variieren sie je nach Kind. Kürzere, wenig abstrakte Wörter sind jedoch leichter zu lernen, als längere, mehrsilbige und solche mit spezifischer Bedeutung (Berry, 1980).

Auf dieser Stufe ist das Kind fähig, einige verbale Konzepte zu verstehen (Reynell, 1977), aber es kann sie, in einem komplexen Satz eingebettet, nicht aufnehmen (Mittler, 1972). Obgleich das Kind vielleicht richtig auf Phrasen reagiert, wie bei «wo ist der Ball?», versteht es nur das Wort Ball.

Substantiv-Substantiv Kombinationen

Im Alter zwischen 2 und 2½ Jahren beginnt das Kind, zwei verbale Konzepte miteinander in Beziehung zu setzen, z.B. «leg den Keks in die Dose». Diese Konzepte sind Substantive, da das Kind Verben, Präpositionen und Adjektive noch nicht versteht.

Verben

Mit 2½ Jahren lernt das Kind zuerst die Verben (Reynell, 1977; Berry, 1980), die Handlungen reflektieren, die das Kind selbst ausführen kann, z.B. laufen, schlafen, rennen; Handlungen mit Objekten z.B. schlagen, reiten, stoßen und Handlungen, die Veränderungen in der kindlichen Umgebung herbeiführen z.B. brechen, schneiden (Cole, 1982).

Verben sind von der Wahrnehmung her abstrakter als Substantive und daher für das Kind schwieriger zu lernen. Ein Substantiv repräsentiert ein Objekt, das man sehen und manipulieren kann, wohingegen Verben so lange keine Bedeutung haben, bis ein Subjekt ihre Handlung demonstriert.

Das Verstehen von Substantiv-Verb-Kombinationen erfordert mehr Konzeptualisierung und tritt daher erst auf, wenn das Kind zwei Substantiv-Konzepte verbinden kann (Reynell, 1977).

Attribute und räumliche Beziehungen

Zwischen 2½ und 4 Jahren erweitert sich das Verständnis für Adjektive und Präpositionen rasch.

Attribute

Das Kind muß erkennen, daß ein Attribut etwas repräsentiert, was nicht an ein bestimmtes Objekt oder einen Kontext gebunden ist (Clarke, 1973). Es muß verschiedene Dimensionen als vom Objekt getrennte Konzepte erkennen und unterscheiden können. Für diese Begriffsentwicklung sind Sortier- und Zuordnungsaufgaben mit unterschiedlichen Dimensionen, z.B. Farbe, Form oder Größe hilfreich. Wenn das Kind diese Unterschiede erkennen kann, ist es auch bereit, das Wort zu lernen. Sprachgestörte Kinder lernen oft Begriffe nicht aus Spiel und Alltag, sondern man muß ihnen Wichtiges anhand von Sortier- und Zuordnenaufgaben beibringen, so daß ihnen die Assoziationen klar werden (Reynell, 1977).

Da jedes Kind andere Erfahrungen macht, ist es nicht möglich, ein genaues Alter anzugeben, bis zu dem verschiedene Attribute erworben sein sollen. Man kann jedoch sagen, daß allgemeine Begriffe wie groß/klein, vor spezifischeren wie hoch/tief, weit/eng und dünn/dick gelernt werden. Mit drei Jahren sollte das Kind einige Farben kennen und im Alter von 4 Jahren dann fast alle (Weiss und Lillywhite, 1981). Abstraktere Begriffe wie hart, weich, rauh, glatt werden nicht vor 4½ gelernt (Weiss und Lillywhite, 1981).

Mit 2 bis 3 Jahren nimmt das Kind Eigenschaften als absolut auf sich bezogen wahr, z.B. ein großer Elefant und eine kleine Maus. Erst ab 4 Jahren kann es wissen, daß Eigenschaften nicht fest stehen, sondern durch ihren Kontext bestimmt sind, z.B. kann eine Maus sowohl groß als auch klein sein.

Man ist sich nicht einig, wie Adjektive gelernt werden. Manche sagen, das Kind lernt den «positiven Pol» des Paares zuerst d.h. lang, groß, weit (Clark, 1973), und andere meinen, daß der ungebräuchlichere Ausdruck zuerst gelernt wird (Greenfield und Smith, 1976). Offenbar lernt das Kind jedoch nicht beide Adjektive gleichzeitig (Cole, 1982).

Präpositionen

Die räumlichen Begriffe «in», «auf» und «unter» werden normalerweise vor «unten», «vor», und «zwischen» gelernt. Wieder ist es wichtig, daß Kinder das Konzept der Position lernen, bevor man ihnen das Wort beibringt. Damit ist nicht eine bestimmte Situation für das Verstehen prägend.

Pronomen

Das Verstehen von Pronomen entwickelt sich mit ungefähr $2\frac{1}{2}$ Jahren. Mit 3 Jahren werden sie angemessen in den Sätzen eingesetzt. «Ich» (mein, mir, mich), «du» (dein, dir, dich) und «wir» werden leichter gelernt, denn sie beziehen sich direkt auf den Sprecher oder den Zuhörer, während «er» und «sie» weniger festgelegt sind und erst später gelernt werden.

Zeiten

Man stimmt allgemein überein, daß die Vergangenheit vor der Zukunft verstanden wird (Cromer, 1974) *(s. auch Kap. 5)*. Da die unmittelbare Vergangenheit vom Kind erlebt wurde, ist sie leichter zu lernen.

Richtlinien für die Therapie

1. Die Aktivitäten sollen dem Alter und dem Level des Kindes entsprechen. Das bedeutet, daß auch die Voraussetzungen für die verbalen Konzepte vorhanden sein müssen, bevor man sie in Angriff nimmt (Reynell, 1980; Rieke et al., 1977) *(s. auch Kap. 1)*.

2. Die Aufgaben sollen die Aufmerksamkeitsleistung des Kindes berücksichtigen.

3. Die Aktivitäten sollen so modifiziert werden, daß sie jedes sensorische oder körperliche Problem berücksichtigen. Ein körperbehindertes Kind kann beispielsweise Schwierigkeiten beim Zeigen haben, ein sehbehindertes Kind beim Nachschauen.

4. Das Material sollte auf Objekte und Ereignisse aus der kindlichen Erlebniswelt bezogen sein.

5. Das Interesse des Kindes kann durch die Variation des Materials und der Handlungen geweckt werden.

6. Man sollte die Leistungsgrenze der Kinder ermitteln, damit Ziele und Strategien sorgfältig geplant werden können. Trotzdem ist es nötig, flexibel zu sein und die Planung den Tagesschwankungen, den Bedürfnissen und Reaktionen des Kindes anzupassen.

7. Sprachliche Aktivitäten sollten in einer natürlichen Kommunikationssituation stattfinden.

8. Die sprachlichen Ziele sollten den unmittelbaren Bedürfnissen des Kindes dienen.

9. Fördern Sie unterschiedliche Formen der kommunikativen Interaktion, z. B. Fragen und Antworten, beschreibende Monologe.

10. Geben Sie dem Kind viele Beispiele der zu lernenden Sprachstruktur.

11. Achten Sie auf abwechslungsreiche Prosodie und Betonung der Schlüsselwörter, das Intonationsmuster sollte aber normal bleiben.

12. Der Sprachinput muß den verbalen und kognitiven Fähigkeiten des Kindes angepaßt sein.

13. Machen Sie dem Kind die Aufgabe zuerst vor.

14. Entscheiden Sie, wie Sie auf Fehler reagieren werden *(s. Einführung)*.

15. Unangemessenes Verhalten soll nicht verstärkt werden. Das Kind muß lernen, daß es damit die Aktivität nicht stoppen oder sich aus der Situation herausziehen kann.

16. Zeichnen Sie den Fortschritt des Kindes auf (Gillham, 1979).

17. Helfen Sie dem Kind, seine eigenen Fortschritte zu bewerten (Berry, 1980).

Ein Therapieprogramm planen

1. Berücksichtigen Sie bei der Auswahl des Materials den Level des kindlichen Symbolverständnisses, was bei kleinen Spielsachen in einem höheren Maße erforderlich ist als bei realen Objekten und damit die Aufgabe komplexer macht.

2. Das Material sollte im Blickfeld des Kindes liegen, so daß der sprachliche Ausdruck eine Beziehung zu seiner Referenz hat.

3. Das Arrangement und die Anzahl der Items wird von der Fähigkeit des Kindes bestimmt, etwas zu überblik-

ken. Beginnen Sie mit zwei oder drei Dingen und gehen Sie dann weiter bis zu seiner Grenze. Das Kind kann kleinere Items in einer Menge leichter finden, wenn sie in der Mitte liegen (Reynell, 1977).

4. Die Anzahl der gleichzeitig angebotenen Items muß auf alle Fälle die Gedächtnisleistungen des Kindes berücksichtigen. Um neue Dinge kennenzulernen, sollte das Kind damit erst spielen dürfen. Erst nach und nach fügt man neue Objekte dazu.

5. Wichtig ist, daß Sie auf die Sprache achten, die Sie dem Kind anbieten. Deren Komplexität wird beeinflußt durch:

a) neue Wörter oder abstrakte Konzepte
b) längere Anweisungen
c) mehr Informationen im Satz (Derbyshire Language Programme)
d) die Art der Äußerung, eingebettete Sätze z.B. sind schwieriger zu verstehen
e) die Position des Schlüsselwortes oder -wörter, denn Wörter am Ende einer Phrase werden besser verstanden
f) die Neuheit der Aufforderung – ob das Kind sein eigenes pragmatisches Wissen gebrauchen kann, um die Bedeutungen herauszuarbeiten, z.B. «setz die Puppe auf den Stuhl» ist sicher einfacher zu verstehen als «leg die Puppe unter den Teppich».

6. In der Sprachtherapie kann man folgende Strategien nutzen:

a) Bevor Sie dem Kind ein Wort vermitteln, vergewissern Sie sich, daß das Kind das wichtigste Konzept versteht. Zeigen Sie ihm, wie man nach diesem Konzept Dinge zusammenbringt und sortiert.
b) Begleiten Sie ihre verbalen Anweisungen mit angemessener Mimik, mit Gesten und Blicken.
c) Stellen Sie das wichtige Wort ans Ende der Phrase, z.B. wo ist der *Keks?* «Gieße die Milch *in* die *Tasse*».
d) Betonen Sie die Schlüsselwörter ohne jedoch von Ihrem Betonungsmuster abzuweichen.
e) Sichern Sie sich erst die Aufmerksamkeit des Kindes, bevor Sie ihm eine Anweisung geben, eine Bemerkung machen oder eine Frage stellen.
f) Wenn Sie ein neues verbales Konzept vermitteln wollen, achten Sie auf einfache Anweisungen. Sie können Aktivitäten so modifizieren, daß die anderen Wörter in dem Satz redundant werden. Z.B. beim Begriff «unter»: geben Sie dem Kind ein Spielzeugbett und ein Püppchen und bitten es, «leg die Puppe *unter* das Bett». Das Kind muß dabei die Begriffe Bett und Puppe nicht verstehen oder erinnern, sondern nur «unter».
g) Reduzieren Sie Ihre Hilfen nach und nach, bis das Kind sich auf sein Sprachverständnis verlassen kann.
h) Geben Sie dem Kind Zeit, seine neuen Fähigkeiten durch Übung und Verstärkung zu festigen. Das bedeutet, daß die Menschen in seiner Umgebung es ermutigen sollten, diese neuen Fähigkeiten zu üben und ihm auch das notwendige Feedback und die sprachlichen Wiederholungen geben, indem sie beispielsweise sagen «ja, das ist ein *Ball*», wenn ihn das Kind auf Aufforderung holt.
i) Da in normalen Kommunikationssituationen das Kind durch Belohnung und Verstärkung nicht systematisch unterstützt wird, so sollten solche Situationen nach und nach realistischer gemacht werden.
k) Kann das Kind das verbale Konzept isoliert verstehen, sollten Ihre Anweisungen immer komplexer werden, z.B. Präpositionen enthalten.
   - Geben Sie dem Kind ein Puppenbett, einen Puppentisch und ein Püppchen. Bitten Sie es, «leg die Puppe *unter* den *Tisch*». Es muß nun das Substantiv (den gefragten Ort), d.h. «Tisch» und die Präposition verstehen, um die Anweisung richtig auszuführen.
   - Steigern Sie nach und nach die Anzahl der lokalen Bezeichnungen, z.B. mit Bett, Tisch, Stuhl, Bad.
   - Führen Sie nun ein weiteres Subjekt mit einem Puppenjungen und einem Puppenmädchen ein. Belassen Sie es anfangs bei nur zwei oder drei Ortsbezeichnungen. Eine Anweisung könnte lauten «leg den *Jungen unter* das *Bett*».
   - Erweitern Sie nach und nach die Zahl der Subjekte, z.B. Papa, Mama, Baby. Das Kind muß nun einige verbale Konzepte assimilieren, um die Anweisungen erfolgreich auszuführen.
   - Anweisungen können auch verlängert und die Komplexität erweitert werden, indem dem Subjekt Attribute zugeordnet werden, z.B. «die *große Katze*», oder lokale Bezeichnungen z.B. «in der *großen, roten Schachtel*».

Generalisierung des Sprachverständnisses

Oft übernimmt das Kind die erworbenen Fähigkeiten nicht in den kommunikativen Alltag, weil es vielleicht ein bestimmtes Konzept als spezifisch für die Situation und die Therapeutin gelernt hat. Daher sollten Sie in der Therapie Wert auf den Transfer der neuen Fähigkeiten in das Alltagsleben des Kindes legen.

1. Einige Kinder brauchen eine strukturierte therapeutische Situation, am besten in einer Einzelsitzung mit der Therapeutin oder in einer kleinen Kindergruppe. Damit werden Ablenkungen auf ein Minimum reduziert, und das Kind kann in einer optimalen Umgebung lernen.

2. Das Material sollte so variiert werden, daß das Kind ein Wort nicht nur einem ganz bestimmten Objekt oder Ereignis zuordnet (Gillham, 1979). Das Wort «Tasse» kann z.B. durch zwei oder drei unähnliche Tassen, eine Puppentasse, eine große Tasse und ein Bild einer Tasse repräsentiert sein.

3. Man sollte die Begriffe in vielen Kontexten anbieten (Gillham, 1979), das Objekt beispielsweise bei den Mahlzeiten, bei einem Puppenessen und im Bilderbuch zeigen.

4. Bieten Sie die Wörter, auf die es Ihnen ankommt, in vielen Satzstrukturen an, z.B. in einer Anweisung «Gib mir den *Bär*», in einer Bitte «bitte den *Bär*» oder in Form einer Feststellung «das ist ein *Bär*». Seien Sie vorsichtig, und formulieren Sie den Satz nicht zu komplex.

5. Wenn das Kind einmal eine neue Fähigkeit erworben hat, braucht es Zeit, um das Gelernte mit Hilfe vieler Übungen, Spiele und Spielsituationen zu festigen.

6. Bietet die Umgebung zu Hause und im Kindergarten viel Ablenkung, fällt es dem Kind vielleicht schwer, seine neuen Fähigkeiten beizubehalten. Der Übergang kann folgendermaßen erleichtert werden:

a) Wenn möglich, beziehen Sie Eltern oder Erzieherinnen mit ein.
b) Führen Sie die Aktivitäten in unterschiedlicher Umgebung durch.
c) Lernt das Kind gerade etwas Neues, suchen Sie Hilfen und Modifikationen für den Kindergarten oder zu Hause, auch wenn das einer strukturierteren Therapie ähnelt.
d) Das Kind braucht wahrscheinlich in dem neuen Setting viel Lob und Verstärkung für richtige Reaktionen, auch wenn sie in der strukturierten Therapie schon reduziert worden waren.
e) Man muß möglicherweise auch die Umgebung etwas verändern, um dem Kind Gelegenheiten zu schaffen, seine neuen Fähigkeiten zu üben.
f) Festigen sich die Fähigkeiten, sollen Hilfen, Hinweise und Belohnungen immer mehr ausgeblendet werden (Rieke, Lynch und Soltman, 1977).

Aktivitäten zur Entwicklung des Sprachverständnisses

Erste verbale Bezeichnungen

Die ersten Worte, die ein Kind lernt, sollten aus seinem unmittelbaren Alltag stammen. Beachten Sie seinen Tagesablauf, seine Lieblingsspielsachen, das Essen, die Haustiere usw., aus all dem können Sie einen Wortschatz zusammenstellen. Die ersten Wörter sollten wenig Silben haben und in ihrem Bezug eher allgemein als spezifisch sein, z.B. Hund und nicht Spaniel. Solche Begriffe werden normalerweise besser verstanden und behalten.

Das Kind muß die verbale Bezeichnung in Verbindung mit seiner Entsprechung viele Male und in verschiedenen Kontexten hören (Gillham, 1979). Kombinieren Sie ihre Anweisungen am Anfang mit vielen visuellen und kontextuellen Hilfen, die Sie nach und nach reduzieren, bis sich das Kind allein auf sein Sprachverständnis verläßt. Die verbale Bezeichnung sollte am Ende der Phrase stehen und betont werden, z.B. «wo ist der Hund?» Der Rest der Information in der Phrase sollte redundant sein, denn das Kind kann in diesem Alter nur ein verbales Konzept auf einmal aufnehmen.

Essen

1. Sprechen Sie während der Mahlzeiten über das, was das Kind gerade ißt, lenken Sie seine Aufmerksamkeit auf jedes Item, benennen Sie es klar. Soll es heraussuchen, was es essen will, halten Sie das Item hoch und benennen es, z.B. «willst du *Milch?*» – und zeigen ihm die Milch, oder «willst du die *Orange?*» – und zeigen ihm die Orange. Benennen Sie die Nahrungsmittel in verschiedenen Kontexten.

2. Nehmen Sie das Kind zum Einkaufen mit und sprechen Sie darüber, was Sie einkaufen wollen. Lassen Sie sich bei der Zubereitung des Essens beobachten oder sogar helfen.

3. Formen Sie Nahrungsmittel aus Knetmasse, Pappmaché o.ä., am besten die Lieblingsspeisen des Kindes.

4. Nehmen Sie das vom Kind Gebastelte für ein Einkaufsspiel. Für den Kindereinkaufsladen brauchen Sie Regale und einen Ladentisch, die es auch zu kaufen gibt, z.B. *Kaufladen Lena* (1) oder *Kinderladen* (3). Das Kind und die Therapeutin bzw. eine Kindergruppe können abwechselnd Verkäuferin und Kunde spielen. Geben Sie dem Kind einen Geldbeutel, und sagen Sie ihm, was es kaufen soll, z.B. «kauf mir einen Kuchen».

5. Lassen Sie das Kind mit seinen Freunden oder einigen seiner Puppen/Bären etc. ein Kaffeetrinken machen. Benennen Sie die Spielzeugnahrungsmittel beim Spiel.

6. Legen Sie mit dem Kind ein Tagebuch an, in dem Sie die Ereignisse des Tages in Bildern festhalten. Essen kann fotografiert oder gezeichnet werden, viele Zeitschriften enthalten geeignete Bilder. Die Zeit zwischen dem Ereignis und der Aufzeichnung darf allerdings nicht zu lange sein.

Kleidung

1. Benennen Sie die Kleidungsstücke, wenn Sie das Kind an- und ausziehen, aber auch Ihre eigene Kleidung «schau, ich zieh' jetzt den *Hut* auf».

2. Lassen Sie das Kind helfen, Kleider in Schränke oder den Wäschekorb zu räumen. Geben Sie ihm jeweils nur ein Stück, das Sie benennen, z.B. «jetzt die *Jacke*».

Später bitten Sie es, eines von zwei oder drei Kleidungsstücken wegzuräumen.

3. Spielen Sie gemeinsam mit lustigen Hüten und bunter Kleidung Verkleiden. Nach dem Anziehen sagen Sie «schau, ich habe einen *Hut*». Dann geben Sie ihn dem Kind und benennen ihn abermals «jetzt hat Samuel den *Hut* auf». Wollen Sie Spaß machen und sich dabei beobachten, ist ein Spiegel gut. Geben Sie dem Kind immer wieder verschiedene Sachen, aus denen es sich eines heraussuchen soll.

4. Das Kind kann große und kleine oder auch *Papierpuppen* anziehen (5,4,3). Zeigen Sie dem Kind, was es mit den Kleidungsstücken tun soll, und bezeichnen Sie sie beim Anziehen der Puppen. Kommentieren Sie auch die Handlungen des Kindes (Derbyshire Language Programme).

5. Hängen Sie in der Spielecke eine Wäscheleine auf und spielen Sie Waschtag. Benennen Sie die Kleidungsstücke bei den verschiedenen Arbeitsgängen. Das Kind könnte Anweisungen von einer Puppe bekommen, z.B. «häng bitte meine Söckchen auf»!

Spielsachen

1. Bezeichnen Sie beim Spielen in der Badewanne, im Sandkasten oder in der Spielecke die Spielsachen, mit denen das Kind gerade spielt. Geben Sie dem Kind ein etwas anderes Spielzeug, z.B. drei verschiedene Puppen, so daß es lernt, daß man nicht nur zu seiner Lieblingspuppe «Puppe» sagt. Zeigen Sie ihm, daß man mit allen Puppen das gleiche machen kann, z.B. schmusen, anziehen und füttern, und daß sie ähnlich aussehen, sich bewegen und anfühlen.

2. Nennen Sie die Spielsachen, die Sie aufräumen oder zum Spielen herausholen und dem Kind geben. Bitten Sie es, ein bestimmtes Spielzeug aus seiner Kiste zu holen. Versteht es nicht, finden Sie es und zeigen es ihm.

Ein großer Karton mit einem Loch an der Seite wird zur Spielkiste. Das Loch ist der Mund in einem lustigen Gesicht. Aufräumen heißt nun, die Spielsachen in das Loch zu werfen.

3. Basteln Sie ein «Lieblingsspielsachen-Bilderbuch» mit Fotos, Zeichnungen oder Bildern aus Zeitschriften/Katalogen. Sehen Sie sich das Buch gemeinsam an und benennen Sie jedes Spielzeug. Dann soll es das genannte Spielzeug finden.

4. Verstecken Sie ein paar Spielsachen im Raum; was es gefunden hat, benennen Sie. Dann soll es von den zwei oder drei ein bestimmtes finden, «wo ist der Teddy»?

Alltagsobjekte

1. Sprechen Sie während des Tages über die Gegenstände, die Sie beide gerade benützen. Benutzen Sie solche, die es sehr gut kennt, z.B. Löffel, Tasse, Kamm, Seife.

2. Spielen Sie kleine Rollenspiele, bei denen diese Dinge vorkommen. Löffel, Tassen und Teller bei einer Party und Bürste, Kamm, Seife und Waschlappen für die Morgenwäsche der Puppe. Sprechen Sie beim Spielen über diese Dinge, und bitten Sie das Kind, Ihnen das eine oder andere zu geben.

3. Stecken Sie ein paar bekannte Dinge in eine undurchsichtige Tüte und sagen Sie «ich suche jetzt *meinen Löffel*». Sie stecken Ihre Hand hinein, ziehen den Löffel heraus und rufen überrascht «schau mal, ein Löffel». Geben Sie dem Kind nun die Tüte, in der es ein bestimmtes Objekt finden soll. Ist das noch zu schwer, nehmen Sie jedes Objekt aus der Tüte und benennen es. Danach legen Sie alles wieder zurück und lassen das Kind wieder probieren. (Beginnen Sie mit nur zwei oder drei Objekten und steigern dann die Anzahl.)

4. Die Teile der ersten Puzzles zeigen ganze Objekte, z.B. *Mein erstes Puzzle* (O. Maier) oder Didakta-Puzzle. Benennen Sie die Teile, die das Kind herausnimmt oder einfügt. Sie können auch nach bestimmten Teilen zum Einfügen fragen.

5. Spielen Sie eine einfachere Version der zweiteiligen Legekarten von Alltagsobjekten (selbst zu basteln). Sie legen zwei oder drei Legekarten auf den Tisch, zeigen und benennen jede. Dann mischen Sie die Teile. Die Bilder sollten noch zu sehen sein. Bitten Sie das Kind, den Kamm etc. zu finden. Reagiert es nicht, legen Sie die beiden Stücke zusammen und rufen: «Schau mal, ein Kamm!» Bitten Sie das Kind, ein anderes Objekt zu finden. Wenn es dieses Spiel kann, versuchen Sie es mit dem *Hälften-Domino* (4) wo jedes Stück eine Hälfte eines Tieres zeigt (s.u. bei «Tiere»).

Objektpuzzle

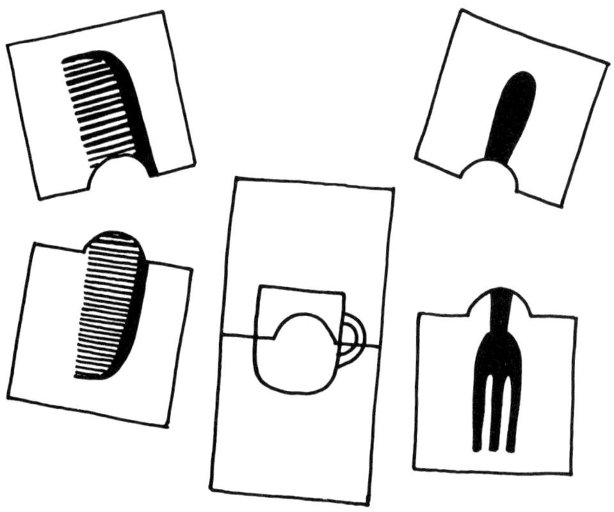

Tiere

1. Zeigen Sie dem Kind beim Spazierengehen verschiedene Tiere, und wiederholen Sie ihre Namen.

2. Organisieren Sie viele Ausflüge, um Tiere im Zoo oder auf einem Bauernhof zu sehen. Bauernhöfe gibt es auch noch in der Nähe der Stadt, so daß das Kind vielleicht helfen darf, zahme Tiere zu füttern, oder es darf sie streicheln und auf ihnen reiten!

3. Wenn das Kind einmal einem echten Tier begegnet ist, helfen Sie ihm, in Büchern entsprechende Bilder zu finden, z.B. *Mein Bauernhaus* von H. Wernhard (O. Maier). Zeitschriften und Bildkärtchen (5) bieten ebenfalls Material dafür.

4. Oft sind Tiere auf den ersten Puzzles zu finden. Setzen Sie sie wie in 4 (oben) ein.

5. Malen Sie dem Kind die Tiere auf, die Sie bei Ihren Unternehmungen gesehen haben, und bitten Sie es, Ihnen auch welche zu zeichnen. Das wird leichter, wenn es dafür *Hartholzfiguren* (2) oder Puzzleteile umfährt oder stempelt (5).

Transportmittel

1. Im Laufe eines Tages ergeben sich viele Gelegenheiten, um dem Kind verschiedene Fahrzeuge zu zeigen. Nehmen Sie einfache Bezeichnungen wie Bus, Bahn oder Zug. Die Aufregung, in einem Bus oder gar in einem Zug zu fahren, ist bei der Erinnerung an diese Wörter hilfreich.

2. Spielen Sie mit Spielautos, Bussen etc. in Spielgaragen oder auf (Papier-) Straßen. Lassen Sie die Autos mit den dazugehörigen Geräuschen darauf fahren, benennen Sie sie, z.B. «schau, meine Lok – sch sch sch».

3. Setzen Sie Puzzles in der gleichen Art ein wie in 4 (Alltagsobjekte), vergewissern Sie sich jedoch, daß das Kind die abgebildeten Fahrzeuge kennt.

Körperteile

Bildkärtchen von Körperteilen gibt es in der *Großen Fotokartei* (5). Man kann sie auch selbst anfertigen. Im Prinzip lassen sich die vorgenannten Spielformen auch für diesen Bereich einsetzen. Günstig ist, daß Körperteile immer präsent sind und vom Kind jeweils tatsächlich durch viele seiner Sinne (kinästhetisch, motorisch, visuell) erfahren werden können. Auf diese Weise stabilisieren sich die Körperteilbegriffe leichter als fernere und abstraktere. Finger- und Zehenverse helfen bei der Benennung und Orientierung. Auch das An- und Ausziehen des Kindes kann für diesen Bereich genutzt werden. Denken Sie immer daran, die Körperteile, die Sie benennen, auch zu berühren. Man wäscht die verschiedenen Körperteile des Kindes und der Puppe und benennt sie dabei (s. auch Spiele S. 83 in diesem Kap.).

Käufliche Spiele: *Legespiele Hand und Füße* (4), *Louis-Legespiel* (6).

Allgemeine Spiele

1. Geben Sie dem Kind einen Bilder- oder bedruckten Schaumgummiwürfel, auf dem es ein bestimmtes Bild finden soll.

2. Legen Sie Objektbilder zum Kreis, und lassen Sie das Kind die Flasche drehen. Auf welches Bild zeigt sie?

3. Bauen Sie eine Art Fischteich, indem Sie einen Kartonstreifen zu einem Rechteck falten. An eine Angel aus einem kurzen Stöckchen wird ein Stück Schnur mit einem Magneten befestigt. Man kann Fische aus Karton ausschneiden, Fischbilder daraufkleben oder einfach Bildkarten nehmen. Eine aufgesetzte Büroklammer wird vom Magneten angezogen. Das Kind soll nun verschiedene Objekte fangen.

4. *Lottino* (O. Maier): Geben Sie dem Kind eine Lottokarte, und nehmen Sie die Einzelkärtchen. Fragen Sie «hast Du den Hund?» Hat das Kind das Bild und erinnert sich an die Bezeichnung, bekommt es das Kärtchen. (Spannender ist dieses Spiel in einer Gruppe, wenn es darum geht, wer zuerst seine Karte voll hat.)

5. Glückliche Familien: Jedes Kind erhält eine Legekarte einer Kategorie, z.B. Obst. Auf dieser Hauptkarte befinden sich Mitglieder einer semantischen Familie, z.B. Birne, Apfel, Banane, Orange. Die Therapeutin mischt die Einzelkarten, nimmt eine und fragt, «wer hat die Orange?» Gewonnen hat das Kind, das zuerst seine Familie komplettiert hat.

Fischteich

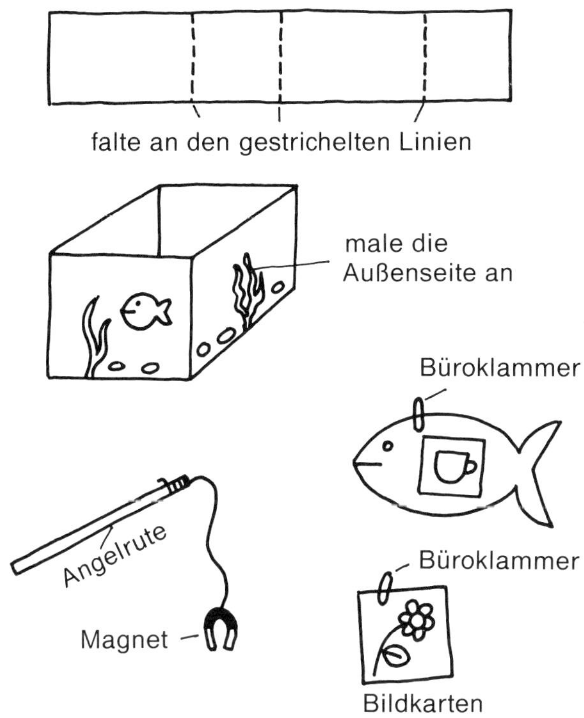

Glückliche Familien

Zwei verbale Konzepte verbinden (Substantiv-Substantiv)

Wenn ein Kind in diesem Stadium richtig auf die Anweisung reagiert, «setz die Puppe auf den Stuhl» versteht es im Grunde genommen «setzen» und «auf» nicht. Es bezieht nur die beiden Objekte in der üblichen Art aufeinander und würde wahrscheinlich genauso reagieren, wenn Sie sagen würden «stelle die Puppe unter den Stuhl».

Achten Sie bei Ihren Anweisungen darauf, daß Ihre Phrasen nur zwei bekannte Inhaltswörter haben, d.h. zwei verbale Label. Zeigen Sie ihm durch Vormachen, wie es die Objekte zueinander in Beziehung setzen soll, oder erlauben Sie ihm wie in dem Beispiel oben, sein eigenes pragmatisches Wissen zu benutzen.

1.a) Rollen Sie einen Ball langsam zum Teddy, erzählen Sie dem Kind dabei «schau, ich rolle den *Ball* zum *Teddy*». Lenken Sie seine Aufmerksamkeit auf die benannten Objekte.

b) Ersetzen Sie den Teddy durch ein zweites Spielzeug, z.B. eine Puppe, und wiederholen Sie das Spiel.

c) Nehmen Sie beide Spielsachen, rollen Sie den Ball zum einen oder anderen und kommentieren Ihre Handlung wieder.

d) Das Kind soll den Ball entweder zum Teddy oder zur Puppe rollen. Braucht es Hilfe, zeigen Sie auf das richtige Spielzeug.

e) Ersetzen Sie den Ball durch ein Auto, und wiederholen Sie die Schritte (III) und (IV).

f) Geben Sie dem Kind beide Spielsachen, und bitten Sie es, eines davon entweder zur Puppe oder zum Teddy zu rollen. Natürlich helfen Sie bei Bedarf. Jetzt muß das Kind beide Substantive kennen, um der Anweisung zu folgen.

g) Wird das Kind sicherer, nehmen Sie mehr Spielsachen.

Auch bei folgenden Aktivitäten richten Sie sich bitte nach der oben beschriebenen Hierarchie.

2. Bemalen Sie einige Kartons mit unterschiedlichen Gesichtern, z.B. Clown, Hund, Katze, und geben Sie dem Kind Objekte zum hineinwerfen, z.B. «wirf den Ball in den Clown»!

Schachtel

das Kind wirft das Spielzeug in das Maul

3. Das Kind schubst Wasserspielsachen (Bootchen, Dampfer oder Entchen) in einer Wasser- oder Badewanne umher, z.B. «schubs den Dampfer zum Fisch».

4. Arrangieren Sie ein Kaffeetrinken mit den Lieblingspuppen des Kindes, und geben Sie dem Kind Anweisungen, z.B. «gib der Puppe ein Brötchen».

5. Eine Gruppe von Kindern spielt Verstecken. Ein Kind verläßt den Raum, während man einem anderen sagt, wo es etwas verstecken soll, z.B. «versteck den Ball in der Schachtel».

6. Sammeln Sie alte Kleidungsstücke zum Verkleiden. Die Therapeutin gibt Anweisungen «Paul, gib Barbara mal den Schal».

7. Kinder spielen sehr gerne mit kleinen Figuren, mit Puppenstuben, Bauernhöfen, Zoos, Kaufläden. *Playmobil*-Figuren oder *Holz-Biegepüppchen* (6) können sich an den unterschiedlichsten Orten befinden, z.B. im Feuerwehrauto, in einem Dampfer oder auf einem Pferd.

8. Im Alltag gibt es immer Möglichkeiten, die Kinder Sätze hören zu lassen, in denen zwei verbale Konzepte verbunden sind, z.B. «leg die Seife in das Bad». Das kann auch beim Aufräumen von Kleidern oder Spielsachen, bei den Mahlzeiten oder beim Zubettgehen geschehen.

Verben

Verben sind schwieriger zu lernen als die leichter verständlichen Objektbezeichnungen. Verben beschreiben Bewegungen, wie laufen, hüpfen, schlafen und essen, die das Kind selbst ausführen kann.

1.a) Sprechen Sie während dem Turnen oder der Gymnastik oder bei Körperspielen darüber, was Sie und das Kind gerade machen, z.B. «oh, du hüpfst»!

b) Sie führen eine Handlung aus und bitten das Kind, mitzumachen «komm, wir hüpfen! Wir *hüpfen*» und betonen das Verb.

c) Fordern Sie das Kind auf, die Handlung auszuführen. Zögert es oder reagiert falsch, wiederholen Sie Handlung und Wort.

2. Singen Sie Kinderlieder oder Lieder mit Handlungen (z.B. «Wer will fleißige Handerwerker sehn»), die Sie gemeinsam ausführen. Später beschränken Sie sich auf das Singen.

3. «Kaiser, wieviel Schritte darf ich gehen?»: Zuerst handeln Sie gemeinsam, später macht es das Kind alleine, bzw. in einer Gruppe.

4. Lassen Sie das Kind einen Hindernislauf machen, und erklären Sie dabei, was es gerade macht. Beim nächsten Mal soll es bei den Hindernissen besondere Anweisungen befolgen, z.B. «klettere über die Schachteln»; «renne um den Tisch».

5. Beschreiben Sie die Handlungen beim Spielen mit der Puppe, «oh, die Puppe läuft» usw. Lassen Sie sich verschiedene Aktivitäten bei der Puppe zeigen.

6. Jedes Kind einer Gruppe bekommt ein «Aktionsbild», das es pantomimisch darstellen soll. Die anderen raten, welches Bild es ist, und Sie zeigen auf das richtige Bild «ja, Sabrina *hüpft*».

7. Sammeln Sie Puzzles, auf denen Menschen etwas tun. Zeigen Sie dem Kind die verschiedenen Abbildungen, beschreiben Sie eines «der Junge rennt», was das Kind dann herausnimmt bzw. einfügt.

8. Sehen Sie sich Bilderbücher an, und sprechen Sie über die Handlungen der abgebildeten Lebewesen. Bitten Sie das Kind ein bestimmtes Bild zu finden.

9. Verbkarten: *Tätigkeiten auf Fotokarten* (5)

Transitive Verben

Das sind Verben, die eine Handlung an einem Objekt beschreiben, z.B. (einen Ball) werfen oder (die Tür) aufstoßen.

1. Zeigen Sie dem Kind beim Spielen, wie unterschiedlich Spielsachen bewegt werden können, und sprechen Sie darüber, was gerade passiert. Beschreiben Sie das Spielzeug, mit dem das Kind gerade spielt. Einige Spielsachen eignen sich besonders gut für gewisse Verben, z.B.

a) Kreisel: Zieht man den Stab hoch und drückt ihn wieder nach unten, dreht sich der Kreisel. Manche machen Geräusche dabei. Dieses Spiel ist gut für die Begriffe *drücken, ziehen, summen* und *drehen.*

b) Hammerbank: In die Löcher eines Holzkastens werden Bälle hineingeklopft, die dann unten wieder herausrollen. Damit können die Begriffe *klopfen, hämmern, rauskommen* erarbeitet werden.

c) *Kinderregistrierkasse* (Chicco): Knöpfe können gedrückt und eine Kurbel seitlich gedreht werden. Gut für die Begriffe *drehen* und *drücken.*

d) Puppen können u.a. *trockengelegt, gewaschen, gekämmt, gebürstet, gefüttert* werden.

e) Tischfußball: Wenn man den Knopf auf dem Kopf des Fußballers drückt, z.B. *Penalty* (6), schnellt sein Bein hoch zum Kicken. Dieses Spielzeug kann gut eingesetzt werden für *drücken* und *kicken.*

2. Stellen Sie einige unterschiedliche Spielsachen und Objekte vor das Kind, z.B. eine Rassel, einen Ball, einen Ballon, ein Tier auf Rädern, ein Auto. Führen Sie *eine* Handlung bei allen Spielsachen aus, und beschreiben Sie sie, z.B. «ich rolle den Ballon; jetzt rolle ich den *Ball*». Das zeigt dem Kind, daß eine Handlung nicht nur zu einem einzigen Objekt gehört.

Nach vielen ähnlichen Beispielen setzen Sie die Spielsachen in einem Spiel ein. Eine Kindergruppe spielt beispielsweise, die Spielsachen zueinander bringen, «rolle den Ball zu Tim».

3. Auch Spielplätze und Parks bieten gute Möglichkeiten für Handlungen. Das Kind kann zum Beispiel auf der Schaukel angeschubst werden, auf einer Wippe hochgehoben und an einer Rutschbahn aufgefangen werden. Sagen Sie dem Kind, was Sie gerade tun, z.B. «ich schubs' dich an», «ich fang' dich auf».

4. Ballspiele sind hilfreich für die Verben *fangen, werfen, kicken, rollen, holen* usw. (nehmen Sie aber bitte vorsichtshalber einen Schaumgummiball, Bohnensäckchen oder weiche Spielsachen).

5. Sprechen Sie über die Handlungen des Kindes, wenn es in der Küche kochen hilft, über *rühren, schneiden, reinschütten* oder beim Basteln mit Knet und Wachs über *kneten, ausrollen, ausstechen* usw.

Handlungssequenzen

6. Sammeln Sie gemeinsam nicht mehr gebrauchtes Material, wie Fäden, Gummis, Kartons usw. Erforschen Sie, was man damit machen kann, beispielsweise kann man Knet zu einer Wurst *rollen*, zu einer langen Schlange *ziehen*, zu einem Ball *zusammendrücken*, bestimmte Formen *ausstechen*. Besprechen Sie, was Sie tun. Wählen Sie ein anderes Material, mit dem das Kind das gleiche tun kann.

7. Daumenkino: Basteln Sie Bilderbücher mit Handlungen folgendermaßen: Zeichnen Sie auf eine Seite eine Person, die eine Handlung ausführt, z.B. einen Ball wegkickt. Verändern Sie nun die Zeichnung leicht, so daß Sie beim Durchblättern des Buches den Eindruck haben können, die Figur würde sich bewegen (beachten Sie, daß die Seiten hier von hinten nach vorne gehen) (Abb. S. 77).

Attributive Verben

Diese Verben beschreiben eine Veränderung eines physikalischen Zustands, z.B. brechen, säubern, kochen, schmelzen. Das Kind braucht hierbei direkte Erfahrungen dieser Konzepte und viele Wiederholungen des Begriffs.

Beispiel *schmelzen*

1. Zeigen Sie dem Kind beim Kochen wie unterschiedlich Substanzen beim Erhitzen schmelzen, z.B. Butter, Schokolade, Zucker.

2. Während des Winters holen Sie eine Tasse Schnee ins Zimmer, und lassen Sie die Kinder beobachten, wie er schmilzt.

3. Legen Sie einen Eiswürfel auf die Heizung, auf einen Tisch und draußen vor das Fenster. Lassen Sie die Kinder vergleichen, wie lange jeder Würfel zum Schmelzen braucht.

4. Helfen Sie den Kindern im Winter einen Schneemann bauen. Beobachten Sie täglich, wie sehr er schon geschmolzen ist.

5. Lesen Sie den Kindern eine Geschichte eines Schneemannes vor, der schmilzt (z.B. Janosch: *Ach lieber Schneemann*).

Objektfunktionen verstehen

Lassen Sie das Kind (mit und ohne Ihre Hilfe) viele Erfahrungen machen, wie unterschiedlich Objekte benützt werden. Erklären Sie, was Sie beim Spielen und im Alltag mit Objekten tun, z.B. «schau, wie die Schere das Papier schneidet».

1.a) Legen Sie einige Objekte auf den Tisch. Zeigen Sie nacheinander deren Gebrauch, z.B. Seife, «schau, *Seife*. Man *wäscht* sich mit Seife.» Lassen Sie das Kind nachmachen «ja, das ist richtig, man *ißt* mit der *Gabel*» usw.

b) Sind alle Objekte so erklärt, schauen Sie, ob das Kind jetzt die Funktion sicher zeigen kann.

c) Fragen Sie nach einem Objekt «zeig mir mal, woraus man *trinkt*», wobei Sie das Verb betonen und die entsprechende Bewegung machen. Ist das noch zu schwierig, benennen und zeigen Sie ihm das Richtige.

d) Vielleicht können Sie es nach den gleichen Dingen ohne die Gestik fragen.

Können Kinder dann Objekte nach ihrem Gebrauch identifizieren, generalisieren Sie das mit folgenden Aktivitäten.

2. Bilderlotto: Jedes Kind einer kleinen Gruppe bekommt ein Lottodeckblatt, die Therapeutin hat die Einzelkarten. Sie beschreibt von jeder Karte die Funktion des Objekts, beispielsweise «damit kann man schneiden», und läßt die Kinder raten. Gewonnen hat, wessen Karte zuerst voll ist.

3. Legen Sie Objektkärtchen in einem Kreis um eine Flasche. Bitten Sie das Kind, den Flaschenhals auf das Bild zu drehen, dessen Gebrauch Sie gerade beschrieben haben.

4. Das Kind sucht bestimmte versteckte Objektbilder, z.B. «suche etwas, was man kochen kann».

5. Basteln Sie mit dem Kind ein Bilderbuch, wofür es ganz bestimmte Bilder aus Zeitungen und Katalogen finden soll. Das Kriterium ist der Gebrauch, z.B. «suche etwas, womit man schreiben kann».

6. Einfache Puzzles mit Objektabbildungen dienen dem gleichen Zweck.

7. Die gleiche Aufgabe kann während eines Spiels und im Alltag durchgeführt werden.

Präpositionen

Nicht alle Präpositionen werden im gleichen Alter gelernt, so daß man erst sicher sein sollte, was verstanden wird, bevor man sich entscheidet, womit angefangen wird.

Im Kapitel über das Sprechen gibt es einige Aktivitäten für spezielle Präpositionen, z.B. *auf*, *von* und *in*, die auch für das Verstehen modifiziert eingesetzt werden können.

1. Beginnen Sie mit Aktivitäten, die sich auf grobmotorische Bewegungen beziehen, z.B. Turnen, aktives Spielen oder Hindernislauf. Bei folgenden Dingen kann man Präpositionen üben:

Klettergerüst: rauf/runter/auf/unten
Rutschbahn: hoch/runter
Wippe: hoch/runter/drauf
Tisch und Stühle: auf/unter/über/neben
große Schachteln: in/hinter/neben/vor
Spieltunnel (3): durch/in/aus
Bänke: entlang/über/auf/neben/runter
Leitern: rauf/runter/entlang
Reifen (6): in/über/hinein/durch

a) Demonstrieren Sie die Bedeutung zweier gegensätzlicher Präpositionen. Sprechen Sie darüber, was Sie tun, und betonen Sie das Schlüsselwort «schau, ich bin *unter* dem Tisch; nun bin ich *auf* dem Tisch».
b) Helfen Sie dem Kind, Handlungen auszuführen, die zwei gleiche Präpositionen demonstrieren, und beschreiben Sie, was es macht (z.B. auf dem Stuhl – auf dem Tisch stehen).
c) Bitten Sie das Kind, Handlungen für Sie auszuführen, anfangs noch mit hilfreichen Gesten. Lassen Sie den Ort konstant, so daß es nur die Präposition verstehen muß (z.B. im – unter dem Bett).
d) Blenden Sie die Hilfen nach und nach aus, bis das Sprachverständnis dafür gut ist.

Üben Sie die beiden Präpositionen in den folgenden Aktivitäten.

2. Singen Sie Kinderlieder, die Präpositionen beinhalten, z.B. Wer will fleißige Handwerker sehn – Stein *auf* Stein. Führen Sie die Handlung anfangs zusammen mit dem Kind aus, bis das Kind alleine entsprechend der Worte handelt.

3. Bauen Sie während des Tagesablaufs Präpositionen in Ihre Gespräche mit dem Kind ein, z.B. bitten Sie das Kind beim Aufräumen, Spielsachen an bestimmte Plätze zu legen, z.B. *unter* das Bett, *in* die Spielkiste, *auf* das Regal. Versteht es die Aufforderung nicht, so gehen Sie gemeinsam zu dem Platz «schau, *unter* das Bett».

4. Geschichten können so verändert werden, daß sie viele Möglichkeiten zum Üben von Präpositionen bieten. Z.B. Schneewittchen schaut *unter* das Bett, *auf* den Schrank, *hinter* die Bank usw.

5. Spielen Sie mit einer Gruppe von Kindern Verstecken. Eines sucht, während ein anderes ihm sagen muß, wo es suchen soll.

6. Geben Sie Anweisungen für die Einrichtung eines Spieleinkaufladens «leg den Kaffee *unter* den Zucker».

7. Bauen Sie mit kleinen Figuren eine Szene auf, ohne daß das Kind es sieht, z.B. ein Mann in einem Bett, oder eine Katze auf dem Sessel, oder ein Junge hinter einem Schrank. Sie geben dem Kind eine gleiche Ausstattung und sagen ihm, wie es die Szene gestalten soll. Danach vergleichen Sie die beiden Szenen. (Material z.B. Bauernhof, Zoo, Autogarage, Puppenhaus und *Playmobil*.)

Später können Sie dann einen ganzen Raum mit verschiedenen Puppen einrichten, aber geben Sie dem Kind immer nur *eine* Puppe und *ein* Möbelstück, so daß es nur die Präposition verstehen muß. Zum Schluß sollte es Ihr Modell nachgemacht haben.

8. Puppenstube: Auch hier soll das Kind ein Möbelstück und eine Puppe bekommen und nach Ihren Anweisungen eine Szene bauen, z.B. «leg das Kind in die Wiege».

9. Beschreiben Sie ein Bild, das das Kind auf der *Magnettafel (6) oder auf einer anderen Unterlage nachbauen soll (z.B. einen Bauernhof auf der Magnettafel entwerfen oder ein Zimmer mit Habitations* (5) einrichten).

10. Erzählen Sie eine Geschichte, z.B. wie sich eine kleine Maus vor einer fetten Katze versteckt. Das Kind hat eine kleine Maus (z.B. ausgeschnitten aus Karton), die sich entsprechend der Geschichte bewegt, z.B. «die kleine Maus versteckt sich unter dem Stuhl». Es hilft dem Kind, wenn Sie zuerst auch die Maus handeln lassen, bevor es das machen soll (Derbyshire Language Programme).

11. Zeichnen Sie einen Stuhl, ein Tisch und ein Bett. Das Kind soll einen Ball o.ä. unter das Bett, auf den Tisch etc. malen.

12. *Wo ist der Hund Chip?* (5) Man kann ihn und seine Hundehütte aufbauen und ihn auf, in, neben oder hinter seine Hütte stellen.

13. Bildkarten *Ortsbestimmung auf Fotokarten* (5) lassen sich vielfältig einsetzen, auch das Buch von Spanner: *Die Bademaus*.

Adverbien und Adjektive

Am Anfang kann das Kind Eigenschaften nur verstehen, wenn es sie mit etwas vergleicht, z.B. ein Elefant ist groß, eine Maus ist klein. Erst später kann es Abstufungen in der Größe verstehen, es gibt z.B. große und kleine Mäuse. Kinder lernen die allgemeineren Begriffe wie groß und klein früher als die spezielleren wie dick und dünn (Cole, 1982).

Wissenschaftler sind sich nicht einig, wie Kinder Attribute lernen (s.S. 69). Bei den folgenden Aktivitäten werden die Eigenschaften paarweise angeboten, aber man kann das nach Bedarf abwandeln. Setzen Sie zuerst Material ein, das sich in der jeweiligen Dimension ganz klar voneinander unterscheidet.

Größe

Groß/klein

1. Sie haben eine große und eine kleine Schachtel. Beim Aufräumen von Spielsachen sagen Sie «schau, ich pack' den Teddy in die *große* Schachtel». Geben Sie dem Kind auch ein Spielzeug und weisen es, auf die Schachtel deutend, an «leg das in die *große* Schachtel». Mit der Zeit soll das Kind ohne die Zeigehilfe auskommen.

2. Agieren Sie mit zwei unterschiedlich großen Puppen oder Teddys bei einem Puppenessen «ich geb' dem *großen* Teddy die *große* Tasse». Nach vielen Beispielen reichen Sie dem Kind einen Gegenstand, den es dem großen/kleinen Teddy geben soll, etc.

3. Spielen Sie mit Kleidungsstücken unterschiedlicher Größe Verkleiden. Benennen Sie die Sachen beim Anziehen, dann soll das Kind sie probieren «schau mal meinen *großen* Hut». Lassen Sie das Kind unterschiedlich große Kleidungsstücke anziehen, helfen Sie, wenn es noch nicht versteht. Ist das Kind mit dem Verständnis so weit, kann es mit einem anderen Kind einen Verkleidungswettkampf machen, wobei Sie Anweisungen geben «du setzt den *großen* Hut auf».

4. Fordern Sie das Kind auf, zwei Puppen unterschiedlicher Größe anzuziehen, «die *große* Puppe bekommt den *großen* Hut».

5. Lassen Sie das Kind in einen kleinen und einen großen Reifen hüpfen.

6. Bauen Sie einen Hindernislauf so auf, daß das Kind zwischen zwei unterschiedlich großen Hindernissen wählen kann, z.B. zwischen einem großen und einem kleinen Tisch. Führen Sie das Kind verbal, z.B. «jetzt kommt das große Kissen».

7. Bei einem Puzzle mit Dingen unterschiedlicher Größe bitten Sie das Kind, bestimmte Teile herauszunehmen.

8. Stecken Sie unterschiedlich große Gegenstände in eine undurchsichtige Tüte oder Krabbelsack. Bitten Sie das Kind, die *große* Bürste zu finden usw.

9. Kreieren Sie aus farbigen Filzstücken für Augen, Nase, Mund und Ohren lustige Gesichter. Geben Sie dem Kind Anweisungen dafür, z.B. eine *große* Nase, ein *kleines* Ohr (Derbyshire Language Programme).

10. Bitten Sie das Kind, kleine oder große Zeichnungen auszumalen.

11. Schneiden Sie Tiere unterschiedlicher Größe und einen Käfig aus steifem Karton aus. Stecken Sie den Rand des Käfigs auf eine Karte und lassen eine Seite offen, so daß eine Art Tasche entsteht. Bitten Sie das Kind, ein Tier in den Käfig zu stecken z.B. «steck den *großen* Löwen in den Käfig».

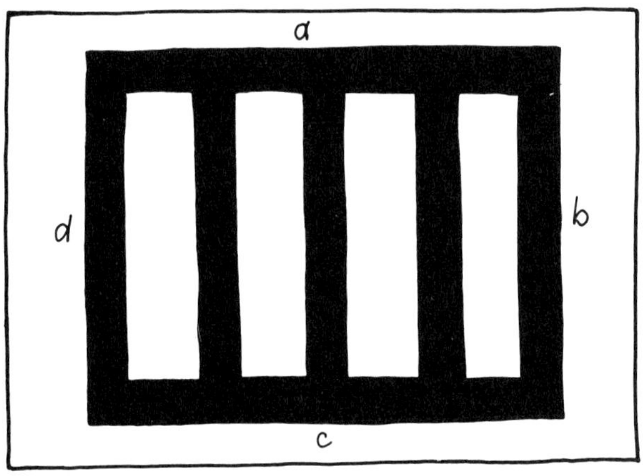

Klebe die Seiten a, b und c an, laß d offen

Andere Ideen sind Hund mit Hundehütte, Teich und Fische, Autos und Garage, Kinder und Betten (adaptiert nach einer Idee aus dem Derbyshire Language Programme).

12. *Drei-Bären-Spiel* (5): Der große, der mittlere und der kleine Bär brauchen ihrer Größe entsprechende Gegenstände, Kleidungsstücke etc.

13. *Größer? Kleiner? Gleich?* (5): 30 farbige Spielkarten für unterschiedliche Spielformen.

Länge, Höhe und Größe

Lang/kurz

1. Sammeln Sie gemeinsam unterschiedlich lange Gegenstände aus dem Alltag. Zeigen und beschreiben Sie sie, z.B. «schau, ein *langer* Bleistift» und legen Sie ihn jeweils zu den anderen entsprechenden Dingen. Lassen Sie das Kind selbst sortieren «jetzt den *kurzen* Radiergummi» und zeigen Sie, falls nötig, darauf.

2. Sprechen Sie während konstruktiven oder Fantasiespielen mit dem Kind darüber, was es gemacht hat, z.B. «das ist aber eine *lange* Schlange geworden»! Machen Sie eine kürzere und vergleichen Sie beide, «ich habe eine *kurze* Schlange gemacht, deine ist *lang*». Zeigen Sie mit dem Finger auf die Längenunterschiede.

3. Kinder bilden zwei Reihen, eine lang und die andere kurz. Die Reihen sollen Anweisungen befolgen, z.B. «die *kurze* Reihe hüpft auf einem Bein» (Dowling, 1980).

4. Sprechen Sie während des Puppenspiels über Kleidungsstücke mit unterschiedlichen Längen «da ist der *lange* Rock». Das Kind soll dann die Puppe in bestimmter Weise anziehen, z.B. «zieh ihr den *langen* Schal an». (Es müssen natürlich immer zwei verschiedene Kleidungsstücke da sein, die sich in der Länge unterscheiden.)

5. Bitten Sie das Kind, einen *langen* Zug, eine *kurze* Schlange etc. zu malen oder Ihre Zeichnungen auszumalen, «male die *lange* Schlange an».

6. Sprechen Sie in einer Gruppe über die unterschiedliche Länge der Haare der Kinder, ihrer Arme, Beine, Hände oder Füße. Vergleichen Sie und sprechen Sie über die Unterschiede zwischen zwei Kindern, z.B. «Diana hat *lange*, Kristin hat *kurze* Haare» (Dowling, 1980).

7. Mit Musikinstrumenten, die einen Ton halten können z.B. Blockflöten und Pfeifen, spielen Sie eine lange und dann eine kurze Note «hör, das ist eine *lange* Note» etc. Nach vielen Beispielen lassen Sie das Kind auch versuchen, eine lange oder eine kurze Note zu spielen.

8. Vergleichen Sie die unterschiedlichen Körpergrößen der Kinder einer Gruppe. Sprechen Sie über die Unterschiede zwischen zwei Kindern, z.B. «Paul ist *klein*, Robert ist *groß*». Lassen Sie die Kinder selbst jemanden heraussuchen, der groß ist usw.

9. Nehmen Sie die Kinder mit auf den Spielplatz oder in den Park, und weisen Sie auf die unterschiedliche Größe von Dingen hin, z.B. auf ein großes Haus, einen hohen Baum etc.

10. Gehen Sie Bilderbücher durch, und achten Sie gemeinsam auf die unterschiedlichen Größen der Menschen. Bitten Sie das Kind, Ihnen bestimmte Bilder zu zeigen.

11. Bitten Sie das Kind, Bilder von großen und kleinen Menschen und Tieren zu malen oder anzumalen.

Gewicht

Schwer/leicht

1. Sammeln Sie gemeinsam unterschiedlich schwere Sachen; lassen Sie beispielsweise das Kind ein Blatt Papier halten und ein sehr schweres Buch. Sagen Sie «das Papier ist *leicht*; das Buch ist *schwer*». Wiederholen Sie das mit vielen unterschiedlichen Dingen. Dann bitten Sie es, etwas Schweres zu finden. Helfen Sie, wenn es zögert oder falsch reagiert. Montessori hat auch käufliche Gewichte.

2. Lassen Sie das Kind beim Kochen verschiedene Nahrungsmittel vergleichen, indem es sie in der Hand abwägt. Sprechen Sie dabei über das unterschiedliche Gewicht.

3. Spielen Sie ein Spiel, bei dem unterschiedliche Personen auf dem Schoß des Kindes sitzen (Hänschen piep einmal). Fragen Sie, ob sie oder er leicht oder schwer ist. Machen Sie Spaß, und machen Sie sich leicht und schwer.

Stoff

Hart/weich; rauh/glatt

1. Sammeln Sie gemeinsam einige Objekte, und lassen Sie die Kinder die unterschiedliche Beschaffenheit fühlen. Geben Sie einem Kind immer nur ein Objekt, sagen Sie «das ist *hart*» etc.

Geeignete Materialien sind:

- Obst oder Gemüse: Pflaumen, Bananen, Himbeeren
- verschiedene Stoffe: Seide, Netz, Baumwolle
- verschiedene Spielsachen: Bauklötze, Teddy, Ball
- Alltagsobjekte: Löffel, Bürste, Tasse
- Kochzutaten: Teig, Mehl, Zucker, Linsen, Haferflokken

2. Bitten Sie das Kind, Gegenstände mit einer gewissen Beschaffenheit zu sammeln, z.B. «finde Sachen, die *weich* sind». Sprechen Sie mit den Kindern über die Dinge, lassen Sie sie fühlen und auf einen Fühltisch legen.

3. Die Kinder können die gesammelten Dinge abzeichnen oder in ein Bilderbuch kleben. Sehen Sie sich das Buch gemeinsam an, und sprechen Sie über die unterschiedlichen Dinge.

4. Nehmen Sie die Kinder mit zu einem «Fühlspaziergang», bei dem Sie mit ihnen über die Beschaffenheit der Dinge sprechen, z.B. «oh, ist das Blatt *weich*!» (Dowling, 1980).

5. Stecken Sie Unterschiedliches in einen Krabbelsack, und bitten Sie das Kind, es soll etwas Weiches, Hartes, Kantiges etc. finden.

6. Sammeln Sie viele unterschiedliche Materialien, und bitten Sie das Kind, sie in Gruppen zusammenzulegen. Stecken Sie sie in ein Album, oder machen Sie eine Collage daraus.

7. Das Kind vergleicht Plätzchen oder Kuchen u.ä. im Zustand vor und nach dem Backen. Wenn Sie in der glücklichen Lage sind, einen Trockenofen zu besitzen, können Sie das auch mit Ton machen.

8. Die *Sprossenmatte* (3) macht die Füße mit ungewöhnlichem Untergrund vertraut.

Geräusche

Laut/leise; laut/ruhig; hoch/tief

1. Lassen Sie das Kind einige Musikinstrumente ausprobieren. Dann spielen Sie auf einem laut, «das ist *laut*» und leise, «das ist *leise*». Übertragen Sie das auch auf andere Instrumente. Nach vielen Beispielen fordern Sie das Kind auf, es auch zu probieren. Falls nötig, machen Sie es gemeinsam. (Dieses Vorgehen ist auch für andere Adjektiv-Paare geeignet).

2. Füllen Sie Flaschen unterschiedlich hoch mit Wasser, und hören Sie auf die unterschiedlichen Geräusche, die beim Hineinblasen entstehen. Geben Sie dem Kind zwei unterschiedliche Flaschen, es soll damit ein lautes Geräusch machen etc.

3. Nehmen Sie die Kinder mit zu einem Hörspaziergang. Sprechen Sie über die verschiedenen vernehmbaren Geräusche, z.B. «hörst Du das Auto? Es ist laut.» Bitten Sie das Kind, Sie auf ein lautes Geräusch aufmerksam zu machen.

4. Lassen Sie das Kind laute Gegenstände sammeln. Jeder wird in der Gruppe vorgestellt «ja, das ist ein *lautes* Geräusch» usw. Lassen Sie die Kinder die Sachen malen oder in ein Heft einzeichnen. Machen Sie das gleiche für leise Geräusche.

5. Stellen Sie mit den von den Kindern gesammelten Geräuschemachern einen Geräusche-Tisch zusammen.

6. Käuflich sind: *Lerne hören, lerne sprechen* (5), *Spiele mit Geräuschen* (5), *Spiele zur Hörschulung* (5), *Was hörst du?* (4), *Geräusche aus dem Alltag* (4), *Geräusche Lotto* (4), *Geräusch-Teppich* und *Geräusch-Iglus* (6). Literatur: W. Löscher: *Hör-Spiele*.

Farben

Beginnen Sie mit wenigen Hauptfarben.

Bei Zuordnungs- und Sortieraufgaben sollten die Farben eindeutig benannt werden, so daß das Konzept gelernt ist, wenn die Begriffe gelehrt werden (Reynell, 1977).

1. Sprechen Sie im Alltag über die Farben unterschiedlicher Gegenstände, mit denen das Kind gerade zu tun hat, oder was gerade in der Nähe ist, z.B. Kleidung, Essen, Farbstifte, Spielsachen, Bilder, Möbel, Seife.

2. Aufräumen: Bitten Sie das Kind, Sachen mit bestimmten Farben wegzuräumen, z.B. «den *roten* Bleistift», oder in die entsprechenden farbigen Schachteln zu ordnen.

3. Bitten Sie das Kind beim Turnen in unterschiedlich farbige Reifen auf den Boden zu springen.

4. Stellen Sie einen Hindernislauf mit Matten, Stühlen, Tischen, Bänken etc. zusammen, und legen Sie farbiges Papier auf jedes Hindernis. Geben Sie dem Kind Anweisungen, die ein Verstehen von Farben notwendig machen, z.B. «renne um den *blauen* Tisch. Steige auf den *roten* Tisch.»

5. Lassen Sie das Kind im Zimmer Gegenstände einer bestimmten Farbe sammeln, und helfen Sie, einen Collage-Tisch zusammenzustellen.

6. Verstecken: Ein Kind verläßt den Raum, während ein anderes einen Gegenstand verstecken soll, z.B. einen roten Baustein.

7. Verkleiden: Legen Sie einen Stapel Kleidungsstücke auf den Boden. Zwei Kinder wetteifern darin, die Sachen anzuziehen, die Sie beschrieben haben, z.B. einen blauen Handschuh.

8. Malen: Bitten Sie das Kind, ein rotes Bild zu malen.

9. Bitten Sie das Kind, gummierte Papierformen farblich zu sortieren, und helfen Sie ihm, eine Collage zu machen.

10. Bilderlotto: Suchen Sie Karten mit verschiedenfarbigen Dingen heraus. Jedes Kind hat eine Lottokarte und Sie die kleinen Kärtchen. Sie fragen, «hat jemand den *blauen* Sack?» etc.

11. Benutzen Sie mehrfarbige Konstruktionsspiele wie *Lego, Duplo, Bebe-Castor* (3), und geben Sie dem Kind Instruktionen, welche Stücke zusammenpassen.

12. Für viele Brettspiele muß man Farben kennen: *Tempo kleine Schnecke, Bunte Ballone, Quips, Colorama* (O. Maier), *Farbentürmchen* (1).

Körperteile

1. Beim Baden oder Anziehen des Kindes können Sie die verschiedenen Körperteile benennen, zuerst lernt es die Bezeichnungen der größeren, z.B. Arm, Bein, Hand.

2. Finden Sie gemeinsam im Spiegel die Körperteile des Kindes, und benennen Sie sie. Dann zeigen Sie auf die gleichen Teile Ihres Körpers «da ist deine Nase und hier ist meine».

3. Lenken Sie seine Aufmerksamkeit beim Einseifen oder Schaumblasen (nicht in Augen und Mund) auf die verschiedenen Körperteile, und benennen Sie sie.

4. Benennen Sie die Körperteile beim Turnen oder Spielen. Nehmen Sie beim Fangenspiel nur auf einen Körperteil Bezug, z.B. «jetzt fang' ich deinen Arm» (Derbyshire Language Programme).

5. Spielen Sie «verrücktes Verkleiden», indem Sie die Kleidungsstücke verkehrt anziehen, z.B. die Socken an die Hände. Fragen Sie das Kind, ob alles richtig ist, und wohin man das Stück eigentlich anziehen sollte. Sitzt das Stück am richtigen Körperteil, benennen Sie ihn.

Geben Sie dem Kind ein Kleidungsstück, z.B. eine Socke, und fordern Sie es auf, sie auf seinen Kopf zu legen, über die Hand zu ziehen etc.

6. Machen Sie gemeinsam Fingerfarbenabdrücke von Hand, Fuß, Knie, Ellbogen. Benennen Sie dabei jeden Körperteil.

7. Singen Sie Kinderlieder, in denen Körperteile gezeigt werden sollen. Schauen Sie, ob das Kind beim Singen die Handlungen ausführen kann («Zeigt her Eure Füße ...»).

8. Benennen Sie beim Spielen mit Puppen deren Körperteile z.B. «wasch der Puppe das Gesicht», «wasch der Puppe die Ohren» usw. (Derbyshire Language Programme).

9. Es gibt einige käufliche Körperteilspiele z.B. *Knopfpuzzle Hand* (1) oder *Körperschema-Domino, Gesichterpuzzle* (2), *Louis Legespiel* (6), *Hände Lotto* (5). Spielen Sie gemeinsam damit, benennen Sie die Teile, und zeigen Sie ihm die Beziehung zu seinem Körper. Lassen Sie sich unterschiedliche Körperteile beim Spiel zeigen.

10. Bitten Sie das Kind, bestimmte Handlungen im Zusammenhang mit Körperteilen auszuführen, z.B. vom Boden aufzustehen, ohne dabei die Hände zu benutzen.

11. Zeichnen Sie einen Jungen oder ein Mädchen, und lassen Sie das Kind bestimmte Teile anmalen.

12. Geben Sie dem Kind eine unvollständige Zeichnung eines Mädchen oder Jungen, und bitten Sie es, die fehlenden Körperteile dazuzumalen.

13. Zeichnen Sie eine Reihe von Jungen/Mädchen und lassen Sie jedesmal einen Körperteil weg. Bitten Sie das Kind z.B. «zeig mir das Mädchen *ohne Arm*».

14. Schauen Sie gemeinsam in den Spiegel, und finden Sie ähnliche Teile an sich, z.B. fast gleiche Augenfarbe oder ähnliche Haarlänge.

15. Sprechen Sie darüber, was Sie mit unterschiedlichen Körperteilen tun können.

16. Ältere Kinder fertigen eine Matrix an, die die Ähnlichkeiten der Kinder einer Gruppe zeigt. Ein Achse kann die Haarlänge sein, die andere die Augenfarbe.

z.B.

	lang	mittel	kurz
braun	Anna		Thomas
blau		Tim, Peter	
grün	Sarah	Katrin	David

17. Schauen Sie sich Tierbilder an, und überlegen Sie gemeinsam, welche Körperteile sowohl Menschen als auch Tiere haben und welche nicht. Vergleichen Sie die verschiedenen Begriffe, z.B. Hand und Pfote, Nase und Schnauze (Dowling, 1980).

Gefühle

1. Erzählen Sie Geschichten von glücklichen, traurigen oder aufgeregten Kindern. Beim Erzählen zeigen Sie dem Kind solche Gesichtsausdrücke auf Bildern z.B. «schau der Junge ist *glücklich*, er *lächelt*».

2. Ermutigen Sie das Kind, über besondere Ereignisse in der Schule oder zu Hause usw. zu sprechen, z.B. ein Geburtstagsfest. Fragen Sie die Kinder, wie sie sich dabei gefühlt haben und warum. Man kann für dieses Gespräch eine bestimmte Zeit ansetzen.

3. Basteln Sie ein Geschichtenbilderbuch eines Ereignisses, das das Kind besonders traurig oder glücklich gemacht hat. Lassen Sie es sein eigenes Gesicht malen.

4. Sammeln sie aus Illustrierten viele Bilder von Gesichtern und besonders solche, die klare Emotionen ausdrükken, z.B. ein Clownlachen, ein weinendes Baby, und sprechen Sie darüber, was ein Gesicht traurig oder fröhlich aussehen läßt. Fragen Sie, warum Menschen sich so fühlen.

5. Legen Sie einige der Bilder auf den Tisch, und fragen Sie eines der Kinder nach einem bestimmten Gesichtsausdruck, z.B. das ärgerliche Gesicht. Bitten Sie es, das Gefühl auch in seinem Gesicht auszudrücken.

6. Spielen Sie viele Spiele mit Bewegungen und Mimik. Benutzen Sie dabei Schminke, Masken, *Bühnen-Make-up* (2). Das hilft den Kindern, sich auszudrücken oder bestimmte Rollen in Geschichten zu spielen.

7. Legen Sie Gesichtsbilder mit unterschiedlicher Mimik vor, und spielen Sie ein Tonband mit Lachen, Weinen, Rufen usw. ab. Kann das Kind die Geräusche den Bildern zuordnen?

8. Stellen Sie Karten her mit verschiedenen Szenen und ein Set kleinerer Karten mit verschiedener Mimik. Schauen Sie, ob das Kind die Szenen den Gesichtsausdrücken zuordnen kann, z.B. ein glückliches Gesicht zu einer Geburtstagsfeier; ein trauriges Gesicht zu einem Autounfall.

9. Bitten Sie die Kinder verschiedene Gesichter zu malen oder Masken zu basteln, die Glück, Traurigkeit, Ärger zeigen.

10. Helfen Sie dem Kind ein eigenes Buch für Gefühle anzulegen. Erfinden Sie um die Bilder und Fotos Geschichten.

11. Für diese Spiele eignen sich auch fünf Abbildungen von Gesichtsausdrücken, die im *Heidelberger Sprachentwicklungstest* (Grimm und Schöler, 1991) enthalten sind, oder aber *Gesichtsausdrücke* (5).

12. *Hundert Gesichter* (5) ist ein Steckspiel, mit dem man die unterschiedlichensten Gesichtsausdrücke entwerfen kann.

Pronomen

Vor dem Einsatz von Pronomina betonen Sie erst den Namen des Kindes und die Gestik dazu, z.B. «*Hannes*, trag das Buch weg» und zeigen dabei auf Hannes. Dann fügen Sie das Pronomen hinzu, behalten aber noch den Namen bei, z.B. «Hannes, *Du* bringst das Buch weg» und deuten auf Hannes, wenn Sie *Du* sagen. Schalten Sie nach und nach die Hilfen aus, aber geben Sie weiter viele Beispiele und betonen die Pronomina in Ihrem Sprechen (Cole, 1982).

Personalpronomina

1. Stellen Sie im Alltag Fragen und geben Sie Anweisungen so, daß die Pronomina betont werden.

2. Lesen Sie dem Kind eine Geschichte eines kleinen Jungen oder Mädchens oder beider vor und betonen dabei die Pronomina, z.B. «Natalie ging zum Einkaufen und Klaus – *er* ging in den Park». Dann fragen Sie «wohin ging er?» und helfen dem Kind sich anhand von Bildern zu erinnern.

3. Tägliches Tagebuch: Die Ereignisse eines Tages in der Schule, im Kindergarten oder Zuhause können in einem Bildertagebuch z.B. Das leere Buch (5) oder durch ein paar Worte von der Erzieherin oder den Eltern notiert werden. Man kann eine bestimmte Zeit ansetzen, in der einige Kinder über ihr Tagebuch sprechen. Wiederholen Sie die neuen Pronomina des Kindes und befragen die Kinder «was hat Katrin am Wochenende gemacht?» «Sie ist in den Park gegangen.» «Und was hat sie noch gemacht?»

Legen auch Sie ein Tagebuch an, so daß Sie die Pronomina ich, wir, mein, unser etc. beispielartig zeigen können.

Possessivpronomina

1. Gebrauchen Sie während des Tages possessivpronominale Strukturen in Form von entsprechenden Substantiven und Gestik, die das Kind verstehen kann, z.B. «leg das in *seine* Schublade, in *Pauls* Schublade». Bei «seine» deuten Sie auf Paul.

2. Bitten Sie die Kinder, ihre Lieblingsspielsachen, -bücher und Fotos von den Familienmitgliedern und den Haustieren mitzubringen. Die Therapeutin kommentiert die verschiedenen Beiträge und gibt viele Beispiele von

Possessivpronomina, so «Peter hat einige Fotos von *seiner* Familie mitgebracht, das ist *sein* Papa, das ist *seine* Mama» usw. Zeigen Sie ein Foto von irgendeiner Mama und fragen, auf Peter deutend, «ist das *seine* Mama»?

3. Zeigen Sie den Kindern ein Bild mit einem Jungen oder einem Mädchen. Bitten Sie das Kind «zeig mir *seine* Nase, *seine* Beine oder *ihre* Haare, *ihre* Hände, *ihren*Ball usw. Dann nehmen Sie ein Bild eines Jungen und eines Mädchen mit ähnlichen Eigenheiten. Wenn Sie nun fragen, muß das Kind die Possessivpronomina kennen, um richtig zu antworten.

4. Spielen Sie Kaffeetrinken, und geben Sie Anweisungen, wie man das Geschirr und das Essen verteilt, z.B. «leg den Kuchen auf *meinen* Teller»; «gieße Tee in *deine* Tasse».

5. Geben Sie beim Aufräumen dem Kind Anweisungen mit Possessivpronomina «leg die Stifte auf *meinen* Schreibtisch»; «leg die Wasserfarben auf *deinen* Tisch».

6. Haben Sie ein Puppenhaus mit Möbeln, geben Sie dem Kind Anweisungen wie «stell das Bett in *mein* Zimmer». Das Kind muß natürlich wissen, daß ein Zimmer Ihres und eines seins ist (adaptiert nach einer Idee aus dem Derbyshire Language Programme).

Zeit

Bevor das Kind das Zeitkonzept begreifen kann, muß es verstehen lernen, daß Handlungen und Ereignisse in einer Reihenfolge geschehen (Cole, 1982). Geben Sie dem Kind Übungsmöglichkeiten und helfen Sie ihm, eine Abfolge mit Sequenzbildern nachzuvollziehen, z.B. waschen, frühstücken.

1. Bildergeschichten (z.B. *Kombiquart* – O. Maier): Sie können auch ihre eigene Bildergeschichte machen. Beginnen Sie mit einer einfachen Sequenz von zwei Karten, z.B. ein Baum, der auf dem 2. Bild gefällt ist; ein ganzes Butterbrot und ein angebissenes. Führen Sie dann eine Geschichte mit drei Bildern ein, und wenn das Kind Schwierigkeiten hat, zeigen Sie ihm das erste Bild.

Wenn das Kind verstehen kann, daß Handlungen oder Ereignisse zeitlich verbunden sind, ist es soweit, etwas über die Zeit zu lernen. Man hat bei Untersuchungen herausgefunden, daß die Vergangenheit vor der Zukunft gelernt wird (Cromer, 1974). Die folgenden Aktivitäten sind für alle Zeitformen einsetzbar.

2. Geben Sie dem Kind feste Abläufe, und sprechen Sie

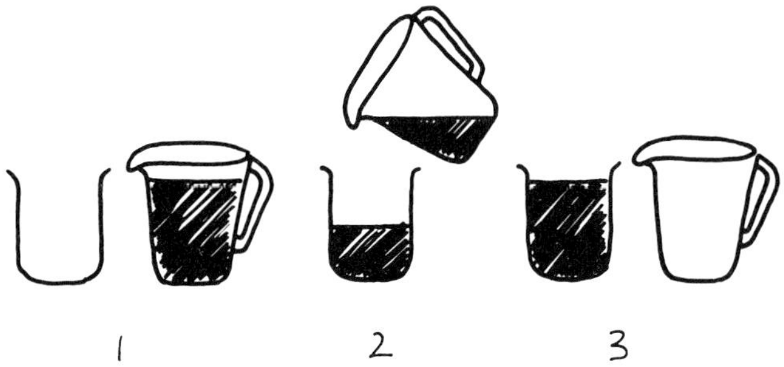

Ein Glas mit Wasser füllen

Ein Brot essen

darüber, was es gerade tut, was es getan hat, und was es noch tun wird.

3. Sprechen Sie während des Spiels über die Handlungen des Kindes, z.B. lassen Sie das Kind sich auf eine Kiste stellen, und fragen sie es «wirst du jetzt springen»? Wenn es dann springt «jetzt springst du». Dann fragen Sie es «was hast du gemacht? – Du bist gesprungen» (Berry, 1980).

4. Führen Sie mit dem Kind ein Tagebuch. Sprechen Sie täglich darüber, was es gestern gemacht hat, und was es morgen tun wird.

5. Lesen Sie dem Kind eine Geschichte vor, in der Zeit eine Rolle spielt. Fragen Sie «was hat der Junge gemacht?» «Was ist gestern passiert?» (Ältere Kinder mögen M. Ende: *Momo*, Thienemann Verlag.)

Das Sprachverständnis des älteren Kindes erweitern

Der Wortschatz vieler sprachentwicklungsverzögerter Kinder ist auch noch später begrenzt. Daher sollte jede Gelegenheit zur Erweiterung ihrer sprachlichen Erfahrungen genutzt werden. Einige der folgenden Aktivitäten basieren auf den Ideen des *Early Projects* von M. Dowling.

Die Familie

1. Bitten Sie die Kinder, Fotos ihrer Familie mitzubringen. Sprechen Sie über die Berufe der Eltern. Vergleichen

Sie deren Alter, Größe, Haarfarben usw. und überlegen Sie gemeinsam, ob und wie sich Familienmitglieder ähnlich sehen. Zeigen Sie auch Bilder Ihrer eigenen Familie.

2. Basteln Sie gemeinsam ein Bilderbuch (*Das leere Buch* (5) mit Zeichnungen ihrer Familien.

3. Zeigen Sie den Kindern, wie man einen Familienstammbaum anlegt.

Berufe

1. Sprechen Sie über verschiedene Berufe, möglicherweise finden Sie eine Beziehung zu den Familien der Kinder. Finden Sie heraus, welchen Beruf die Kinder später ergreifen wollen. Fragen Sie, welche Berufe sie interessant, aufregend, langweilig usw. finden, und sprechen Sie darüber, wie sie zu dieser Ansicht kamen. Die Materialien vom *Berufe-Memory*, *Berufe-Quartett* (2), *Wer braucht was?* (6) können als Anregung dienen.

2. Wählen Sie einen Beruf aus, den Sie genauer kennenlernen möchten, z.B. Briefträger.

a) Arrangieren Sie einen Besuch im Postamt und falls möglich an der Sortierstelle, um herauszufinden, was ein Briefträger macht.
b) Sprechen Sie über die Uniform des Briefträgers, die die Kinder zeichnen oder ausmalen können.
c) Für ein Rollenspiel wird eine *Post* mit Briefkästen, Schalter (4) und Briefmarken eingerichtet. Die Kinder können ihre eigenen Briefmarken entwerfen. Weniger aufwendig sind *Postspiele* (4) oder eine *Postgarnitur* (2).
d) Besuchen Sie ein Museum, um etwas über die Geschichte der Post zu erfahren. Sprechen Sie darüber, was sich in all den Jahren verändert hat.

Nahrungsmittel

Unterhalten Sie sich über eine Gruppe von Lebensmitteln ausführlicher, z.B. Gemüse:

1. Sammeln Sie gemeinsam Gemüse. Sprechen Sie über seine Farbe, wie sich die Oberfläche anfühlt, seinen Geruch, und wie es schmeckt.

2. Lassen Sie das Kind das ganze Gemüse malen, auch seine Innenseite und seine Oberfläche.

3. Nehmen Sie die Kinder zum Gemüseeinkauf z.B. auf den Markt mit.

4. Versuchen Sie Gemüse zu ziehen, möglichst schnellwachsendes, so daß das Interesse des Kindes erhalten bleibt.

5. Zeigen Sie den Kindern das Gemüse in den verschiedenen Wachstumsstadien, so können sie es malen und einen Bilderbericht über seine Entwicklung anfertigen.

6. Kochen Sie das Gemüse zu einem Essen, für das die Kinder das Rezept herausschreiben.

7. Fertigen Sie eine Matrix mit den Achsen Farbe, Größe, Geschmack oder Beschaffenheit an.

8. Basteln Sie aus Knet o.ä. Gemüse für den Kaufladen.

(In manchen Fabriken ist es möglich, daß Kinder dem Fertigungsprozeß zuschauen dürfen. Arrangieren Sie einen Besuch dort.)

9. Material z.B. *Schubi Magnethaftbild Nahrungsmittel* (5)

Bekleidung

1. Sprechen Sie in der Gruppe darüber, welche Kleidung Menschen tragen. Fragen Sie die Kinder, welche Art Bekleidung für die verschiedenen Jahreszeiten passen.

2. Sprechen Sie über die Kleidung von Kindern aus unterschiedlichen Ländern. Sammeln Sie zur Anregung Bilder und Puppen mit Trachten.

3. Schauen Sie sich verschiedene Stoffe an. Überlegen Sie sich, wie sie gemacht sind, und wann man sie benutzt. Nehmen Sie die Stoffe für Farb- und Strukturcollagen.

4. Lassen Sie die Kinder sich ihr eigenes Fantasiekostüm entwerfen.

5. Sprechen Sie über die Mode der vergangenen Zeiten und zeigen Sie den Kindern Fotos aus ihrer Kindheit, auf denen sie die Mode sehen können. Das kann sehr lustig und interessant sein.

6. Beenden Sie das Thema mit einer Modeschau.

Tiere

1. Bitten Sie die Kinder, Bilder von ihren Tieren mitzubringen und den anderen zu erzählen, wie sie sie versorgen.

2. Besuchen Sie Bauernhöfe und Zoos. Die Kinder können Bilder von den Tieren malen, die sie gesehen haben. Sprechen Sie über die Länder, aus denen die Tiere kommen.

3. Sprechen Sie darüber, was die Tiere essen und über ihr unterschiedliches Aussehen.

4. Helfen Sie den Kindern, die Tiere in Gruppen einzuteilen, z.B. in Fleischfresser, in gestreifte, in Afrika lebende usw.

Andere Themen sind das Wetter, die Jahreszeiten, Feste, fremde Länder, Hobbies, Sport oder aktuelle Ereignisse. Sprechen Sie darüber, wie ein Thema ein anderes nach sich ziehen kann, z.B. ein Gespräch über Kleidung kann zu den verschiedenen Materialien, Wolle und Leder, führen und von da zu den Tieren und zu ihrem Verhältnis zum Menschen. Obgleich es wichtig ist, daß Kinder lernen, bei einer Sache zu bleiben und sich intensiv damit zu beschäftigen, ist auch Flexibilität wichtig, um aufzuzeigen, wie Ereignisse miteinander verbunden sind. Wenn die Kinder verwandte Themen anschneiden, nehmen Sie sie zur Kenntnis, aber verschieben eine längere Diskussion darüber auf einen anderen Tag. Haben Sie das Gespräch allerdings versprochen, halten Sie sich auch daran.

Kapitel 5
Der Erwerb der expressiven Sprache

Aktivitäten zur Anbahnung der expressiven Sprache

Kapitel 5
Der Erwerb der expressiven Sprache

Einführung

Im vorliegenden Kapitel soll beschrieben werden, auf welche Weise Kinder mit einer normalen Sprachentwicklung sprechen lernen. Dabei geht es weder um eine Darstellung der zu diesem Thema (im Deutschen nicht) reichlich vorhandenen Literatur, noch um eine umfassende Zusammenfassung des gegenwärtigen Forschungsstandes. Wir wollen vielmehr eine Art Grundmuster zeigen, wie sich die kindliche Sprache zeitlich entwickelt.

Man geht im allgemeinen davon aus, daß das Sprachverständnis der Sprachproduktion vorausgeht (Zollinger, 1987). Das mag als Faustregel durchaus seine Berechtigung haben, der Prozeß könnte jedoch auch viel komplizierter ablaufen, als wir es uns gegenwärtig vorstellen. Einige Wissenschaftler sind der Meinung, daß das Sprachverständnis nur wenig schneller ist als die Sprachproduktion, während andere sogar glauben, daß die Sprachproduktion den Sprachverständnisprozeß beeinflußt, indem sie dem Kind dabei hilft, seine sprachlichen Hypothesen zu bestätigen oder zu verwerfen. Was auch immer richtig sein mag, fest steht, daß sich Sprachverständnis und Sprachproduktion gemeinsam entwickeln und daher auch gemeinsam betrachtet werden müssen. Die Aufteilung dieses Themenbereichs in zwei Kapitel erfolgte aus rein praktischen Gründen und sollte keineswegs als Hinweis auf eine getrennt verlaufende Entwicklung verstanden werden.

Die meisten der in diesem Kapitel aufgeführten Aktivitäten gehen von einem bereits bestehenden Sprachverständnis für den jeweiligen Bereich aus. Aktivitäten für das Sprachverständnis finden Sie im vorhergehenden Kapitel.

Untersuchung

Für die Beurteilung der Sprache gibt es nur wenige formelle, standardisierte Tests mit Altersangaben, um die Sprache der Kinder mit der jeweiligen Altersgruppe vergleichen zu können.

Standardisierte Tests sind z.B.:

- *Heidelberger Sprachentwicklungstest* (Grimm/Schöler).
- *Psycholinguistischer Entwicklungstest* (Angermaier)
- *Aktiver Wortschatztest für 3- bis 6jährige Kinder (AWST)* (Kiese/Kozielski)
- *Wortschatztest für Schulanfänger (WSS1)* (Kamratowski)
- *Peabody Picture Vocabulary Test* in: Testbatterie für geistig behinderte Kinder (Bondy et al.)

Die Vor- und Nachteile dieser und anderer Tests können hier nicht diskutiert werden. Fest steht, daß die Aussage aller formellen Tests eingeschränkt ist und durch eine gute Spontansprachbeobachtung und allgemeine Beurteilung des Kindes gestützt werden muß. Zusätzlich stehen informelle Prüflisten und Sprachtabellen zur Verfügung, wie beispielsweise in Wurst (1973), *Anni und Toni*, ein Sprachprüfsystem (Meixner) oder das *Ulmer Diagnostikum zur Analyse von Sprachbehinderung* von Holz (1985), die man bei der Beurteilung früher Sprache einsetzen kann.

Auch ein Spontansprachprotokoll kann aufgenommen und analysiert werden, indem man ein linguistisches Baumgramm oder eines der veröffentlichten Verfahren anwendet. Zum letzteren zählt die *Profilanalyse* (Clahsen, 1986), die sich mit den syntaktischen Strukturen beschäftigt (englisch: LARSP von Crystal).

Einen wesentlichen Anteil an einer aussagekräftigen Beurteilung der sprachlichen Ausdrucksfähigkeit und der kommunikativen Kompetenz des Kindes hat dessen genaue Beobachtung in der jeweiligen persönlichen Umgebung mitsamt den Aussagen von Familienangehörigen und Erzieherinnen.

Die Funktionen der Sprache

Die Sprache hat viele Funktionen, die das Kind in seinen ersten Lebensjahren auszudrücken lernt. Schon das neugeborene Baby bemerkt bald, daß es seine Umgebung beeinflussen kann, indem es Laute von sich gibt, lächelt und sich bewegt. Im weiteren Verlauf entwickelt es durch Gesten, Handlungen und Sprache eine noch wirkungsvollere Ausdrucksfähigkeit.

Halliday (1973) unterscheidet zwischen der pragmatischen Funktion, die sich auf die Verwendung der Sprache zur Kommunikation bezieht, und der mathetischen Funktion, durch die das Kind sprachlich die Umwelt erforscht und dabei Erfahrungen sammelt. Bei sehr kleinen Kindern werden diese unterschiedlichen Funktionen durch die jeweils gleichen Äußerungen ausgedrückt, doch im Verlauf der weiteren sprachlichen Entwicklung lernen sie neue Möglichkeiten, um diese auch sprachlich zu unterscheiden.

Nach Bloom und Lahey (1978) kann man jede Äußerung aus vier Blickwinkeln heraus untersuchen:

1. Die propositionale Bedeutung	d.h. der Inhalt der Äußerung.
2. Der lokutive Akt	d.h. der Sprechakt.
3. Der illokutive Akt	d.h. die Absicht des Sprechers.
4. Der perlokutive Akt	d.h. der Eindruck auf den Zuhörer.

Die Punkte 1 und 2 werden in diesem Kapitel an anderer Stelle beschrieben. Punkt 3 steht in Zusammenhang mit den Sprachfunktionen und Punkt 4 bezieht sich darauf, wie der Sprecher seine Sprache an den jeweiligen Zuhörer, die jeweilige Situation und den jeweiligen Zusammenhang anpaßt.

Typologie der Sprechakte

Es gibt verschiedene Sprechakte, die unterschiedlichste Funktionen haben. Beispielsweise folgende:

1. Fragen stellen
2. Behauptungen aufstellen
3. informieren
4. Gegenstände und Handlungen fordern bzw. verweigern
5. befehlen und vorschlagen
6. Probleme lösen
7. Ereignisse beschreiben
8. Konzepte entwickeln
9. drohen oder versprechen
10. Äußerungen zur Aufrechterhaltung von Dialogen.

Zwischen den Formen des Sprechaktes und bestimmten syntaktischen Strukturen gibt es keine genauen Entsprechungen. So kann dieselbe Forderung z.B. in einer Frageform «Kann ich einen Keks haben?», in einer Aussage wie «Ich habe Hunger!» oder einer Bitte wie «Mach mir was zu essen!» ausgedrückt werden.

In diesem Zusammenhang ist es wichtig, einem sprachentwicklungsverzögerten Kind die Möglichkeit zu bieten, all die verschiedenen Sprechakte je nach Entwicklungsstand auszudrücken.

Kommunikation

Das Kind muß sowohl die Regeln für die Einleitung und Aufrechterhaltung eines Gesprächs lernen, als auch dafür, wie es seine Aussagen an die jeweilige Situation und an den jeweiligen Zuhörer anpassen kann.

Die Einleitung eines Gesprächs

Bis zum Alter von 2 bis 2½ Jahren neigen Kinder dazu, sich an ihren Gesprächspartner zu wenden, ohne vorher dessen Aufmerksamkeit auf sich zu lenken. Die bald Dreijährigen sagen zwar vor Sprechbeginn den Namen der angesprochenen Person (Bloom, 1978), doch warten sie dann nicht deren volle Aufmerksamkeit ab.

Die Aufrechterhaltung eines Gesprächs

Eine der grundsätzlichen Regeln für die Aufrechterhaltung eines Gesprächs ist der Rednerwechsel (turn-taking). Schon vor Sprechbeginn erwirbt das Kind darin eine gewisse Geschicklichkeit, indem es sich schon als kleines Baby am wechselseitigen Lächeln und ähnlichen Spielen beteiligt *(s. Kap. 1)*.

Ein weiterer Eckpfeiler eines zufriedenstellenden Gesprächs ist die Einigung auf ein gemeinsames Gesprächsthema. Das zweijährige Kind hat nur eine kurze Gedächtnis- und Konzentrationsspanne und neigt von daher zu einem häufigen Wechsel der Gesprächsthemen. Im Alter zwischen zwei und drei Jahren nimmt die Fähigkeit der Kinder zu, bei einem Gesprächsthema zu bleiben, auch wenn es selten mehr als zwei sprachliche Reaktionen umfaßt (Cole, 1982). Die Antwort des Kindes bezieht sich normalerweise auf eine vorausgegangene Äußerung einer erwachsenen Person und enthält entweder eine alternative oder eine zusätzliche Information. Möglicherweise durchläuft das Kind auch eine Phase, in der Wiederholungen normal sind.

Mit drei Jahren beginnt das Kind, in seinen Antworten die Äußerungen der Erwachsenen sowohl in der Syntax als auch im Inhalt zu reflektieren, was den Gesprächsfluß beschleunigt und Mißverständnisse weniger wahrscheinlich macht (Bloom und Lahey, 1978). Eine Untersuchung von Gesprächsmustern durch Umiker-Sebeck (1979) ergab, daß es Dreijährigen häufig nicht gelingt, die Aufmerksamkeit des Partners zu gewinnen, und daß sie häufig monologisieren, ohne Reaktionen zu erwarten. Vier- bis fünfjährige Kinder dagegen unterhalten sich eher mit jemandem und geben ihren Gesprächspartnern Gelegenheit, auf das Gesagte zu reagieren und den Gesprächsstoff zu erörtern.

Das gezielte Eingehen auf den Gesprächspartner

Nach de Villiers und de Villiers (1978) sind vier unterschiedliche Fähigkeiten nötig, um das zu Vermittelnde den Erfordernissen des jeweiligen Gesprächspartners und der jeweiligen Situation anzupassen:

1. Ausreichende Kenntnisse der Grammatik und des Wortschatzes, um zwischen verschiedenen Sprachformen auswählen zu können.
2. Die Erkenntnis, daß verschiedene Gesprächspartner ein unterschiedliches Maß an Informationen benötigen.
3. Das Wissen um Höflichkeitsformen.
4. Das Wissen, bei welchen Gesprächspartnern welche Höflichkeitsform angewandt werden muß.

Kinder im Alter zwischen zwei und drei Jahren beherrschen diese Fähigkeiten noch nicht und neigen dazu, über Dinge zu sprechen, die für den Gesprächspartner oftmals nicht offensichtlich sind (Bloom, 1978). Auch sprechen sie alle Gesprächspartner in der gleichen Weise an. Erwachsene halten kleine Kinder wegen dieser geringen kommunikativen Fähigkeiten manchmal für «schlecht erzogen», da ihnen nicht klar zu sein scheint, daß man das Eingehen auf Gesprächspartner richtig erlernen muß. Es gibt jedoch auch viele Hinweise dafür, daß sich kleine Kinder trotz ihres Egozentrismus bis zu einem gewissen Grad in andere Menschen hineinversetzen können (Piaget, 1929). So verändern Kinder gehörloser Eltern ihre Sprechweise je nachdem, ob ihre Gesprächspartner gehörlos sind oder nicht (Schiff, 1976). Drei- bis vierjährige Kinder verwenden im Gespräch mit blinden Gesprächspartnern eine mehr beschreibende Sprache als mit Sehenden, und Vierjährige benutzen im Gespräch mit Zweijährigen Elemente des «motherese», nicht jedoch, wenn sie sich mit Gleichaltrigen oder Erwachsenen unterhalten (Shatz und Gelman, 1973) (*s. in Kap. 4 die Beschreibung des elterlichen Inputs*).

Der intellektuelle Gebrauch der Sprache

Eine der Hauptfunktionen der Sprache ist ihr intellektueller Gebrauch. Wir benützen die Sprache, um unser Denken zu strukturieren. Die Beziehung zwischen Sprache und Denken gestaltet sich sehr kompliziert, ist aber auch sehr faszinierend und Gegenstand zahlreicher Forschungen und Veröffentlichungen (z.B. Wygotski, 1977). Daher werden wir uns hier nicht mit diesem Thema auseinandersetzen.

Das kleine Kind kann an es gerichtete Äußerungen noch nicht in seine Aktivitäten integrieren. Es kann z.B. noch nicht zur gleichen Zeit einen Bauklotzturm bauen und dabei auf die Anweisungen der Therapeutin hören (Reynell, 1980).

Im Alter zwischen 2 und 2½ Jahren beginnt das Kind die Sprache auf seine Handlungen zu beziehen und kann von daher Handlungsanweisungen folgen. Mit 3½ Jahren steuert es sich selbst, indem es etwa laut sagt «Das kommt dahin!» Mit 4½ bis fünf Jahren beginnt das Kind, «leise» zu denken, da die Sprache jetzt internalisiert ist. Die Verbindung zwischen Sprache und Handlung ist hergestellt. Das Kind beginnt nun, vorauszuplanen, d.h. im voraus eine Reihe aufeinanderfolgender Ereignisse bis hin zu deren Ausgang zu durchdenken, anstatt, wie bisher, auf der Basis von Versuch und Irrtum vorzugehen (*s. Stufen der Aufmerksamkeit, Kap. 2*).

Die Sprachbedeutungen

Aus praktischen Gründen teilen wir die Semantik in die Bereiche Wortbedeutungen und Satzbedeutungen auf.

Wortbedeutungen

Wörter stehen für Objekte, Personen, Handlungen, Ereignisse, Ideen usw. Um Sprache effektiv gebrauchen zu können, muß das Kind lernen, welche Wörter wofür benutzt werden. Kinder verfügen aufgrund ihrer sensomotorischen Erfahrungen schon über ein hohes Maß an in Kategorien eingeteiltes Wissen, bevor sich ihr Sprechen entwickelt (Clark, 1974). So wissen sie z.B., daß manche Dinge sich von selbst bewegen, während andere bewegt werden müssen, und daß einige Dinge Geräusche machen, andere nicht. Das Kind versteht und produziert Wörter anfangs nicht so wie Erwachsene. Es stellt Hypothesen über ein neues Wort auf, die auf dem Kontext basieren, in dem es das Wort hört. Das kann, muß aber nicht mit der vollen Bedeutung übereinstimmen. Seine Hypothesen sind beispielsweise,

1. daß das Wort eine breitere Bedeutung hat als für Erwachsene. Hört das Kind z.B. «Hund», stellt es sich bei diesem Wort alle vierbeinigen Tiere mit einem Fell vor. Es übergeneralisiert das Wort und nimmt Schafe, Katzen, Bären etc. dazu;

2. daß das Wort eine engere Bedeutung hat als für Erwachsene, das Kind benutzt z.B. das Wort ‹Hund› nur für den des Nachbarn. Es überdiskriminiert den Begriff;

3. daß das Wort eine andere Bedeutung hat als für Erwachsene. Wenn das Kind beispielsweise das Wort Hund hört, während es einen Hundenapf anschaut, bezieht es deswegen das Wort Hund auf Freßnäpfe und Geschirr;

4. daß das Wort die gleiche Bedeutung hat wie für Erwachsene.

Bis zum Alter von 2½ Jahren sind Übergeneralisierungen sehr häufig. Nach Clark (1974) engt das Kind erst dann allmählich die mögliche Auswahl an Objekten ein, die mit ein- und demselben Wort bezeichnet werden. Diese Einengung steht in direktem Verhältnis zur Erweiterung seines Wortschatzes und der Wahrnehmung der wesentlichen Unterschiede zwischen Objekten. Um seine Hypothesen zu bestätigen oder zu verwerfen, benötigt es das Feedback von Erwachsenen (Brown, 1973). Auch ist es möglich, daß das Kind aufgrund seines eingeschränkten Wortschatzes das Wort Hund für eine gewisse Zeit auf alle Tiere anwendet, obwohl es *versteht*, daß sie unterschiedlich sind (Thompson und Chapman, 1975).

Zwei- bis dreijährige Kinder erlernen erst einmal Wörter der mittleren Ebene (vgl. Rosch, 1973), beispielsweise den Begriff ‹Hund›. Im Alter von 4 bis 5 Jahren eignen sie sich übergeordnete Begriffe, wie ‹Tiere› und spezifizierende Begriffe wie ‹Pudel› an. Die bewußte Wahrnehmung von Größe entwickelt sich nach einem ähnlichem Muster, d.h. die Kinder benutzen anfangs die allgemeinen Begriffe ‹groß› und ‹klein›, und erst im weiteren Verlauf ihrer kognitiven und sprachlichen Entwicklung erlernen sie die spezifischeren Begriffe und zwar im allgemeinen in folgender Reihenfolge: lang–kurz; breit–schmal; dick–dünn (de Villiers und de Villiers, 1978).

Satzbedeutungen

Kinder sprechen meist darüber, was sie gerade tun, was sie tun werden, was sie zu tun versuchen, oder was andere Menschen tun sollten (Bloom, und Lahey, 1978). Ihr Sprechen dreht sich also um Handlungen, und auf welche Weise Objekte Handlungen beeinflussen bzw. von ihnen beeinflußt werden.

Die ersten Regeln für Satzkonstruktionen scheinen auf Wörtern zu basieren, die semantische Rollen übernehmen, wie Handlungsträger, Handlung und Objekt, und nicht auf syntaktischen Bestandteilen des Satzes (wie Subjekt, Verb und Prädikat), die erst viel später erlernt werden. Kleine Kinder drücken sich mit Hilfe eines eingeschränkten Repertoires an semantischen Relationen aus, die auf Konzepten aus der sensomotorischen Phase beruhen (Bloom, 1973). Folgende semantische Konzepte lassen sich charakterisieren (Szagun, 1986):

1. Existenz – «da Ball»; Nichtexistenz – «fort»;
wieder Vorhandensein – «mehr Milch».

2. Handlung und Handlungsträger – «Baby weint».

3. Objekt und Handlung – «Musik haben», «das mach».

4. Besitzer und Besitz – «Dani Tasse», «Mones Puppe».

5. Objekt und Lokalisation – «Kiste» als Antwort auf die Frage «Wo ist der Teddy?», «rein Stuhl».

6. Attribution – «Schaukel putt», «großer Fisch».

7. Weitere Kategorien, die jedoch nur selten vor einer

Mittleren Äußerungslänge* (MLU) von 2,5 auftreten: Instrumental – «schlagen» (mit Hammer); Wunsch/Aufforderung – «Will Park gehen», «Maxe auch»; Empfänger – «Mama Seife geben».

Die Beziehungen, die mit Handlungen verknüpft werden, übertreffen bald die anderen Kategorien an relativer Häufigkeit, obwohl sie erst nach den Äußerungen der Existenz auftreten. Die anfänglich benutzten Verben sind meist sehr allgemeiner Art und können auf unterschiedlichste Weise verwendet werden, wie z.B. machen, legen/stellen und gehen (Bloom, 1978).

Die Handlungen mit Lokalergänzung beziehen sich auf ein Objekt, das sich zu einem Ort hinbewegt und werden normalerweise vor der Beziehung ‹Objekt und Lokalisation› ausgedrückt, die sich auf unbewegliche Objekte bezieht.

Diese semantischen Kategorien sind aus der Sicht des Kindes heraus schon frühzeitig eng definiert (Brown, 1973). So ist z.B. der Träger einer Handlung fast immer etwas Lebendiges, während das Objekt einer Handlung immer unbelebt ist. Ein englischer Dreijähriger würde beispielsweise eher sagen «man hit bus» als «bus hit man» (Cole, 1982). Bei der Zuordnung von Besitz bezieht sich das kleine Kind zuerst auf nicht fest zur Person gehörende Besitztümer, z.B. «Mummy bag», bevor es sich auf das bezieht, was fest zu der Person gehört, wie «Mummy nose». Kleine Kinder unterscheiden nur selten zwischen einer Besitzangabe und einer Attribution, d.h. sie verwenden sowohl «red sock» als auch «baby bottle» als Bestandteile der Benennung und nicht, um sie von «blue sock» oder «Mummy bottle» zu unterscheiden (Bloom, 1978).

Die Entwicklung der Sprachstrukturen

Die ersten Wörter (9 bis 18 Monate)

Im Alter von etwa 12 Monaten äußert das Kind die ersten konstanten und erkennbaren Wörter, wobei der als normal zu betrachtende Zeitraum zwischen 9 und 18 Monaten variieren kann. Sie können in lange, jargonähnliche Lautmuster eingebettet sein. Manchmal tritt nach dem ersten oder zweiten sinnvollen Wort zunächst einmal ein Stillstand ein, auf den erst später der Wortschatz wieder allmählich zunimmt, besonders stark ab 18 Monaten (Rutter und Martin, 1972). Mit zwei Jahren benutzt das Kind ungefähr 200 Wörter und versteht mehrere hundert Wörter, wobei es auch hier wieder zu deutlichen Abweichungen innerhalb der noch als normal zu betrachtenden Entwicklung kommen kann.

Die ersten Wörter können für das Kind eine einzige Bedeutung haben. So kann es z.B. vorkommen, daß es unter dem Begriff ‹Mami› zunächst eine Möglichkeit versteht, jemanden dazu zu bewegen, es anzulächeln und mit ihm zu spielen, bevor ihm bewußt wird, daß das Wort für eine bestimmte Person steht (Grieve und Hoogenraad, 1979). Die ersten Wörter sind vor allem ein Mittel, um Interaktionen zu starten und aufrechtzuerhalten, und stellen weniger eine symbolische Repräsentation von Objekten und Personen dar. Beispiele dafür sind sowohl Grußworte wie ‹hallo› und ‹tschüs› als auch die Bezeichnungen für Gegenstände.

Dieser erste Gebrauch von Wörtern ist zu unterscheiden von den ersten verbalen Bezeichnungen, die im Alter von etwa 18 bis 21 Monaten auftreten und im allgemeinen den späteren Stadien der Symbolentwicklung vorausgehen. Das Kind benutzt diese ersten verbalen Bezeichnungen meist für ihm vertraute Objekte seiner Umgebung: Personen, Lebensmittel, Spielsachen und Haushaltsgegenstände, die in seinem Alltag einen Rolle spielen (Reynell, 1980). Es handelt sich dabei um Wörter mit einem klaren Bezug. Wörter ohne greifbaren Bezug, wie z.B. ‹gestern›, werden erst viel später gelernt (de Villiers und de Villiers, 1978). Im Deutschen gehören Verbpartikel wie ab, auf, rein u.ä. zu den ersten Wörtern.

Die ersten Wörter sind meist sehr kontextgebunden, d.h. das Kind benutzt das Wort Tasse nur für die von ihm während der Mahlzeiten benutzte Tasse und nicht für andere Tassen bzw. die eigene Tasse in anderen Situationen. Später wird das Wort flexibler benutzt, und es kommt häufig zu Übergeneralisierungen (*s. auch Kap. 1*).

Viele der frühen Wortbezeichnungen sind Substantive, was jedoch nicht immer bedeutet, daß das Kind lediglich ein Objekt benennt. Es bezieht sich auf dessen Rolle als Träger oder Objekt einer Handlung oder auf eine Handlung, die damit in Verbindung steht (Greenfield und Smith, 1976). Verben werden seltener benutzt, ihr Gebrauch nimmt jedoch während der Zweiwortphase deutlich zu.

* Die durchschnittliche Äußerungslänge (engl. mean length of utterance (MLU)) entspricht entweder der durchschnittlichen Anzahl von Wörtern oder von Morphemen pro Äußerung.

Einwortäußerungen

Man nimmt an, daß viele Einwortäußerungen eine propositionale Bedeutung haben, daß das Kind also damit nicht nur einfach Objekte benennt. Anders (1980) untersuchte die Funktionen von Einwortsätzen und fand allein 14 unterschiedliche Bedeutungen (Holtz, 1989). Früher benutzte man den Begriff ‹Holophrase› für dieses Phänomen. Heute wird dieser Begriff jedoch als überholt angesehen, da man nach Meinung zahlreicher Wissenschaftler nicht von einem syntaktischen Wissen des Kindes ausgehen kann. Die Einwortäußerung repräsentiert viele unterschiedliche Funktionen, so kann das Wort «Mantel» bedeuten «Bitte zieh mir den Mantel an/aus», «Wo ist mein Mantel?» oder «Ich möchte raus gehen» u. v. m. Wenn das Kind z. B. «Mama» sagt und auf ein Spielzeug deutet, das es haben möchte, macht es von Kontext, Gesten und Intonation Gebrauch, um den Inhalt und die Absicht seiner Äußerung zu spezifizieren (Dore, 1974). Um die Botschaft des Kindes zu verstehen, muß die Therapeutin ebenso vorgehen.

Die beiden Hauptfunktionen der Einwortäußerungen sind:

1. die Äußerung von Bedürfnissen; das umfaßt das Fordern von Gegenständen, Handlungen, Aufmerksamkeit und Interaktion;
2. Bezugnahme auf etwas: durch Benennen und Gestik auf etwas in der Umgebung aufmerksam machen, z. B. durch «schau» und «da!» (Griffith, 1979).

Griffith ist der Ansicht, daß fast alle kindlichen Einwortäußerungen in diese Kategorien fallen und weitere Unterteilungen, wie sie von anderen Wissenschaftlern vorgenommen werden, daher nicht nötig seien.

Vom Einzelwort zur Zweiwortäußerung

Während der ersten Hälfte der Einwortphase besteht jeder verbale kommunikative Akt aus genau einem Wort. In der zweiten Hälfte können mehrere unterschiedliche Einwortäußerungen hintereinander auftreten. Es handelt sich dabei immer noch um Einwortäußerungen, da sie die gleiche Betonung haben und lediglich durch die Art der Intonation und durch Pausen voneinander getrennt werden. Sie beziehen sich jedoch alle auf dasselbe Ereignis und drehen sich um einen einzigen kommunikativen Akt, wie z. B. «Tommy. Milch. Schmutzig» (womit gemeint ist, daß Tommy seine Milch umgeschüttet hat).

Kinder kombinieren häufig zwei Wörter zu einem feststehenden Ausdruck wie z. B. «willrunter» oder «getich» (geht nicht) und benutzen diese wie Einzelwörter. Die jeweiligen Einzelwörter werden noch nicht in anderen Zusammenhängen wie «Treppe runter» oder «geht jetzt» benutzt. Das setzt sich bis in die Zweiwortphase fort mit Äußerungen wie z. B. «ab getich» (geht nicht ab). Vor dem Eintritt der echten Zweiwortphase kombiniert das Kind möglicherweise ein richtiges Wort mit einer bedeutungslosen Lautfolge, wie z. B. «dodo-wauwau», wodurch eine syntaxähnliche Struktur entsteht, ohne daß das Kind zwei bedeutungsvolle Items verarbeiten muß.

Die Zweiwortäußerung (18 bis 30 Monate)

Im Alter von etwa 18 Monaten treten echte Zweiwortäußerungen auf. Sie unterscheiden sich von den aufeinanderfolgenden Einwortäußerungen insofern, daß sie von der Intonation her miteinander verknüpft sind. Sie haben die gleichen Funktionen, d. h. sie drücken vor allem Bedürfnisse und Referenzen aus, wobei Feststellungen und besitzanzeigende Wörter zunehmen.

Die ersten Zweiwort-Kombinationen bestehen aus einem relationalen Wort, wie z. B. ‹mehr› und einer Bezeichnung wie ‹Keks›, die durch die Wortstellung in einem Bezug zueinander stehen. Braine (1963) bezeichnete dies als Pivot-Grammatik. Er meinte, daß das Kind über zwei Klassen von Wörtern verfüge: über eine kleine Anzahl von Pivot-Wörtern (z. B. ‹weg›), die immer in einer festgelegten Position zusammen mit einem der größeren Klasse der ‹offenen Wörter› zugehörigen Wort auftreten (z. B. ‹Teddy› oder ‹Milch›) (Hörmann, 1975). Doch gilt diese Ansicht heute als unzulässige Vereinfachung des Vorgehens, das Kinder beim Hervorbringen neuer Äußerungen anwenden. Bloom bezeichnet diese Satzarten, die keine neuen Bedeutungen schaffen, als pivotale Kombinationen. Spätere Kombinationen, von Bloom hierarchische Kombinationen genannt, beinhalten dagegen eine neue Bedeutung: z. B. «Mama Baby» drückt eine neue Beziehung zwischen der Mama und dem Baby aus, die keinem der beiden einzelnen Wörter zu eigen ist.

Reynell ist der Ansicht, daß das Kind im Alter von 2 bis 2½ Jahren zwei Wörter assimilieren und kombinieren kann, wobei die Substantive meist Objekte und Aktionen repräsentieren, wie z. B. «Papa Auto». Wenn das Kind dann 2½ Jahre alt ist, beinhalten seine Zweiwortäußerungen auch Substantiv-Verb-Kombinationen, die komplexer sind (z. B. «Papa waschen»), da Verben sowohl eine Handlung und einen Handlungsträger, als auch manchmal ein Objekt, mit dem etwas gemacht wird, beinhalten (Reynell, 1980).

Kinder haben eine gute Auffassungsgabe für die Wortstellung. Forschungen im englischen Sprachbereich ergaben, daß hierbei selten Fehler auftreten. Wenn man z.B. einem 2½ Jährigen ein Bild von einem Mann zeigt, der eine Frau trägt, würde es sagen: «man carry», «carry lady» oder «man lady», aber nicht «carry man» oder «lady man» (de Villiers und de Villiers, 1878).

Bloom (1970) ist der Auffassung, daß ein Kind, das die Beziehungen Handlungsträger – Handlung (wie z.B. «Mama waschen»), Handlung – Objekt (wie beispielsweise «waschen Baby»), und Handlungsträger – Objekt (wie «Mama Baby») gebraucht, auch dazu in der Lage sein muß, die übergeordnete Struktur Handlungsträger – Handlung – Objekt (wie «Mama waschen Baby») zu verstehen. Von daher müßte ein Kind, das diese Zweiwort-Beziehungen konstant produziert, fähig sein, zu den Dreiwortäußerungen fortzuschreiten.

Die Dreiwortäußerung

Nach Brown (1973) und de Villiers und de Villiers (1978) gibt es zwei Wege, um von den Zweiwort- zu den Dreiwortphrasen weiterzugehen:

a) Indem zwei vorher erlernte Bestandteile kombiniert werden:

z.B.	Handlungs-träger	+ Handlung	+ Handlung	+ Objekt
	(Michael	werfen)	(werfen	Ball)
=		Handlungs-träger	Handlung	Objekt
		(Michael	werfen	Ball)

b) Indem ein bereits erlernter Bestandteil erweitert wird:

z.B.	Handlung	+ Objekt
	(werfen	Ball)

Das Kind lernt das Attribut ‹groß›

	Attribut	+ Objekt	
	(groß	+ Ball)	
=	Handlung	+ Attribut	+ Objekt
	(werfen	große	Ball)

Die erste Möglichkeit führt eher zu einer Erweiterung der Satzstruktur, die zweite zu einer der Phrasenstruktur. Der Schwierigkeitsgrad scheint der gleiche zu sein, und beide Formen der Erweiterung können auch parallel auftreten.

Die während dieser Phase benutzte Syntax wird häufig als Telegrammstil bezeichnet, da die Äußerungen des Kindes nur die zur Informationsübermittlung wichtigsten Wörter, insbesondere Substantive und Verben enthalten, und Funktionswörter wie Artikel und ‹von›, ‹zu› usw. wegfallen. Um die volle Bedeutung der Botschaft des Kindes zu verstehen, bezieht die Therapeutin den Kontext mit ein, stellt Fragen und zieht Rückschlüsse.

Die Kinder produzieren während dieser Phase immer noch Zweiwortäußerungen. Bloom (1979) fand heraus, daß die Länge der Äußerungen von folgenden Faktoren beeinflußt wird:

1. von der grammatischen Komplexität (z.B. Flexionsformen von Substantiven und Verben, Adverbien);
2. von neu gelernten Wörtern;
3. von der Tatsache, ob Substantive oder Pronomen benutzt werden;
4. vom Kontext des Gesprächs.

Bloom (o.c.) stellte fest, daß eine neue und komplexere Sprache die Äußerungslänge reduziert, während Pronomen wie ‹er› und ‹sie› weniger Einfluß darauf nehmen als substantivische Phrasen wie ‹der Mann› oder ‹der Hund›. Eine Dreiwort-Äußerung kann auch eher produziert werden, wenn schon zwei Bestandteile im Gespräch aufgetreten waren. Sagt beispielsweise die Therapeutin zum Kind «Schau, der Hund frißt», dann erleichtert sie eine Antwort wie «Hund Knochen fressen». Ebenso kann die vorausgehende Zweiwortphrase einen Dreiwortsatz vorbereiten, wie z.B. «Auto holen» und «Mama Auto holen».

Mehrwortäußerungen

Kinder können ihre Ziele erreichen und ihre Bedürfnisse befriedigen, indem sie einfache Sätze im Kontext benutzen, aber erst wenn sie eine komplexere Syntax, unterschiedlichste Flexionsformen und einen differenzierteren Wortschatz anwenden, vermögen sie Sprache vom Kontext zu trennen oder Bedeutungsnuancen zu vermitteln.

Im Alter von 2½ bis vier Jahren kommt es zu einer sehr raschen Sprachentwicklung. Die Dreijährigen verstehen Anweisungen, die drei oder mehr Wörter (Substantive, Verben, Adjektive und Präpositionen) enthalten, und produzieren kurze, einfache Sätze (Reynell, 1980). Pronomen treten erst relativ spät auf (s. aber auch Nelson, 1981). Bis zum Alter von 2½ Jahren spricht das Kind von sich selbst mit seinem Namen. Erst danach sagt es ich/mich/mein und du /dich/dein. Mit drei Jahren beginnt es langsam, wenn auch noch fehlerhaft, andere Pronomen zu verwenden. Mit 4½ ist der Gebrauch der Pronomen dann weitgehend korrekt (Crystal, 1976). Das grammatische Geschlecht der Substantive (Genus) wird von deutschsprachigen Kindern fast ohne Fehler erworben, Artikel sind in der Regel korrekt markiert für den Genus (Szagun, 1986).

Die Länge und Komplexität der Äußerungen nehmen zu durch:

1. das Kombinieren und Erweitern der Bestandteile (s.o.),
2. das Hinzufügen morphologischer Flexionsformen, wie z.B. (im Englischen das -ing), im Deutschen das -t und ge-, und der Hilfsverben,
3. die Erweiterung des Wortschatzes.

Erweiterung der Komplexität der Äußerungen

Grammatische Morpheme

Im Alter von zwei bis drei Jahren treten bei den Kindern grammatische Morpheme bei einer durchschnittlichen Äußerungslänge (MLU) von 2 bis 2,5 auf (Brown, 1973). Schöler und Lindner (1990) beschreiben erhebliche Variationen im Auftreten und Nebeneinander der einzelnen Formen. So finden sich beim Verb nacheinander Verbpartikel, Infinitiv, Partizip Perfekt ohne ge-, Präsens 3. Person Singular -t; Präsens 1. Person Singular -e, Modalverb, Imperativ. Bei den Nomen kommt nach den Pluralendungen -er und -en das possessive -s, dem sich später Übergeneralisierungen im Plural anschließen. Der Artikel wird zunächst häufig ausgelassen, dann folgt auf den Nominativ der Akkusativ, später der Dativ und sehr viel später erst der Genitiv.

Morpheme modulieren die Grundbedeutung von Wörtern, d.h. das Kind drückt ein schon vorhandenes Wissen mit Hilfe neuer Formen für den Zuhörer klarer aus.

In vielen Fällen produzieren die Kinder die häufig vorkommenden unregelmäßigen Formen anfangs richtig, neigen aber dazu, neu erlernte grammatikalische Regeln auf alles anzuwenden, so daß Übergeneralisierungen und Doppelmarkierungen (Szagun, 1986) Wörter wie ‹Kinders›, ‹laufte› und sogar ‹liefte› entstehen lassen. Kategorienfehler sind jedoch selten, das Kind flektiert keine Substantive mit Verbindungen und stellt Verben keine Artikel voran.

Das Kind kann anfangs noch nicht die zählbaren und nichtzählbaren Substantive unterscheiden. Sogar ein Siebenjähriger kann noch Formen wie ‹ein Kinder› und ‹ein paar Tellern› produzieren, normalerweise verschwinden die anderen Flexionsformen bei Substantiven aber schon mit 3½ Jahren.

Die Hilfs- und Modalverben

Als erstes treten im Englischen die Hilfsverben ‹gonna› und ‹wanna› auf, gefolgt von den negativen Hilfsverben ‹don't›, ‹can't› und ‹won't›. Deren positive Entsprechungen erscheinen erst viel später, da sie, semantisch gesehen, redundante Formen sind, während die negativen Hilfsverben zum Ausdrücken der Negation gebraucht werden.

Kinder benutzen die Hilfsverben nur selten zusammen mit falschen Verben wie «I am liking you» oder falschen Konstruktionen wie «have get me book». Gelegentlich benutzen sie andere Verben so, als ob sie Hilfsverben seien, wie z.B. «You better'd do it!» Diese Art Fehler tritt normalerweise nur bis zum Alter von 4½ bis 5 Jahren auf.

Mit etwa drei Jahren beginnen Kinder damit, zwei Hilfsverben zu benutzen, obwohl sie weiterhin Fehler machen wie «he have been crying» (Crystal, 1976). Mit ungefähr vier Jahren sind bei einer mittleren Äußerungslänge von 3,5 die meisten Hilfs- und Modalverben vorhanden, außer den zusammengesetzen, die sich auf besonders komplizierte Zeiten oder Modi beziehen. Szagun (1986) beschreibt bezüglich des Deutschen, daß ‹haben› und ‹sein› immer richtig verwendet werden, bei den Vergangenheitsformen erscheint das Perfekt zuerst, danach folgt das Imperfekt, besonders in den Formen war, hatte, sollte, wollte.

Die Zeiten

Die Forschung stimmt darin überein, daß sehr kleine Kinder ausschließlich über das Hier und Jetzt sprechen. Unklar ist noch, ob Kinder als nächsten Schritt lernen, über vergangene oder über zukünftige Ereignisse zu sprechen. Eine Richtung in der Forschung geht davon aus, daß zwei- bis dreijährige Kinder gelegentlich Bezug auf zukünftige Ereignisse nehmen, ohne die Zeit zu markieren. Bei Kindern ab drei Jahren sind in der Regel sprachliche Zeitmarkierungen für die Zukunft vorhanden, für die Vergangenheit treten sie kurz danach auf. Bloom (1970) interpretiert dies so, daß Kinder typischerweise eher über das sprechen, was sie tun werden, als über das, was sie getan haben. Viele umfassende Untersuchungen zum Sprachverständnis ergaben jedoch, daß das Verständnis für die Vergangenheit besser ist als das für die Zukunft. Reynell (1980) und andere meinen wiederum, daß Kinder sich eher auf die Vergangenheit als auf die Zukunft beziehen und zwar sowohl, was das Verständnis als auch was die Sprachproduktion betrifft, da die unmittelbare Vergangenheit einen Teil der gegenwärtigen Erfahrungen des Kindes bildet und von daher einfacher zu verstehen ist als die Zukunft, die erst noch stattfinden muß.

Der richtige und konstante Gebrauch des Futur ist erst im Alter von 4 bis 4½ Jahren zu erwarten, da dafür die Fähigkeit zum Vorausplanen Voraussetzung ist, eine höhere sprachliche Funktion (nach Szagun, 1986 mit 3,0 Jahren).

Englischsprachige Kinder beziehen sich anfangs auf vergangene Ereignisse, indem sie die Gegenwart benutzen wie beispielsweise «Look at the picture I do». (Im Deutschen hingegen wird die Vergangenheit oft bereits in Zweiwortäußerungen markiert z.B. «Hund dorben» – Hund gestorben.) Später markieren sie die Vergangenheit mit einem Adverb wie «last night I see it» bevor sie die richtige Flexionsform benutzen.

Im Verlauf der Phase, in der die Kinder die Hilfsverben, die Flexionsformen und die Regeln zur Markierung der Zeiten erlernen, treten bestimmte Fehler gehäuft auf. So markieren sie die Zeiten oft doppelt oder lassen wesentliche Wörter aus wie z.B. «I did painted that picture» oder «I running very fast».

Anwachsen der Äußerungslänge

Eine der ersten Methoden zur Verlängerung eines Satzes, ohne dessen Komplexität zu vermehren, besteht darin, die Äußerung einer anderen Person teilweise zu kopieren. Wenn z.B. eine Therapeutin sagt «Wir sind alle ganz schmutzig», antwortet ein Kind möglicherweise mit «Ich auch alle ganz schmutzig» (Clark, 1974).

Kinder verlängern ihre Äußerungen dann, indem sie bekannte Bestandteile miteinander kombinieren und erweitern, wie oben beschrieben. Objekt-Nominalphrasen treten normalerweise eher auf als Subjekt-Nominalphrasen, da Kinder anfangs zumeist die Satzenden erweitern. Mit anderen Worten, in der Regel wird ein Satz wie «ich male Vögel und Blumen» früher produziert als «die Vögel und Blumen sind bunt».

Komplexe Sätze treten im Alter von 3 Jahren auf (durchschnittliche Äußerungslänge – MLU 4–5). Das Kind beginnt jetzt, zwei oder auch mehr Gedanken in einer einzigen Äußerung auszudrücken, indem es anfangs das Prinzip der Koordination und später das der Einbettung anwendet.

Koordination* bedeutet das Zusammenfügen zweier unterschiedlicher Äußerungen, die durch den Kontext miteinander in Beziehung stehen und durch Satzverbindungen wie ‹und›, ‹weil› o.a. verknüpft werden. Die Konjunktion ‹und› wird am frühesten und häufigsten benutzt, wobei völlig egal ist, ob sie paßt oder nötig ist. So könnte ein Dreijähriger etwa sagen «Ich hatte Bauchweh und ich gehte ins Bett»; «Hasso bellt *und* er hat Hunger». Nach Rothweiler (1989) treten die wichtigsten Konjunktionen in folgender Reihenfolge auf: und, wenn, weil, was, bis, damit, als.

Einbettung* ist das Zusammenfügen zweier voneinander abhängiger Satzglieder zu einer Äußerung, wodurch eine neue Bedeutung entsteht. Es gibt zwei Arten des Einbettens:

1. Bei der ersten Art wird eine Konjunktion oder ein Adverb dazu benutzt, um zwei unterschiedliche Ereignisse miteinander zu verbinden, z.B. «Ich kann rausgehen, *wenn* ich meinen Teller leergegessen hab.»

2. Die zweite Art bezieht sich auf zwei oder mehr Handlungen, die innerhalb eines einzigen Ereignisses zu einer komplexen Aussage verbunden werden, wie z.B. *«Ich lasse meine Puppe laufen»* (Bloom, 1978).

Satzarten

Die Reihenfolge des Auftretens der verschiedenen Satzarten ist meist folgendermaßen:

1. Aktive Aussagesätze
2. Negierte Sätze

* Diese Begriffe werden hier stark an Bloom angelehnt gebraucht. Eine allgemeiner gehaltene linguistische Interpretation finden Sie in einem linguistischen Lehrbuch.

3. Fragen (Intonationsfragen)
4. W-Fragen
5. Nebensätze
6. Passivstrukturen

Negationen

Das Kind benutzt unterschiedliche Formen der Negation, die gewöhnlich in folgender Reihenfolge auftreten:

1. Existenz – Nichtexistenz
2. Verschwinden
3. Nicht-Eintreten eines Ereignisses
4. Aufhören
5. Zurückweisung
6. Verweigerung
7. Verbot

Anfangs werden alle diese unterschiedlichen Negationen durch ein vorausgeschicktes ‹nicht› ausgedrückt, z.B. «nicht Saft», «nicht kitzeln», «nicht Bett gehen». Die negativen Hilfsverben «kann nicht», «will nicht» treten als nächstes auf, was jedoch nicht heißt, daß das Kind das Prinzip der Hilfsverben schon verstanden hat, da ‹nicht› hier austauschbar gebraucht wird, und die positiven Hilfsverben nicht vorhanden sind. Anfangs läßt das Kind das Subjekt weg, wenn es negative Formen gebraucht, wodurch sich Äußerungslänge und Komplexität verringern, «kann mich nicht sehen», «will nicht baden». Das Kind benutzt die negativen Hilfsverben dann konsequent, wenn es das Hilfsverb-System bei einer MLU 3.4 bis 3.9 beherrscht (de Villiers und de Villiers, 1978).

Fragen

Im Alter zwischen 1½ bis 2 Jahren können Kinder zwischen Ja/Nein-Fragen und W-Fragen unterscheiden, aber sie sind nicht in der Lage, auf letztere angemessen zu antworten (Cole, 1982, vgl. auch für das Deutsche Rieder, 1968).

Mit etwa zwei Jahren stellen Kinder viele stereotype Fragen, wie «Was ist das?», ohne sie richtig zu verstehen, was daraus hervorgeht, daß sie nicht dazu fähig sind, ähnliche Fragen zu beantworten. Ab zwei Jahren kann das Kind Ja/nein-Fragen mit ansteigender Intonation sprechen, beherrscht jedoch die Inversion von Subjekt und Hilfsverb noch nicht. Es läßt letzteres oft ganz weg, wie in «Das mein Saft?» Subjekt – Hilfsverb-Inversionen tauchen bei diesen Fragen etwa ab einer MLU 3 auf.

Die W-Fragen kann das Kind erst dann richtig benutzen, wenn es diese auch versteht (Soderburgh, 1974). Es ist erst dazu in der Lage, wenn es gelernt hat, die entsprechenden Konzepte bei seinem eigenen Sprechen in einer vereinfachten Form auszudrücken. So kann es z.B. Warum-Fragen erst dann verstehen, wenn es dazu fähig ist, kausale Beziehungen auszudrücken (Hood, 1977).

Offensichtlich lernen Kinder jede einzelne Frageform für sich und nicht die Frage als Konzept. Mit 2½ Jahren ist die häufigste W-Frage «Wo?». Dann folgen «Was?», «Wer?», «Wie?», «Warum?» und schließlich «Wann?» (Szagun, 1986). Das Kind wiederholt die gleichen Fragen immer wieder, was vermuten läßt, daß es sowohl die linguistischen Formen üben und bestätigen als auch die sachlichen Informationen erhalten möchte (Rutter und Martin, 1972).

Bis zu einer MLU 3 stellt das englische Kind das W-Wort normalerweise an den Satzanfang und gebraucht eine entsprechende Intonation. Es nimmt jedoch keine Umstellung von Subjekt und Hilfsverb vor, wie «where you go?» «what you are doing?» Subjekt – Hilfsverb-Umstellungen treten bei den verschiedenen W-Fragen unterschiedlich früh auf.

Im Alter von etwa 4 Jahren erscheinen im Englischen die Frageanhängsel-Fragen (tag questions). Es handelt sich dabei um Frageformen, die an das Ende eines Satzes angehängt werden, wie z.B. ‹you did the washing-up, *didn't you?*› Ihnen gehen häufig die leichteren Formen ‹right?› oder «OK?» voraus.

Einführung in die Therapie

Sprachübungen werden am besten in kleinen Gruppen durchgeführt, da die Sprachfunktionen vor allem als Kommunikationsmittel dienen.

Gruppen

- schaffen Gelegenheiten, mit Gleichaltrigen zu interagieren und zu kommunizieren;
- ermöglichen Flexibilität und eine größere Auswahl an Spielen, spielerischen Situationsvorgaben, Projekten, Ausflügen und Gesprächen usw.;
- bieten Möglichkeiten, Sprache einzusetzen, um etwas

zu verlangen, zu bitten, vorzuschlagen, zu fragen und auf etwas zu antworten usw.;

- lassen die Kinder eine große Bandbreite von Fähigkeiten sehen. Sie können Modell für die anderen sein: Viele Kinder finden es leichter, anderen Kindern etwas nachzumachen, da ihnen deren Sprachverhalten als nicht so sehr von ihrem verschieden erscheint (Berry, 1980; Holt, 1967).

Einzeltherapie

- kann für schüchterne, aggressive oder sehr leicht ablenkbare Kinder vorteilhafter sein;
- kann die Vermittlung schwieriger Konzepte erleichtern;
- ist eine gute Unterstützung der Gruppenarbeit;

Wann immer möglich, sollten die Sprachübungen in die gegenwärtigen Handlungen des Kindes integriert werden. Begriffe wie ‹rennen›, ‹springen›, ‹schnell› können durch körperliche Aktivitäten eingeführt werden. Manche Übungen muß man jedoch auch am Tisch sitzend durchführen. Dazu sind etwas ältere Kinder bei interessant angebotenen Übungen zu bestimmten Syntaxproblemen sicherlich fähig.

Sowohl bei der Planung als auch bei der Durchführung der Aktivitäten sollten Sprachgebrauch und -funktionen an erster Stelle stehen. In diese Überlegungen müssen sowohl der theoretische Hintergrund der Sprachfunktionen als auch die besonderen Bedürfnisse des Kindes mit einbezogen werden. Die Sprache sollte nicht als etwas betrachtet werden, das sich lediglich innerhalb der dafür reservierten Übungsstunden abspielt; sie ist ein Werkzeug, das das Kind den ganzen Tag über einsetzen kann. Von daher sollten Sie unsere speziellen sprach- und sprechanregenden ‹Methoden› nur als Ergänzung zu den Sprech-Anreizen betrachten, die die Alltagsaktivitäten des Kindes begleiten.

Das Kind wird zum Sprechen motiviert sein, wenn

- es sprechen muß
- es sprechen möchte.

Es wird sprechen müssen, wenn man seine Bedürfnisse nicht immer vorausahnt und befriedigt, bevor es sie ausgedrückt hat. Richten Sie es von daher manchmal so ein, daß seine Lieblingsspielsachen außer Reichweite sind, sein Orangensaft nicht zu der üblichen Zeit da ist, und daß es zwischen Getränken, Eßwaren, Spielsachen etc. seine Wahl treffen muß.

Das Kind wird sprechen wollen, wenn es Spaß hat oder wenn es etwas gemacht hat, worauf es stolz ist und wovon es anderen Leuten erzählen will. Es wird nicht sprechen wollen, wenn man es dazu zwingen will, wenn es tyrannisiert, eingeschüchtert oder ignoriert wird oder frühzeitig zu sehr gedrängt wird. Manche Kinder spüren, daß die Eltern so sehr auf ihr Sprechen warten, daß sie nur noch verweigern.

Richtlinien für die Therapie

1. Die Materialien sollten dem Entwicklungsstand des Kindes entsprechen und interessant sein.

2. Der sprachliche Input sollte dem Sprachverständnisniveau des Kindes angepaßt sein.

3. Das Kind soll die Konzepte, die es beim Sprechen anwenden soll, verstehen (Gilham, 1979). Wenn es noch nicht auf dem dazu notwendigen kognitiven Stand ist, kann es die linguistischen Formen zwar vielleicht nachplappern, doch wird es sie nicht eigenständig und in der richtigen Bedeutung anwenden können.

4. Die Therapeutin sollte dem Kind ein gutes sprachliches Vorbild sein.

5. Seien Sie flexibel, und überlassen Sie dem Kind soweit wie möglich die Führung. Zeigt es kein Interesse an den von Ihnen ausgesuchten Materialien, passen Sie die geplante Aktivität an das an, was es gerade interessiert. Das heißt nicht, daß das Kind das Kommando übernehmen soll, aber es wird schneller lernen, wenn es gerne lernt.

6. Die meisten Aktivitäten können bestimmten Zielen entsprechend angepaßt werden, z.B. können Spiele mit Wasser und Sand sowohl Erkundungsspiele (durch visuelle, taktile und auditive Reize), als auch phantasievolle Spiele (Sandburg bauen und phantastische Situationen erfinden) fördern und das Sprachverständnis bzw. das Sprechen unterstützen.

7. Geben Sie dem Kind ausreichend Zeit, neue Gegenstände zu erforschen, bevor es diese auf eine bestimmte Weise benutzen soll. Dies gilt jedoch nicht für Kinder, die sehr schnell das Interesse an Dingen verlieren.

8. Wenn ein Kind ganz in eine Aufgabe vertieft ist, verändern Sie diese nicht, denn es lernt offenbar gerade etwas. Sollten seine Handlungen jedoch stereotyp werden, dann weisen Sie es auf einen neuen Aspekt des Materials hin (Holt, 1967).

9. Bestehen Sie nie auf einem Spiel, an dem das Kind sein Interesse verloren hat.

10. Sorgen Sie dafür, daß das Kind die notwendige Übungszeit und Wiederholungsmöglichkeiten bekommt, um das Gelernte zu festigen.

11. Stellen Sie sich auf Phrasen ein, in denen die Art und Weise, wie das Kind linguistische Formen und Wörter benutzt, schwankt; Kinder müssen die Sprache ausprobieren und üben, bevor sie fest eingeprägt ist.

12. Geben Sie dem Kind ausreichend Zeit, seine Fehler zu bemerken und zu verbessern. Das ist sowohl für seine Selbstkontrolle als auch für sein Selbstbewußtsein gut.

13. Der Transfer ist äußerst wichtig. Das Kind sollte die neu erworbenen sprachlichen Fähigkeiten in so vielen und so verschiedenen Situationen wie möglich üben, und zwar nicht nur mit der Therapeutin (Rieke et al., 1977). Das kann man erreichen, indem man

- andere Erwachsene, z.B. die Eltern oder die Praktikanten, mit einbezieht;
- mit dem Kind nach draußen geht, in Geschäfte oder Cafés, um dort die geübte Sprache anzuwenden.

14. Versuchen Sie immer, das Kind zu verstehen, und ermutigen Sie es, auf etwas zu deuten, Ihnen etwas zu zeigen oder andere Hinweise auf den Inhalt seiner Botschaft zu geben.

15. Seien Sie mehr daran interessiert, was das Kind sagt, als wie es etwas sagt.

16. Ermuntern Sie andere Menschen, auf das Kind zu reagieren, wann auch immer es auf angemessene Weise zu kommunizieren versucht. Informieren Sie sie darüber, was sie von dem Kind erwarten können.

17. Kontrollieren Sie Ihre eigene Sprache, damit Sie nicht wie ein Untersuchungsrichter ständig Fragen stellen. Das könnte nicht nur das Kind blockieren, selbst zu sprechen, sondern auch ein schlechtes Beispiel für eine Kommunikation abgeben.

18. Denken Sie daran, daß nicht alle Kinder einer Gruppe Fortschritte im gleichen Tempo machen.

19. Last but not least, vergessen Sie nicht, daß Eltern, Betreuer und Erzieherinnen eine sehr wichtige Rolle in der sprachlichen Entwicklung eines Kindes spielen.

Spezielle Techniken

Zu den empfehlenswerten Vorgehensweisen zählen die Imitation, die korrigierte Imitation (Gilham, 1979), der Rollentausch und eindeutige Alternativfragen, die eine Art Modellernen darstellen. Es würde den Rahmen dieses Buches sprengen, all diese Techniken im einzelnen zu beschreiben. Informieren Sie sich am besten in den entsprechenden Lehrbüchern.

Nur kurz sei dazu gesagt, daß bei der Imitation das Kind die genaue Äußerung der Therapeutin imitiert, entweder unmittelbar oder mit einer beabsichtigten Verzögerung. Die korrigierte Imitation ist weniger direkt und will, daß das Kind das Vorbild aktiv analysiert und es ganz oder teilweise in seinen eigenen Äußerungen wiedergibt. Die Therapeutin muß das erwünschte Verhalten sehr häufig vormachen.

Der Rollentausch ist eine besonders nützliche Technik. Normalerweise geben Sie das Verhalten zuerst vor, indem Sie z.B. dem Kind eine aus zwei Teilen bestehende Anweisung geben. Dann werden die Rollen getauscht, und das Kind gibt die gleichen oder ähnliche Anweisungen. Sie sollten dabei wenig Material verwenden, damit sich das Kind besser darauf konzentrieren kann, was es sagt (Derbyshire Language Programme).

Eindeutige Alternativen bieten eine weitere Möglichkeit, um die erwünschten Begriffe oder linguistischen Formen indirekt vorzugeben, indem die Therapeutin das Kind z.B. fragt, ob es einen Apfel oder eine Banane möchte. Das Kind muß dann lediglich eines der beiden Wörter imitieren.

Gemeinsames Sprechen kann, wenn auch in einem etwas geringeren Maße, von Nutzen sein. Entweder spricht die ganze Gruppe etwas zusammen oder eine zweite Therapeutin hilft einem Kind beim Nachsprechen.

Um besondere Strukturen einzuüben, sind Lückensätze hilfreich. Will man beispielsweise, daß das Kind ein Verb produziert, kann man vorgeben: Mama kocht; Papa ißt und Baby... (schläft). (Derbyshire Language Programme).

Allgemeine stimulierende Aktivitäten für das kleinere Kind

Kinder werden durch ihre Neugier, ihre Freude am Wettbewerb, durch Erfolge, durch die Übernahme von Verantwortung, durch intrinsische und extrinsische Belohnungen und Bestrafungen motiviert (Berry, 1980). Weitere Anregungen:

1. Wundertüten, Überraschungspäckchen, Adventskalender aus kleinen Päckchen, alte Handtaschen, Dosen, ungewöhnliche Behälter für Spielsachen, z.B. eine kleine Kommode.
2. Legen Sie eine Sammlung interessanter Gegenstände und Kleinspielzeug an, je merkwürdiger die Sachen sind, desto besser, und bewahren Sie diese in einem tragbaren, ausziehbaren Werkzeugkasten auf.
3. Schatzsuche und Versteckspiele.
4. Spielsachen, Spiele und spielerische Aktivitäten aller Art, besonders aber Handpuppen, die als ‹Eisbrecher› sehr hilfreich sind.
5. Körperliche Aktivitäten, bei denen die Kinder sich austoben können, wie Kissenschlacht u.ä.
6. Balgereien, ‹kämpfen›, als Karussell herumschwingen, Huckepack usw.
7. Machen Sie Blödsinn, Geräusche mit dem Mund, albern sie herum, sprechen Sie ulkig, oder spielen Sie mit Worten.
8. Überraschungen, Unerwartetes.
9. Ausflüge, z.B. in den Park, in den Zoo etc.
10. Spiele mit Wasser und Sand.
11. Spielzeugtelefone, besonders die richtig funktionierenden (wenn auch manche kleinen Kinder von der Mechanik so fasziniert sein können, daß sie zu sprechen aufhören).

Belohnung und Motivationsförderung für alle Altersstufen

1. Glücksspiele wie beispielsweise Roulette, Würfelspiele, mit deren Hilfe man eine Aktivität aussuchen kann (3–6 Jahre).
2. Spielzeug zum Aufziehen, Knallerbsen, Sternenregen und Seifenblasen.
3. Kaleidoskope, *Spiegel- und Farbgläser* (6).
4. Musikdosen, Glockenspiele, Spielsachen, die an einer Schnur hängen.
5. Fernseher, Platten und Kassetten.
6. Anstecker für die Kleidung; Sternchen, die in Hefte eingeklebt werden.
7. Ausmalen und Zeichnen.
8. Jedes Spielzeug oder Spiel, an dem das Kind gerade Interesse hat.
9. Chips (Token, runde Plastikplättchen), Punkte und andere Materialien, mit denen man den Erfolg zählen kann.
10. Erlaubnis, draußen zu spielen.
11. Verbales Lob.
12. Materielle Belohnungen, wie Kartoffelchips, Süßigkeiten, Orangensaft usw.
13. Zuneigung und Aufmerksamkeit, ausgedrückt durch Lächeln, Streicheln, in den Arm nehmen, Sprechen oder Spielen.

Aktivitäten zur Förderung des Sprechens

Die ersten Wörter

Nach Bloom (1970) ist es bei der Erarbeitung eines Wortschatzes am sinnvollsten, dem Kind zuerst folgende Wörter beizubringen:

1. **Nein, kein, nicht, mehr.** Durch diese Wörter werden erste Satzbedeutungen vom Nicht-Vorhandensein und vom Wiedervorhandensein ausgedrückt.
2. **All-all, fort, dada** sind nützliche Wörter, die sich gut mit Namen von Objekten, Handlungen und Menschen kombinieren lassen.

3. Mit **da** kann man die Aufmerksamkeit auf Gegenstände lenken. **Da** ist die erste referentielle Form.

4. **Geben, machen, gehen** sind flexible Wörter für viele Gelegenheiten.

5. **Hoch, runter** sind die ersten Markierungen von Handlungen.

6. **Namen** von Familienangehörigen und Haustieren bzw. Spielsachen.

Keines dieser Wörter hat nur einen einzigen Sinn, demzufolge mag es so scheinen, sie seien schwierig zu erarbeiten. Tatsächlich zählen sie jedoch zu den Wörtern, die bei einem sich normal entwickelnden Kind mit als erste auftreten. Das Kind wird sie rasch mit den damit verbundenen Bedeutungsinhalten in Verbindung bringen, wenn Sie sie konsequent in den entsprechenden Kontexten benutzen (Gillham, 1979).

Aktivitäten für ‹mehr›, ‹noch eins› und ‹nochmal›

1. Wenn das Kind zeigt, daß es von etwas mehr möchte, wenn es beispielsweise seinen Apfelsaft ausgetrunken hat und den Becher hochhält, sollten Sie langsam und betont «Mehr?» fragen und dann den Saft eingießen. Ermutigen Sie das Kind immer wieder, das Wort zu sagen. Haben Sie keine Angst, daß das Kind annehmen könnte, daß ‹mehr› nur für Apfelsaft gilt. Vielleicht denkt es dies für kurze Zeit. Wenn man das Wort jedoch immer wieder im Zusammenhang mit einer Vielzahl anderer Begriffe und Situationen bringt, wird das Kind das Wort rasch generalisieren. Weniger wahrscheinlich wird ein solcher Verständnisfehler auch, wenn man «mehr» sagt, bevor man den Apfelsaft in die Hand nimmt.

2. Lassen Sie das Kind ein einfaches Holz-Puzzle machen, geben Sie ihm aber jeweils nur ein Teil. Erst wenn es «mehr» oder «noch eins» sagt, geben Sie ihm ein weiteres Teil.

3. Machen Sie Seifenblasen. Sind alle geplatzt, fragen Sie «Mehr?» und blasen nochmals. Beim nächsten Mal warten Sie so lange, bis das Kind «mehr» oder «nochmal» sagt.

4. Alles, was das Kind gerne macht, kann dazu benutzt werden, um «mehr» und «nochmal» zu provozieren, so z.B. Balgen, Kitzeln und Fangen, Anstoßen beim Schaukeln oder Karussell fahren, Ringelreihen tanzen und Singen.

5. Nehmen Sie solche Dinge wie ein aufziehbares Spielzeug, eine Spieldose oder einen Kreisel, bei denen das Kind Sie zum Handeln auffordern muß.

6. Geben Sie bei Mahlzeiten nur kleine Portionen aus, so daß das Kind nach mehr fragen muß (Derbyshire Language Programme).

Aktivitäten für ‹fort›, ‹all-all› und ‹tschüs/dada›

1. Winken Sie, und sagen Sie «tschüs» oder «dada», wenn jemand vom Kind weggeht oder ein Spielzeug außer Sichtweite gerät. Ermutigen Sie das Kind zum Mitmachen, und sagen Sie «fort», wenn jemand gegangen ist.

2. Das Kind räumt seine Spielsachen auf und sagt «fort!»

3. Das Kind darf einen Brief in den Briefkasten werfen und sagt «tschüs», «fort» oder «dada».

4. Das Kind läßt die von Ihnen produzierten Seifenblasen mit einem «fort» platzen.

5. Setzen Sie für diese Begriffe auch Objektpermanenz-Übungen ein, z.B. indem Sie ein Spiel mit einem Zug oder Lastwagen machen, der für kurze Zeit in einem Tunnel oder in einer Garage verschwindet *(s. Kap. 1).*

6. Basteln Sie ein Bilderbuch mit deutlichen, bunten Bildern. Lassen Sie jede zweite Seite frei, so daß das Kind sagen kann: «Oh – fort.» Wenn das Kind die Gegenstände benennen kann, drehen Sie die Seite um und sagen «fort», was dann zu Zweiwortphrasen wie «Ball weg» führen wird (Jeffrey und McConkey, 1976).

Bilderbuch

Aktivitäten für die Begriffe ‹Gehen› und ‹Kommen›

1. Das Kind wird in Situationen, in denen es irgendwohin gehen will (z.B. zur Oma oder in eine Geschäft), ermutigt, das Wort «gehen» zu gebrauchen. Damit wird zweierlei erreicht: Zum einen können Sie das Kind fragen «Wohin gehst du?» und dadurch eine Einwortäußerung hervorrufen, die die Handlung oder den Ort ausdrückt (spielen/ Oma o.ä.), und zum anderen kann ‹gehen› mit vielen Wortarten kombiniert werden, um Zweiwortphrasen hervorzurufen: Dada gehen, Klo gehen, spielen gehen, weg gehen.

2. Mit dem Begriff ‹kommen› kann das Kind Bedürfnisse ausdrücken, die sehr wichtig sind «Mama komm», «Opa komm». Beispiele für diese Zweiwortphrasen hört es im Alltag häufig, so daß es sie leicht verstehen und aneignen kann.

Aktivitäten für die Begriffe ‹hoch› und ‹runter›

1. Das Kind benützt diese Begriffe bei Körperspielen:
- wenn es hochgehoben, in der Luft geschwungen und wieder abgesetzt wird;
- wenn es Stühle oder Klettergerüste hinauf- und herunterklettert;
- wenn es auf einer Rutschbahn herunterrutscht und hochklettert;
- wenn die Wippe hoch und runter geht, zuerst mit einer Therapeutin, später mit einem anderen Kind, wobei das Kind abwechselnd «hoch!» und «runter!» sagen soll;
- wenn es auf einer Schaukel hin und herschwingt.

2. Es gibt eine ganze Reihe lustiger Spielsachen zu kaufen, die Handlungen ausführen, wie ein *Klopfspecht*, der eine Stange hoch-, (4), *Klammermax* (6), der eine Leiter herunterklettert; Delphine, die eine Rutschbahn herunterrutschen und wieder hochtransportiert werden, *Tonröhre* (6), *Hochziehfiguren* (6), *rollende Steckbox* (6) usw.

3. Luftballone, *Luftkreisel* (3) und *Propellersegler* (3) können hochgestoßen oder getrieben werden.

4. Auf einem Trampolin kann man hoch hüpfen. Das Kind gibt sich oder jemand anderem das Startzeichen «hoch!»

5. Die ständig wiederkehrende Bewegung der Wippe schafft Gelegenheit, die beiden Wörter zu üben. Kommen sie nicht spontan, können Sie die Wippe manchmal stoppen und so das Kind zum «runter!» animieren.

6. Hängen Sie die Zeichnung einer großen Leiter an die Wand. Schneiden Sie ein kleines Männchen oder ein Tier aus, das klettern kann, und befestigen Sie es mit einem Klebestift oder mit einem Magneten am Fuß der Leiter. Das Kind läßt es hoch- und runterklettern.

7. Schlangen und Leitern: Basteln Sie ein einfaches Spielbrett, auf dem das Kind seine Figur die Leitern hinauf und die Schlangen herunterschiebt.

8. Legen Sie ein Bohnensäckchen auf den Kopf und bewegen es so, daß es herunterrutscht. Sie legen es dann auf den Kopf des Kindes und lassen es das gleiche machen, sprechen dabei «runter» und legen es ihm mit «hoch» wieder auf den Kopf. Hat das Kind verstanden, so warten Sie das Signal, das «Hoch» und «Runter» des Kindes ab (Holt, 1976).

9. Man kann sich andere einfache Brettspiele ausdenken, die vom Kind erfordern, daß es etwas herauf- oder herunterbewegt, z.B.

Einfache Brettspiele

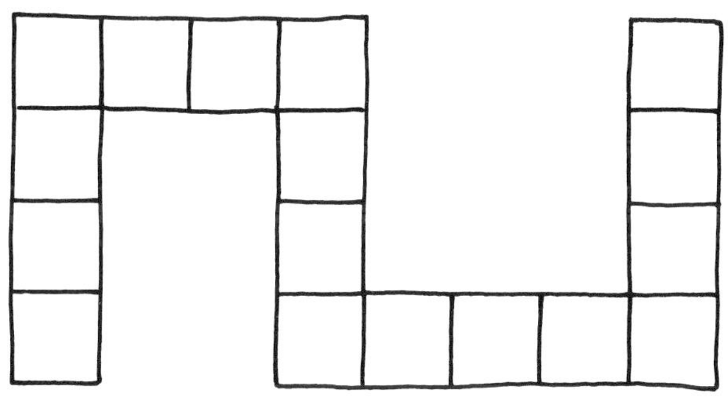

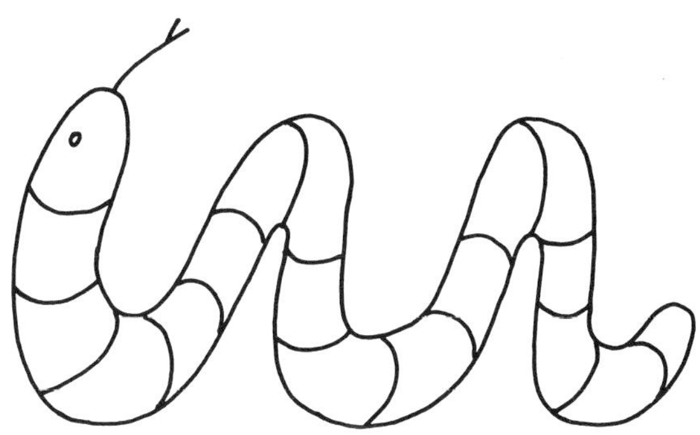

Denken Sie daran, daß auch einfache Brettspiele ein gutes Verständnis und Gedächtnis erfordern. *Siehe auch Kap. 3*, Spiele nach Regeln.

Aktivitäten für die Wörter ‹an/auf› und ‹aus/ab›

1. Man kann an/aus benutzen, wenn das Kind eine Taschenlampe, ein Blitzgerät, einen Fernsehapparat, das Radio, den Kassettenrekorder, das Licht, Haushaltsgeräte, die Musikbox oder eine elektrische Orgel an- bzw. ausmacht.

2. Das Kind sagt «an», wenn es sich seine Schuhe, Strümpfe, seinen Mantel usw. anzieht.

3. Es sagt «aus», wenn es all das wieder auszieht.

4. Setzen Sie sich verschiedene Hüte oder Perücken auf.

Aktivitäten für die Eigennamen

Bei der Überlegung, welche Wörter man mit dem Kind zuerst erarbeiten sollte, geht man am besten von den Anforderungen der Umgebung aus. Normalerweise sind die Namen der Familienangehörigen, der Betreuer und der Haustiere sehr wichtig.

1. Zeigen Sie dem Kind, wie es die Aufmerksamkeit einer Person auf sich lenken kann, indem es deren Namen ruft. Sorgen Sie dafür, daß dann die angespochene Person auch darauf reagiert.

2. Helfen Sie dem Kind, jemandem ein Spielzeug oder einen Gegenstand zu bringen und dessen Aufmerksamkeit auf sich zu ziehen, indem es seinen Namen nennt bzw. «schau», «guck mal» oder «da» sagt. Passende Gesten, z.B. den Arm der betreffenden Person berühren, helfen auch.

3. Spielen Sie Mannschaftsspiele aller Art *(s. Kap. 2 und 3)*:
- Wurfspiele: Alle Kinder stehen in einem Kreis, und das Kind ruft den Namen des Kindes, dem es das Bohnensäckchen zuwerfen wird.
- Das Kind nennt das Kind, das es fangen will.
- Ein Kind ist der Mannschaftskapitän und sucht sich seine Mannschaft zusammen, indem es Kinder aufruft. Mit zwei Mannschaften kann man Tauziehen machen oder Fangen spielen.
- Das Kind wirft den Ball hoch und ruft gleichzeitig den Namen des Kindes, das ihn fangen soll.
- Zeigen Sie dem Kind Fotos der Familie, und fragen Sie nach den Namen.
- Bei einem Tauffest gibt das Kind seinen Spielsachen und Puppen Namen.

Aktivitäten für Gegenstandsbezeichnungen

Das Kind muß lernen, wie es Wörter dazu benutzen kann, die Aufmerksamkeit auf Gegenstände zu lenken, die es haben oder über die es sprechen möchte.

Aufmerksamkeit

1. Erarbeiten Sie mit dem Kind, wie es die Aufmerksamkeit einer Person auf einen Gegenstand lenken kann, indem es ihn hochhält, darauf zeigt oder ihn hinträgt und dabei das entsprechende Wort äußert.

2. Ermutigen Sie das Kind, auf Gegenstände in seiner Umgebung zu zeigen, z.B. beim Einkaufen oder aus dem Fenster schauen und zu erzählen, was es sieht.

Etwas wollen

1. Wenn das Kind durch seine Gesten und Intonation anzeigt, daß es etwas haben möchte, z.B. einen Keks, dann zeigen Sie ihm das Gewünschte und sprechen ihm das Wort vor, bevor es ihn bekommt. Nach und nach fordern Sie das Kind auf, vorher das entsprechende Wort oder Laute, die ihm nahekommen, zu äußern.

2. Die Auswahl der Aktivitäten: Dem kleinen Kind muß man die Gegenstände zeigen, unter denen es sich etwas aussuchen kann; ältere Kinder auf einem altersgemäßen kognitiven Stand benötigen keine visuelle Hilfen mehr.

a) Man zeigt dem Kind eine Reihe von Spielsachen. Um zu bekommen, was es sich herausgesucht hat, muß es das Gewünschte richtig benennen. Das Kind lernt auch dann etwas, wenn es etwas Falsches gesagt hat, nämlich, daß das nicht so heißt!

b) Man zeigt dem Kind ein Bilderbuch mit großen deutlichen Bildern zum Ausmalen. Das Kind sucht sich eines davon aus, indem es sagt, was es darstellt.

c) Das Kind darf sich selbst aussuchen, was es essen oder trinken will, indem es die entsprechenden Dinge benennt.

3. Das Kind will etwas machen, was mit einem bestimmten Gegenstand verknüpft ist, und benennt ihn. Helfen Sie dem Kind, den Gegenstand (z.B. einen Ball) einer anderen Therapeutin oder einem Kind zu bringen. Benennen Sie ihn dabei, und fordern Sie das andere Kind auf, zu reagieren und mit dem Ball zu spielen.

4. Ein Kind spielt Verkäufer, die anderen Kinder kaufen

bestimmte Sachen ein. Dabei kann der Schwierigkeitsgrad variiert werden: Entweder sagen Sie dem Kind, was es kaufen soll, damit es nur nachsprechen muß, oder das Kind muß sich dies selbst überlegen.

5. Knicken Sie ein Stück dünnen Pappkarton in der Mitte um, und zeichnen Sie die Umrisse eines Tieres darauf. Schneiden Sie das Tier so aus, daß Sie zwei Umrisse haben, wovon ein Teil in große Puzzlestücke abgetrennt wird, die Sie als Schablonen benutzen, um die Umrisse auf die andere Tierform aufzuzeichnen. Zeichnen oder kleben Sie dann auf jedes dieser Teile kleine Bilder. Das Endergebnis sollte so aussehen:

Puzzle

Das Kind kann sich die jeweils passenden Teile für seine Vorlage holen, indem es den Namen des Gegenstandes sagt, der darauf abgebildet ist. Für ältere Kinder kann man das Spiel so abwandeln, daß das Kind z.B. immer dann, wenn es eine Sechs würfelt, sagen kann, welches Teil es haben möchte.

Vorschläge machen und Befehle geben

1. Spielen Sie ein Versteckspiel, bei dem abwechselnd einer dem anderen sagt, was versteckt werden soll.

2. Beim Einkaufen sagen die Kinder einander abwechselnd, was sie kaufen sollen. Mit Kindern, die gerne Rollenspiele machen, kann man auch spielen, daß ‹Mutter› dem ‹Vater› sagt, was er kaufen soll! Danach berichtet er ihr, was er gekauft hat.

3. Etwas bauen, einen *Spielteppich* (3), oder eine Spielsituation vorgeben: Das Kind sagt Ihnen oder den anderen Kindern, was es braucht. Will es etwas malen, verlangt es nach Papier, Farben und Schürze; will es einen Kuchen backen, fragt es nach Eiern, Mehl usw. (sorgen Sie dafür, daß die entsprechenden Dinge in Sichtweite sind).

4. Das Kind sagt Ihnen, was Sie zeichnen sollen. Manchmal muß eine andere Therapeutin/Praktikantin mit Ideen ein bißchen nachhelfen.

5. Ein Kind gibt vor, was es und das andere Kind (gleichzeitig) malen soll. Die Kinder sitzen sich so gegenüber, daß sie ihr Papier nicht sehen. Danach vergleichen Sie die Bilder, die ungefähr das Gleiche zeigen müssen. Eine weitere Therapeutin sollte die Kinder unterstützen können. Für Kinder, die noch nicht gut malen können, ist dieses Spiel natürlich nicht geeignet.

6. Werfen mit Reissäckchen: Das Kind nennt ein Bild einer Reihe auf dem Boden, auf das ein anderes ein Reissäckchen werfen soll (Holt, 1967).

Benennen

1. Der Begriff kommt als Antwort auf Ihre Frage, wie «Was ist das?», «Wie heißt das?», «Was hast du da?»:

- Handpuppen: Richten Sie Fragen an eine Handpuppe, die das Kind beantwortet.
- Das Kind benennt die Gegenstände, die es in eine Schachtel legt.
- Das Kind benennt die Gegenstände, die es Ihnen gibt.
- Das Kind benennt Gegenstände, die Sie aus einem Krabbelsack oder einer Schachtel herausholen.
- Das Kind benennt die Gegenstände, die es gerade aufräumt.
- Das Kind benennt die ‹Geschenke›, die es aus einem Nikolaussack oder -stiefel herausholt.
- Verstecken Sie Spielsachen im Zimmer, die das Kind finden und benennen muß.
- Das Kind benennt die Bilder in einem Buch.
- Das Kind benennt Bilder, z.B. *Fotokartei* (5), die es in eine Schachtel legt (Joffree und McConkey, 1976).
- Das Kind muß die Teile seines Puzzles benennen, um sie zu bekommen.

- Das Kind benennt die Bilder auf einem Bilderwürfel. Einen solchen gibt es entweder in einem Fotoladen zu kaufen, oder man bastelt sich selbst einen, indem man Bilder auf einen großen Plastikwürfel aufklebt. Für einen vielseitigen Würfel überzieht man einen großen Bauklotz mit durchsichtiger Plastikfolie, die so gefaltet ist, daß auf jeder Seite eine Tasche für ein Foto oder Bild entsteht (Jeffree und McConkey, 1976).

Bilderwürfel

- Sandsäckchen werfen: Das Kind wirft ein Sandsäckchen und benennt das Bild, auf dem es landet (Holt, 1976).

2. Als Teil eines Spieles:

- Markieren Sie große Vierecke auf einem stabilen Brett, in denen jeweils eine Bildkarte befestigt wird. Das Kind muß auf dem Brett Flohhüpfen oder eine Münze werfen und das Bild benennen, auf dem der Stein/die Münze liegenbleibt.
- Angelspiel: Als Fischteich dient ein großer leerer Behälter oder eine Plastikschüssel, die Fische werden aus festem Karton hergestellt und mit einer Büroklammer versehen. An der Angelrute ist ein kleiner Magnet befestigt, der die Fische anzieht. Dieses Spiel kann entweder zur Belohnung gespielt werden und zwar so, daß das Kind etwa 30 Sekunden Zeit bekommt, um einen Fisch zu angeln, wenn es ein Bild richtig erkannt hat. Oder es kann als Übung für das Benennen eingesetzt werden. Dabei werden auf die Fische Bilder geklebt. Hat das Kind das Bild benannt, kann es den Fisch behalten. (Dieses Spiel gibt es auch zu kaufen: Das *Angelspiel* (2).)
- Spinnrad: Auf einem Brett liegt ein zu drehender Pfeil. Um das Brett herum werden kleine Gegenstände oder Bilder gelegt. Spannender wird das Spiel, wenn man die Kinder raten läßt, auf welches Bild der Pfeil wohl zeigen wird.
- Krocket, Golf: Basteln Sie große, aufstellbare Pappbilder mit einem Loch an der Unterkante für einen kleinen Ball. Mit Krocket- oder Golfschlägern für Kinder versucht man nun, die Bälle durch die Löcher zu schlagen. Kann das Kind das Bild auf dem Hindernis beschreiben oder benennen, verdoppelt sich die Punktzahl.
- Briefkasten: Man bastelt einen Briefkasten, bei dem jeder Gegenstand, den das Kind oben reinwirft, unten wieder herauskommt. Man kann auch ein Hindernis mit einbauen, so daß er erst wieder herauskommt, wenn das Kind ihn benannt hat (Jeffree und McConkey, 1976).
- Das Kind benennt die Bilder aus verschiedenen Spielen, wie Domino, Schnipp Schnapp und Lotto. Das Benennen sollte so weit als möglich in das Spiel eingebaut werden, damit der Spaß am Spiel nicht verlorengeht.
- Zeichnen Sie einen Gegenstand aus einem ungewöhnlichen Blickwinkel, und lassen Sie das Kind raten, was Sie zeichnen.
- Zeigen Sie den Kindern Fotos mit Gegenständen aus einer ungewöhnlichen Perspektive. Das Kind soll erraten, was es ist (Derbyshire Language Programme).
- Aus Hälften wird ein Ganzes: Das Set enthält Bilder, auf denen jeweils nur eine Hälfte eines Gegenstandes dargestellt ist und durch die andere Hälfte ergänzt werden soll. Bei einer einfacheren Version fügt das Kind sehr unähnliche Bilder (z.B. Tasse, Auto und Kind) zusammen. In der komplizierteren Version sind sich die Bilder dann ähnlicher.
- In einer Variante des oben beschriebenen Spiels kann man selbst Dominosteine mit halben Bildern basteln. Bei jedem Stein muß der Mitspieler erraten, um was es sich handelt (auch Halbdomino (1)). Kinder lieben es, ihre Therapeutin auch einmal korrigieren zu können. Daher sollte man ruhig ab und zu mal «falsch» raten, nicht jedoch bei einem Kind, das dadurch verwirrt oder eingeschüchtert wird.
- Adventskalender: Man kann beklebte Streichholzschachteln mit verschiedenen Gegenständen füllen, an einer Schnur aufhängen und raten lassen, was darin ist.

3. Ratespielen:

Ratespiele fördern die intrinsische Motivation. Sie können jedoch auch als Übung zum Benennen eingesetzt werden. Wenn man sie so spielt, daß die Therapeutin nicht sehen kann, welcher Gegenstand gerade dran ist, muß das Kind dann die entsprechenden Informationen geben.

- Fühlschachtel: In eine Schachtel mit einem handgroßen Loch wird eine Reihe von Gegenständen gelegt. Das Kind betastet einen und versucht ihn zu erraten.
- Fühl-Tasche wird auf die gleiche Art und Weise ge-

spielt wie das Spiel mit der Schachtel. Ältere Kinder kann man die Gegenstände auch durch eine dünne Tasche oder einen Beutel fühlen lassen.

- Blindekuh-Spiel: Verbinden Sie sich die Augen und wählen Sie einen Gegenstand von einem Tablett aus, raten, was es ist und fragen die Kinder «Ist es richtig?» Diese bestätigen entweder die Antwort oder lassen weiter raten. Das Spiel gibt es auch mit kartonierten Gegenständen und Masken zu kaufen (1).
- Kim-Spiel: Die Kinder müssen sich die auf einem Tablett liegenden Gegenstände merken und die dann fehlenden benennen.
- Geschenke: Packen Sie ausgeprägt geformte Gegenstände in Papier ein, und lassen Sie das Kind raten, was es ist. Das ist jedoch nur für Kinder mit einer guten Formwahrnehmung geeignet.
- Lotto: Halten Sie mit geschlossenen Augen eine Karte hoch und fragen die Kinder, was darauf ist.
- Das Kind betrachtet Bilder durch einen Dia-Gucki und berichtet, was es gesehen hat.

Aktivitäten für die Verben

1. Fragen Sie beim Essen, Trinken, Anziehen, Malen o.ä. «Was machst du gerade?»

2. Lassen Sie eine Puppe Handlungen ausführen und fragen das Kind «Was macht die Puppe?»

3. Die Kinder und Sie fordern einander zu Handlungen auf wie hüpfen, lachen, pfeifen usw.

4. Den Teddy oder die Puppe «herumkommandieren»: Sie möchten, daß Teddy etwas tut, und helfen dem Kind dabei, Teddy dies ausführen zu lassen. Dann bitten Sie das Kind, Teddy zu sagen, daß er tanzen, laufen, rennen, winken etc. soll. Später kann das Kind eigene Ideen entwickeln: «Erzähl dem Teddy, was er machen soll».

5. Das Kind sagt Ihnen, was Sie mit der Puppe machen sollen.

6. Das Kind vervollständigt ein einfaches Puzzle und sagt, um welche Handlungen es geht.

7. Das Kind erzählt, welche Handlungen auf (selbstgemachten oder gekauften) Bildern und *Verbkarten* (5) dargestellt sind.

8. Schneiden Sie Pappfiguren aus, deren Teile sich bewegen lassen, z.B. kann ein Bein so bewegt werden, wie wenn es einen Ball kickt. *Lois* (6) ist z.B. ein käufliches Körperpuzzle.

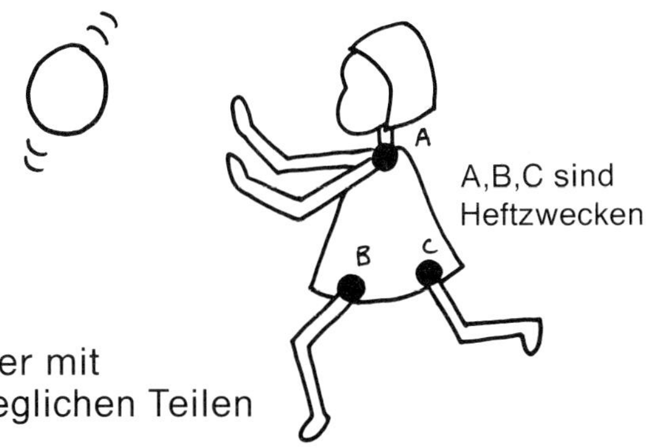

Dadurch wird das Konzept der Handlung für das Kind lebendiger (Jeffrey und McConkey, 1976).

9. Daumenkino: Es handelt sich hier um ein kleines Buch mit Bildern, die jeweils eine bestimmte Handlung darstellen. Auf jeder Seite ist das Bild leicht verändert, so daß sich die Bilder zu bewegen scheinen, wenn das Kind die Seiten schnell durchblättert (Jeffrey und McConkey, 1976). (*Siehe auch Kap. 4.*)

10. *Fotokarten mit Tätigkeiten* (5) werden verdeckt hingelegt. Die Kinder drehen die Karten abwechselnd um und spielen die jeweilige Handlung, z.B. graben, schneiden, schwimmen, werfen. Die anderen Kinder versuchen, die Handlung zu erraten und zu benennen, während Sie durch Hinweise oder noch nicht ganz richtige Lösungen helfen.

11. Spielen Sie Handlungen vor, die die Kinder erraten müssen.

Aktivitäten für die Zweiwortäußerungen

Viele der oben angeführten Aktivitäten können dafür eingesetzt werden, um die Zweiwortphrasen zu erarbeiten.

Die ersten Pivot-Kombinationen

Die ersten Zweiwortäußerungen, die man mit dem Kind erarbeiten sollte, sind Kombinationen entweder aus einem relationalen Wort plus dem Namen der Person, eines Gegenstandes oder der Bezeichnung einer Handlung, wie z.B. «schau – Auto», «mehr Mamma», «Milch all-all», «nochmal kitzeln», oder die Personenbezeichnung plus Objekt bzw. Handlung, z.B. «Papa Mantel», «Tommi schieben». Jedes dieser Pivot-Wörter sollte mit so vielen unterschiedlichen Gegenständen und Handlungen wie möglich benutzt werden, um die Generalisierung zu erleichtern.

1. Einsetz-Puzzles in unterschiedlichen Größen sind dazu gut zu verwenden, da das Kind dabei den Begriff häufig wiederholen kann, wie z.B. «Hund rein».

2. Briefkasten: Der Gegenstand taucht erst wieder auf, wenn das Kind eine Zweiwortäußerung macht «Tschüs Ball» oder «Komm Puppe» (Joffree und McConkey, 1976).

3. Ein Bilderbuch, bei dem jede zweite Seite leer ist (s. S. 104). Weitere Aktivitäten entnehmen Sie dem Bereich Einwortäußerungen.

Kommentar und Beschreibung

1. Man fragt das Kind, was es gerade macht, während es mit einem Spiel, einer körperlichen Aktivität oder mit Aufräumen beschäftigt ist. Es sollte in einer Zweiwortphrase antworten, z.B. «Milch trinken», «Puppe anziehen».

2. Spielen Sie gemeinsam mit großen Spielsachen Symbolspiele. Das Kind beschreibt die Handlung.

3. Zeigen Sie dem Kind verschiedene Gegenstände und fragen Sie: «Was macht man damit?» Das Kind antwortet: «Haare kämmen», «Zähne putzen» usw.

4. Zeigen Sie dem Kind zuerst das Bild einer Person und dann ein zweites, auf dem diese eine Handlung ausführt. Das Kind geht vom getrennten Benennen der Bilder «Mann» und «graben» zur Zweiwortphrase über: «Mann graben».

Handlungsbilder

Mann Mann graben

5. Halbierte Bilderbücher: Das Buch ist in eine obere und untere Hälfte aufgeteilt. Die obere zeigt Personen und Tiere, die untere Handlungen. Das Kind blättert das Buch durch und benennt dabei die Beziehungen Handlungsträger – Handlung. Es wird aufgefordert, zu überlegen, welche Kombinationen zusammenpassen und welche nicht, z.B. «Hund lesen» (nach Jeffree und McConkey, 1976).

6. Bieten Sie dem Kind ein Bilderbuch an, bei dem auf der einen Seite ein Gegenstand, auf der anderen eine Person abgebildet ist, die ihn gerade benutzt.

7. Basteln Sie zwei Sets Bildkarten, wobei auf einem Gegenstände oder Personen, auf dem anderen Handlungen zu sehen sind. Legen Sie beide Stapel verdeckt hin. Das Kind dreht jeweils eine der Karten um, «liest», ob das Dargestellte Unsinn ist oder sein kann. Dabei gibt es natürlich lustige Sätze wie «Mond essen». Die Karten können in unterschiedlicher Reihenfolge gelegt werden, um entweder Handlungsträger – Handlung-Beziehungen oder auch Handlung – Objekt/Lokalisation-Beziehungen darzustellen.

Anweisungen geben und Vorschläge machen

1. Jedes Kind darf einmal der «Boß» sein und den anderen sagen, was für die nächste Aktivität gebraucht wird «Scheren holen» (helfen Sie dabei).

2. Die Kinder geben sich abwechselnd Anweisungen, die
- auf Körperteile bezogen sind, wie z.B. «Nase anfassen», «Ohr suchen»;
- mit Handlungen verknüpft sind, wie z.B. «Hände klatschen», «Wand berühren», «Stuhl setzen»;
- auf Gegenstände bezogen sind, wie z.B. «Papier schneiden», «Ball werfen», «Schachtel aufmachen»;
- mit Musikinstrumenten zu tun haben, wie z.B. «Trommel schlagen», «Pfeife blasen».

3. Folge-dem-Leiter: Ein Kind führt als «Leiter» die Kinder im Zimmer herum und gibt ihnen einige teilweise lustige Handlungen vor, z.B. in einen Schrank hinaus- und hineinklettern. Dabei verbalisiert das Kind die Handlungen, die die anderen Kinder ihm nachmachen.

4. «O'Grady sagt...» ist dem eben beschriebenen Spiel sehr ähnlich, jedoch stehen die Kinder in einer Reihe und schauen auf den «Anführer». Dieser gibt anfangs nur Befehle wie «Nase anfassen», später fügt er hinzu «O'-Grady sagt», wodurch sein Satz länger, aber nicht

schwieriger wird. Wenn die Kinder älter sind, kann man die richtigen Regeln einführen *(s. Kap. 3)*.

5. Das Kind gibt dem Teddy oder der Puppe Befehle; werden dabei zwei Puppen benutzt, muß das Kind auch zwei Worte benutzen, um sowohl die Handlung als auch den Handlungsträger zu benennen, wie «Bärbel schlafen».

6. Ähnlich wie Aufgabe 5, nur darf das Kind einen Zirkusdirektor spielen, der den Tierfiguren Befehle gibt, wie z.B. «Tiger springen!» (Derbyshire Language Programme).

7. Das Kind gibt dem Teddy oder der Puppe Anweisungen, die sich auf einen Gegenstand beziehen. Damit sich das Kind auf die Beziehung Handlung-Gegenstand konzentrieren kann, wie z.B. «Lutscher essen», «Auto waschen», wird lediglich ein Objekt eingesetzt. Später kann ein weiteres Objekt mit einbezogen werden.

8. Spielen Sie eine Einladung zum Kaffeetrinken, wobei die Kinder sich gegenseitig sagen sollen, was zu tun ist, z.B. «Saft in Glas», «Teddy Stuhl (sitzen)». Man kann das während der Mahlzeiten, in den Pausen oder in der Spielecke spielen.

9. Spielen Sie abwechselnd einen Zauberer, der alle in Tiere verwandelt, die unter seiner Macht stehen: «Affen hüpfen», «Löwen brüllen» usw.

Das Äußern von Wünschen

Benutzen Sie die bei den Einwortäußerungen aufgeführten Aktivitäten auch für die Zweiwortphrasen. Erarbeiten Sie mit dem Kind verschiedene Möglichkeiten, Wünsche auszudrücken, z.B. «Puppe geben», «Milch haben», «will spielen», «kleines bißchen». Die Übungen für die Ein- und Zweiwortäußerungen können so modifiziert werden, daß Dreiwortphrasen gebildet werden müssen.

Aktivitäten für die Dreiwortäußerungen

Das Kind sollte jetzt in der Lage sein, zu erklären, was es tut, wenn es z.B., um sich Strategien zu geben, beim Nachbauen Sprache einsetzt. Zuerst beschreibt es, was es gerade tut, später, was es tun wird. Zeigen Sie dem Kind, wie man das macht, indem Sie über das sprechen, was Sie oder das Kind gerade machen. Erweitern Sie anfangs die Satzstruktur des Kindes zu Subjekt – Verb-Objekt-Sätzen, wie z.B. «Frau streichelt Hund», und nehmen Sie später adverbiale Bestimmungen dazu, wie z.B. «Mann geht Krankenhaus».

Anweisen und bitten

1. Um einen Satz einfach zu verlängern, ohne ihn komplizierter zu machen, kann das Kind anderen Kindern Anweisungen geben und dabei ihre Namen nennen. Greifen Sie dazu auf die Ideen aus dem vorhergegangenen Abschnitt zurück, z.B. «Susanne, Tisch decken!» «David, Trompete spielen!».

2. In ähnlicher Weise gibt das Kind seinen Spielsachen Anweisungen, benennt sie dabei entweder oder gibt ihnen Namen wie z.B. «Äffchen Saft trinken» bzw. «Muschi Maus fangen».

3. «Bitte-Spiele»: Die Kinder bitten sich gegenseitig um Spielsachen und andere Gegenstände. Die Phrase «bitte» oder «bitte-bitte» bleibt dabei konstant, nur die Objekte ändern sich. Später werden Personennamen dazugenommen, z.B. «bitte Sara Puzzle» oder «bitte-bitte Bastian Eis».

4. Spielen Sie ein Rollenspiel, in dem z.B. drei Kinder die Rollen von Verkäufer, Mama und Kind übernehmen. Die Mama sagt dem Kind, was es einkaufen soll, z.B. «Kaufe Kartoffeln», worauf es zum Verkäufer sagt «Bitte 4 Kartoffeln». Mit dieser Grundform kann man auch z.B. Arzt und Krankenschwester, Im Büro, In der Schule oder Im Restaurant spielen, um ein bestimmtes Vokabular (Lebensmittel, Bekleidung, Haushaltsgegenstände, Gemüse usw.) zu üben. Besonders phantasiebegabte Kinder haben viel Freude, Astronauten, Zauberer, Piraten, Räuber, Polizisten usw. zu spielen.

5. Umzug: Die Kinder spielen abwechselnd den «Boß», der die Umzugsleute anweist, wo sie die Möbel im neuen Haus hinstellen sollen, z.B. «Herd in Küche stellen», «Spiegel ins Bad stellen» (nach dem Derbyshire Language Programme).

Kommentieren und beschreiben

1. Legen Sie sechs verschiedene Gegenstände, z.B. einen Apfel, ein Buch, einen Hut usw. auf den Tisch. Sie sagen dem gegenübersitzenden Kind «ich esse ...», halten inne, um ihm die Möglichkeit zu geben, das entsprechende Wort einzusetzen bzw. auf den jeweiligen Gegenstand zu zeigen. Reagiert es nicht, springen Sie ein, d.h. Sie neh-

men den Apfel und sagen «... einen Apfel». Machen Sie das so lange, bis das Kind regelmäßig antwortet, dann tauschen Sie die Rollen. Geben Sie manchmal vor, Sie hätten die Antwort nicht verstanden, damit das Kind mit einer Dreiwortäußerung antwortet.

2. Einfache Handlungslieder helfen dem Kind dabei, Handlungsbeziehungen auf eine genau vorgegebene Art und Weise auszudrücken: z.B.

> Es tanzt ein Bi-ba-Butzemann in unserm Haus herum, fidelbum
> es tanzt ein Bi-ba-Butzemann in unserm Haus herum.
> Er rüttelt sich, er schüttelt sich,
> er wirft sein Säckchen hinter sich.
> Es tanzt ein Bi-ba-Butzemann in unserm Haus herum.
>
> Wer will fleißige Handwerker sehn,
> der muß zu uns Kindern gehn:
> Stein auf Stein, Stein auf Stein,
> das Häuschen muß bald fertig sein.

3. Spielen Sie dem Kind mit großen Spielsachen eine Handlung vor, die das Kind beschreibt. Falls notwendig, können dabei zwei Elemente konstant bleiben, während das dritte so lange variiert wird, bis das Kind regelmäßig antwortet, z.B. «Mona Bild malen», «Mona Haus malen«, «Mona Baby malen».

Da das Kind häufig mit einer Ein- oder Zweiwortäußerung antworten wird, müssen Sie dem Kind durch häufiges Vorsprechen klarmachen, daß drei Worte nötig sind. Korrigieren Sie die Antwort des Kindes nicht, sondern erweitern Sie sie. Wenn das Kind auch nach häufigem Vorsprechen keine Dreiwortäußerungen produziert, verändern Sie die Situation so, daß das Kind sie zur Verdeutlichung seiner Aussage äußern muß. Dies kann man erreichen, indem eine dritte Person, eine Praktikantin oder ein älteres Kind, die die Situation nicht sehen kann, miteinbezogen wird. Das Kind muß dieser Person dann die Ereignisse beschreiben, wobei sie nachfragen kann, wenn ihr etwas unklar ist, z.B. «Aber *wer* fällt hin?» «*Was* ißt der Teddy?» Sie haben dann die Möglichkeit, dem Kind bei seiner Antwort zu helfen.

4. Die gleichen Aktivitäten können mit Mini-Spielsachen, *Playmobil*-Figuren und Puppenhausmöbeln durchgeführt werden.

5. Auch deutliche *Verbbilder* (z.B. (5)) können solche Satzstrukturen anregen.

6. *Haftbilder* aus Filz (5) oder Plastik (*Habiller*-Wohnen (5)) sind kreative Materialien und eignen sich für diese Aufgaben.

7. Spielen Sie sich abwechselnd Aktivitäten vor, die der andere beschreiben muß.

8. Zeichnen Sie eine Bildfolge von drei Bildern*, die das Kind «lesen» muß, z.B.

Bildersequenz

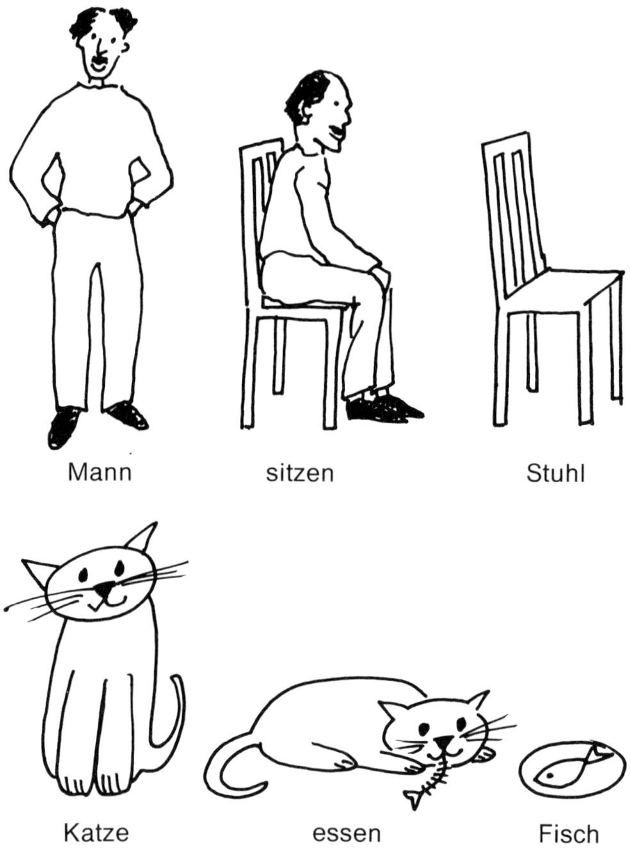

Das Kind «liest» die Bilder anfangs in der Reihenfolge, in der sie gezeichnet sind, indem es aufeinander folgende Einwortäußerungen produziert, dann «liest» es die Bildfolge im Ganzen. Die jeweiligen Bilder dienen dabei zur visuellen Unterstützung.

9. Halbe Bilderbücher (s. vorhergehender Abschnitt): Kleben Sie Bilder von Menschen und Tieren auf die obere Hälfte des Buchs, die von Gegenständen auf die untere Hälfte. Das Kind spricht beim Durchblättern die möglichen Sätze, indem es passende Verben einsetzt. Das ist relativ schwierig, da sich das Kind die Handlungen selbst ausdenken muß. Anfangs sollte daher nur Handlungsträger – Objektbeziehung – Handlung gefordert werden, wie z.B. «Mädchen Bonbon essen», später sollte

* Man kann auch käufliche Abbildungen nehmen, z.B. Bildwortschatz von Franke, Gegenstände auf Fotokarten (5).

das Kind dazu in der Lage sein, Sätze wie «Junge rutscht Rutschbahn», «Katze sitzt Bett» hervorzubringen (nach Jeffree und McConkey, 1976).

10. Das Kind ‹liest› Bilderfolgen, die eine kontrastive Wortstellung aufweisen, wie z.B. «Frau streichelt Katze» und «Katze streichelt Frau». Man kann sich dafür lustige Cartoons ausdenken. Sprechen Sie mit dem Kind über die Wahrscheinlichkeit des jeweiligen Satzes.

11. Legen Sie *Spielteppiche* (3) aus, auf denen ein Aufriß eines Hauses, eines Zoos, eines Parks, einer Stadt, eines Krankenhauses usw. gedruckt sind. Das Kind läßt kleine Figuren darin herumspazieren und sagt dabei: «Bär schwimmen gehen», «Tiger Fleisch essen» usw.

Es können auch Dreiwortphrasen durch die Erweiterung eines bereits vorhandenen Bestandteils gebildet werden, wie z.B. die Erweiterung einer Substantiv-Phrase mit einem Possessivpronomen oder Attribut.

1. Das Kind muß bei grobmotorischen Spielen wie «O'-Grady sagt...» und «Folge-dem-Leiter» u.ä. genaue Anweisungen geben, z.B. «Sandras Zehen anfassen», «über den Tisch klettern».

2. Verkleiden: Es werden zwei Stapel ähnlicher oder identischer Kleider auf den Boden gelegt. Zwei Kinder müssen diese um die Wette anziehen, während ein drittes Kind die Anweisungen dazu gibt, wie «setzt den Hut auf», «zieht die roten Schuhe an». Sobald ein Kind nicht den ganzen Satz sagt, kommt das nächste dran.

Für Kinder, die verlieren können, ist eine Variation mit nur einem Kleiderstapel möglich. Das Kind hat gesiegt, das die meisten Sachen angezogen hat. Währenddessen unterstützen die anderen Kinder die beiden Spieler durch Zurufe wie «los mach!», «beeile dich», «du gewinnst!» «Karin!» usw.

3. Handlungslieder, in denen Adjektive eine große Rolle spielen, z.B. Unser kleiner Bär (Krenzer, 1983):

> Unser kleiner Bär im Zoo, der schläft ganz tief und sacht.
> Unser kleiner Bär im Zoo, der schläft ganz tief und sacht.
> Schnarcht mal laut, mal leise, nach der Bären Weise.
> Doch wenn er erwacht, der Bär, paß auf, was er dann macht.

(Denken Sie sich einen eigenen Text aus, in dem die Adjektive/Adverbien vorkommen, die Sie üben möchten).

4. Versteckspiele: Verstecken Sie abwechselnd Gegenstände im Raum. Derjenige, der versteckt hat, ruft laut, was zuerst gefunden werden soll, und die anderen suchen um die Wette. Sorgen Sie dafür, daß das Kind ein Possessivpronomen oder ein Attribut verwendet, und achten Sie darauf, daß die Begriffe vertraut sind.

5. Es werden Bilder im Raum versteckt oder an der Wand angebracht. Wie oben ruft derjenige, der sie versteckt hat, eines auf, und wer es zuerst entdeckt hat, bringt es dem Kind. Um jedem Kind eine Chance zu geben, setzt der Gewinner immer eine Runde aus. Vergewissern Sie sich, daß genau so viele Gegenstände bzw. Bilder versteckt werden, wie Kinder mitspielen.

Decken Sie nach und nach ein Bild auf, das Kind muß dabei erraten, um was es sich handelt. Anschließend beschreibt es das ganze Bild, z.B. «Mann. Hat einen Schnurrbart.»

7. Das Kind sagt Ihnen, was Sie malen, zeichnen oder machen sollen, z.B.

Mann malen... kickt Ball
hat lange Hosen
fährt großes Auto usw.

8. Stille Post: Flüstern Sie dem ersten Kind eine Phrase ins Ohr, z.B. «Susannes große Augen», «Tomaten sind rot» usw. Diese Phrase wird dann im ganzen Kreis herumgeflüstert; der letzte flüstert es Ihnen wieder zu. Sie sagen sie dann laut. Denken Sie daran, die Sitzordnung immer wieder so zu verändern, daß jedes Kind einmal eine Originalversion zu hören bekommt. Das geht, indem Sie einfach ihren Platz wechseln.

Die Mehrwortäußerungen

Die Länge und Komplexität der Äußerungen kann allmählich gesteigert werden, indem sowohl die Substantivals auch die Verbphrasen immer mehr erweitert und einzelne Äußerungen kombiniert werden. Dafür muß das Kind grammatische Morpheme und zusätzliche Wörter, wie Präpositionen und Adverbien lernen und einsetzen. Die neuen Wörter und Konstruktionen sollten anfangs in kurzen, einfachen Äußerungen eingeführt werden, z.B. das Kind sollte erst «Mama in Küche» lernen, bevor man von ihm «Mama spült in der Küche» erwarten kann.

Grammatische Morpheme

Die meisten Flexionen und Hilfsverben können in die bisher beschriebenen Aktivitäten mit eingebaut werden, wobei man sich am Spracherwerbsablauf *(s.S. 95ff.)* und an der Lernbereitschaft des Kindes orientieren sollte. Da viele der grammatischen Morpheme redundant sind und dem Satz keine neue Bedeutung verleihen, müssen häufig Sie Sprachmodell sein und dabei leicht übertrieben betonen und intonieren. Ein imitierendes Vorgehen, bei dem das Kind Ihre Vorgabe sofort nachahmt, kann hierbei nützlich sein.

Aktivitäten für die Erarbeitung von ‹in›, ‹auf›, ‹an›

Beginnen Sie mit der Präposition ‹in› und führen Sie ‹auf› erst dann ein, wenn das Kind ersteres durchgehend richtig anwendet.

1. Die Kinder rufen einander zu, wo sie sind. Stellen Sie die Möbel im Raum so um, daß möglichst viele Ecken benutzt werden können. Anfangs ist es sinnvoll, sich bei der Verwendung von ‹in› auf richtige Behälter zu beziehen, z.B. auf einen Schrank, eine Schachtel, eine Tasche, einen Papierkorb und erst später auf abstraktere Ort wie z.B. einen Kreis, ein Zimmer, ein auf den Fußboden gelegtes Viereck, eine Ecke des Zimmers.

2. Die Kinder sagen einander, wo sie jeweils hingehen sollen, z.B. *in* die große Schachtel, *auf* den Tisch.

3. Versteckspiel: Geben Sie dem Kind Zeit, um seine Freunde zu suchen. Dann ruft es laut, wo sie sich befinden.

4. Veranstalten Sie Wettrennen, bei denen die drei Präpositionen wichtig sind, wie z.B. ein Sackhüpfen, bei dem der Schwerpunkt auf dem *in* (im Sack) liegt; beim Eierlaufen liegt er bei *auf* (auf dem Löffel) usw.

5. Bauen Sie einen Präpositionen-Parcours auf, z.B. muß das Kind *in* einen Reifen springen, *auf* einen Stuhl klettern, *in* einen Papierkorb hüpfen, *auf* einen Eimer stehen und *auf* eine Schachtel klettern. Die anderen Kinder rufen dabei laut entsprechende Anweisungen. Das Spiel kann auch ein Wettrennen auf Zeit oder ein Gruppenwettbewerb werden.

6. Das Kind sagt Ihnen, wo Sie Spielsachen und andere Gegenstände hinlegen sollen.

7. Das Kind sagt Ihnen oder anderen Kindern, wohin bestimmte Sachen geräumt werden, z.B. «Das gehört *in* den Schrank».

8. Die Kinder verstecken abwechselnd ein Stofftier, das die anderen suchen. Finden sie es nicht, verrät das Kind den Ort.

9. Beim Aufbauen oder Umstellen von Möbeln in der Kuschelecke oder im Puppenhaus kann man auch gut mit Präpositionen arbeiten. Besprechen Sie gemeinsam, wo die Möbel hingestellt werden sollen, oder die Kinder sagen Ihnen, was Sie machen sollen.

10. Lassen Sie Spielszenen mit kleinen Püppchen oder Playmobil-Figuren spielen, um die Benutzung der Präpositionen anzuregen; z.B. mit einer Puppeneinladung zum Tee: «Gieß den Tee in die Tasse», «Stell den Teller *auf* den Tisch». Eine ‹dumme› Puppe kann alles verkehrt machen, und das Kind muß korrigieren und wiederholen (Derbyshire Language Programme).

Andere Themen für solche Spielsituationen sind:

- Einkaufen gehen
- Das Baby ins Bett bringen: *in* das Bett, es zieht den Schlafanzug *an*.
- Sich anziehen: zieh den Pulli *an*.
- Doktorspiel: Medizin *in* die Flasche, Heizkissen *auf* den Bauch.

11. Das Kind sagt Ihnen, wohin Sie die Bilder auf einer *Hafttafel* (5) oder die Figuren auf einem *Spielteppich* (3) tun, oder was Sie wohin zeichnen sollen: Stell den Jungen *auf* den Elefanten.

12. Basteln Sie Bilder mit beweglichen Teilen, malen sie z.B. einen Schlafzimmerschrank, dessen Türen zu öffnen sind und der den Blick auf die Kleider freigibt, oder eine Bettdecke, die man wegnehmen kann. Stellen Sie dem Kind Fragen, z.B. «Wo ist das kleine Mädchen?», während Sie die Bettdecke wegziehen, um es zu zeigen.

Bild mit beweglichen Teilen

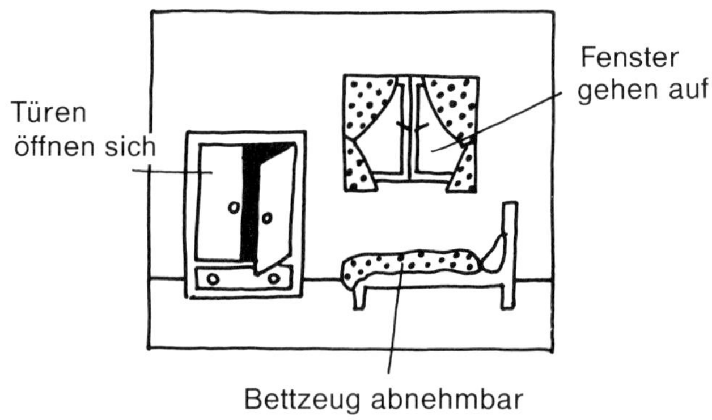

Bildstreifen für die Rückseite des Bildes

13. Auf Ihre Frage beschreibt das Kind, was es auf den *Präpositionsbildern* (5) sieht. Mit Hilfe von dreidimen-

sionalen Büchern und Puzzles kann man diese Übung auf interessante Weise variieren.

14. Denken Sie daran, die Präpositionen besonders zu betonen, wenn sie sich im Alltagsgespräch ergeben, z.B. wenn die Kinder ihre Bilder an die Wand hängen oder ihre Strümpfe suchen. Sagen Sie, was Sie als nächstes tun werden, und formulieren Sie Fragen, deren Beantwortung Präpositionen erfordern, wie z.B. «Wo kommen deine Söckchen hin?» «Wohin legen wir denn die Eier am besten?», aber achten Sie auf das Sprachverständnis.

15. Erzählen Sie Geschichten, wobei Sie die Präpositionen besonders betonen, und stellen Sie dem Kind danach Fragen wie «Und wohin haben die Zwerge das tote Schneewittchen gelegt?» Fangen Sie mit Geschichten an, die die Kinder gut kennen, und gehen Sie dann zu selbstgemachten über.

All diese Aktivitäten lassen sich so verändern, daß damit später auch schwierigere Präpositionen erarbeitet werden können.

Weitere Beispiele sind:

Waschtag – auf eine kleine Wäscheleine werden Puppenkleider aufgehängt; oder Sie schneiden gezeichnete Kleider aus, um sie mit einem Klebestift auf einer Wäscheleine auf Papier anzubringen. Das Kind gibt Anweisungen: «Häng die Hose neben das Hemd».

Tunnel: Die Kinder spielen Fangen. Sind sie gefangen, müssen sie sich breitbeinig hinstellen. Sobald eine freie Person unter ihnen durchkrabbelt, sind sie wieder frei.

Hindernisrennen: Beispiele, wo man *über* etwas springt, *unter* etwas durchkrabbelt usw.

(S. auch Kap. 4 über das Verstehen von Präpositionen.)

Aktivitäten für die Pluralbildung

1. Das Kind kann Pluralformen erlernen, indem man ganz klar den Unterschied zwischen einem und mehreren Dingen betont. Das geschieht über ein Wörtlichnehmen der kindlichen Äußerungen. Bittet es beispielsweise beim Mittagessen «Will Nudel», dann bekommt es auch nur eine. Oder fragt es «Schuh zu?», dann fragen Sie zurück «Nur einen Schuh? Nicht beide Schuhe?» Denken Sie daran, immer die richtige Struktur vorzugeben, wenn das Kind anzeigt, daß es mehr als ein Objekt haben will.

2. Reime, Lieder und Fingerspiele fördern die Aufmerksamkeit für die Pluralformen und lassen sich gut als Übung dafür verwenden, «Zehn kleine Negerlein» z.B. oder «Fische, Fische, Fische ...».

3. Beim Verkleiden und Sich-an- und -ausziehen läßt sich der Plural auch gut einsetzen, da Schuhe, Socken, Strümpfe, Handschuhe und Ärmel immer paarweise vorkommen. Das Kind kann Ihnen sagen, was Sie, es selbst, ein anderes Kind oder eine Puppe anziehen sollen.

4. Genauso kann man sich mit einer Papierpuppe mit Papierkleidern beschäftigen.

5. Basteln Sie ein Heft mit einem Objekt auf der einen und mehreren identischen oder ähnlichen Objekten auf der gegenüberliegenden Seite. Damit hat das Kind einen visuellen Hinweis beim Benennen der jeweiligen Bilder.

Buch für den Plural

Die Benutzung von Wörtern wie *viele* trägt dazu bei, die Pluralität zu betonen, z.B. *eine Blume – viele Blumen.*

6. Basteln oder kaufen Sie eine *Arche Noah* (2) voller Tiere, die natürlich alle paarweise vorkommen mussen.

Die unregelmäßigen Vergangenheitsformen

Wenn ein Kind eine Regel gelernt hat, wendet es sie häufig auch auf die unregelmäßigen Formen an, die es zuvor korrekt produziert hat (Holtz, 1989). Daher ist eine direkte Erarbeitung der unregelmäßigen Formen erst nach dem Beherrschen der regelmäßigen Formen als sinnvoll zu betrachten.

Artikel

Wenn die Artikel auftauchen, sind sie in der Regel korrekt für den Genus markiert, also der, die, das, ein, eine, eines. Es gibt gelegentlich eine Übergeneralisierung von *die* (Szagun, 1986). Da die unbestimmten Artikel abstrakter sind (außer als Mengenbestimmung), werden sie später erlernt. Die Anwendung der bestimmten Artikel folgt im Deutschen keiner Regel (Holtz, 1989), so daß die Kinder den Gebrauch wirklich lernen, d.h. immer wiederholen müssen, bis sich der Wortklang eingeschliffen hat. Wichtig ist daher, daß das Kind vor der Produktion des Artikels sicher im Hören sein muß. Lassen Sie es also raten, z.B. «Heißt es, *das* Haus oder *die* Haus?» Erst wenn es solche Fragen fast immer richtig beantworten kann, ist das Üben sinnvoll.

Hilfsverben

Das erste Hilfsverb, das das Kind erlernt, ist ‹haben›, da es konkreter ist als die Formen von *sein* (Szagun, 1986). Man kann es in vielen Alltagssituationen üben, z.B. immer dann, wenn das Kind oder seine Puppen, Bären etc. etwas bekommen sollen. So kann das (kleine) Kind beim Verteilen etwa für die Puppe bitten «Lena auch haben». Oder man vergleicht bei einem Domino, wer welches Bild hat: «Ich habe die Sachen zum Anziehen», «Ich habe das Auto» usw. Der Einsatz von *haben* in einer Vergangenheitsform «habe geweint», «habe geschummelt» läßt sich ebenfalls sehr gut im Alltagsgespräch fördern. Alle interessierten Fragen, was das Kind gemacht hat, provoziert das *haben* in der Vergangenheitsform. Allerdings ist es ziemlich redundant, man versteht den Satz auch nur mit dem Partizip Perfekt des Verbs. Daher ist es sinnvoll, diese Form in eine Aktivität zu kleiden, die einen entsprechenden Standardsatz nötig macht: z.B. beim Fotografierspiel, wo Sie das Kind mit geschlossenen Augen im Raum zu einer bestimmten Stelle führen. Dort macht es kurz die Augen auf, «klick», wieder zu, und erzählt anschließend «Ich habe den Schreibtisch gesehen». Dann werden die Rollen getauscht.

Die Zeiten

Sobald das Kind ein Zeitverständnis zeigt, indem es darüber spricht, was geschehen ist und was passieren wird, ist es wohl auch dazu bereit, die entsprechenden Markierungen für die Zeiten zu lernen.

Die Vergangenheit

Für das Kind ist es leichter, die Vergangenheit in der Perfektform zu lernen als in der Imperfektform.

1. Fragen Sie das Kind: «Was hast du gemacht/getan/gemalt?» usw., wenn es eine Beschäftigung beendet hat.

2. Schicken Sie das Kind zu einem anderen Erwachsenen oder einem Kind, sobald es mit einer Beschäftigung fertig ist, um dieser zu erzählen, was es gemacht hat.

3. Inszenieren Sie Spielsituationen mit kleinen Püppchen, z.B. einen Puppengeburtstag, bei dem die Puppe die Kerzen auf dem Kuchen ausbläst. Fragen Sie das Kind danach, was alles passiert ist, und stellen Sie offene Fragen.

4. Nutzen Sie jede sich spontan bietende Gelgenheit, um die Vergangenheitsformen zu üben. Fordern Sie die Kinder z.B. auf, genau hinzuhören, wenn beispielsweise ein Flugzeug brummt oder ein Lastwagen rumpelt. Fragen Sie dann «Was war das?».

5. Stellen Sie die Vergangenheit und die Gegenwart anhand von *Handlungsbildern* (5) einander gegenüber. Möglicherweise erfordert das ein häufiges Üben, das man durch eine unterhaltsame Art der Präsentation jedoch auflockern kann.

Bilderbuch für das Präsens und das Futur

Fußballer, der einen Elfmeter schießen wird — Fußballer, der einen Elfmeter schießt

6. Erzählen Sie den Kindern eine einfache Geschichte oder einen Kinderreim (in der Vergangenheitsform), z.B. den Fingerreim

> Der ist ins Wasser gefallen,
> der hat ihn wieder rausgeholt,
> der hat ihn ins Bett gesteckt,
> der hat ihn zugedeckt,
> und der kleine Schelm,
> der hat ihn wieder aufgedeckt.

Lassen Sie die Kinder dies spielen, daß sie sich merken können, was passiert ist. Danach wird die Geschichte nacherzählt. Beginnen Sie mit bekannten Geschichten und Reimen.

7. Vergrößern Sie allmählich den Abstand zwischen dem Handlungsende und dem Zeitpunkt, an dem das Kind darüber spricht. Wenn es beispielsweise etwas geknetet hat, fordern Sie es erst einmal auf, aufzuräumen, bevor Sie es fragen, was es gemacht hat.

8. Unterstützen Sie das Kind dabei, nach dem Kindergarten zu erzählen, was es gemacht hat. Greifen Sie die Beschäftigung auf, die das Kind wohl am meisten beeindruckt hat. (Wenn das Kind nichts Aufregendes oder Interessantes gemacht hat, ist es natürlich nicht motiviert, zu erzählen.)

9. Geben Sie den Kindern Gelegenheit, jeweils unterschiedliche Sachen zu machen, so daß sie sich hinterher gegenseitig erzählen können, was sie gemacht haben.

10. Falls Sie die entsprechenden Geräte haben, zeigen Sie den Kindern einen kurzen Film, oder schauen Sie sich gemeinsam *Sesamstraße* an. Reden Sie hinterher mit den Kindern darüber. Die Sendungen müssen kurz und interessant sein. Mit Video können Sie Sequenzen häufiger ansehen, so daß die Kinder überprüfen können, an was sie sich erinnern.

11. Lassen Sie die Kinder Ausflüge, Besichtigungen und besondere Anlässe, die vor kurzem stattfanden, nachspielen und erzählen. Dabei können visuelle Hilfen den Kindern das Erinnern erleichtern, so daß sie sich besser auf die Sprachformen konzentrieren können.

Das Futur

Bevor das Kind die Formen für das Futur benutzt, kann man ihm die Adverbien *gestern, morgen* anbieten, um die Bedeutung der Zeiten zu erklären.

1. Lenken Sie die Aufmerksamkeit des Kindes auf die unmittelbare Zukunft, indem Sie es fragen, was es nachher gern spielen, trinken, essen, anziehen usw. wird.

2. Spielen Sie Situationen mit kleinen Spielsachen durch, z.B. Vater-Mutter-Kind-Situationen mit kleinen Püppchen, und fragen Sie das Kind, was als nächstes passieren wird. «Das Baby ist sehr müde, was wird die Mama tun?»

3. Führen Sie mit dem Kind Handlungen aus, bei denen eine ganz bestimmte Reihenfolge eingehalten werden muß, z.B. sich anziehen, einen Kuchen backen oder eine Tasse Tee machen; fragen Sie das Kind in jeder Pause «Was werden wir jetzt tun?» Machen Sie das auch in solchen anderen Situationen, in denen das Kind normalerweise Handlungen in einer bestimmten Art ausführt.

4. Basteln Sie Bilderbücher, die auf der einen Seite Leute zeigen, die unmittelbar davor stehen, Handlungen auszuführen. Auf der anderen Seite wird gezeigt, wie sie diese durchführen, z.B. ein Fußballer bei der Vorbereitung auf einen Elfmeter und bei dessen Ausführung; ein Flugzeug kurz vor dem Start und in der Luft. Das hilft den Kindern, von der Gegenwart, wie z.B. «Das Flugzeug ist auf der Erde», zum Futur überzuwechseln, wie «Das Flugzeug wird gleich fliegen».

5. Bildergeschichten: Zur Vorbereitung erzählen Sie dem Kind anhand von Karten *Bildergeschichten* (5), die Sie in der richtigen Reihenfolge legen. Sobald auch das Kind die Bilder richtig legen kann, erzählt es die Geschichte selbst. Machen Sie die Kinder auf die Bedeutung von *dann* und *danach* aufmerksam, um den Erzählfluß in Gang zu halten. Achten Sie darauf, daß die Verbformen immer die gleiche Zeit ausdrücken.

6. Comics und Cartoons setzt man entweder ganz oder auseinandergeschnitten ein, um sie vom Kind wieder in die richtige Reihenfolge bringen zu lassen.

7. Verkäufer/in: Das Kind erzählt Ihnen, was es einkaufen wird. Das wird anschließend gespielt.

8. Probe: Mit Hilfe von Rollenspielen lassen sich reale Situationen einüben, z.B. Süßigkeiten einkaufen oder ins Kino gehen. Sie unterstützen das Kind beim Planen.

9. Morgen: Sie spielen gemeinsam ein Frage-Antwort-Spiel, das folgende Muster aufweist.

Therapeutin: «Was wirst du morgen kaufen, mein Freund?»

Kind: «Ich werde morgen einen neuen Mantel kaufen, meine Dame.»

T.: «Was wirst du morgen essen, mein Freund?»

K.: «Ich werde morgen einen guten Apfel essen, meine Dame.»

T.: «Wen wirst du morgen besuchen, mein Freund?»

K.: «Ich werde morgen die Königin besuchen, meine Dame!»

Dazu kann man auch entsprechende Handlungen ausführen.

Aktivitäten für Ja-Nein-Fragen

Wenn alles nach den Erwartungen des Kindes verläuft, und es nie irgendwelche Probleme hat, können seine Fragen sehr stereotyp und begrenzt sein. Echte Fragen sollte man jedoch nie ignorieren, um das Kind nicht zu entmutigen.

Möglicherweise müssen die Frageformen sehr häufig vorgegeben werden.

1. Ratespiele:

- Das Kind denkt sich etwas aus, das sich im Raum befindet, und das die anderen zu erraten versuchen. Die gestellten Fragen sind meist sehr konkret.
- 20 Fragen: wie oben, aber die Zahl der Fragen ist auf 20 beschränkt. Später sollte man sie ermutigen, mit Fragen einzukreisen, z.B. zu fragen «Ist es groß?», «Ist es ein Tier?»
- Die Kinder versuchen den Inhalt eines Pakets zu erraten.
- Zeichnen Sie die Umrisse eines Gegenstandes auf, den die Kinder erraten müssen.
- Die Kinder versuchen zu erraten, welcher Gegenstand vorgespielt wird.
- Die Kinder hören eine Kassettenaufnahme alltäglicher Geräusche oder Tiergeräusche und versuchen diese zu erraten.
- Die Kinder sehen sich Fotos ganz alltäglicher, aber aus einem ungewöhnlichen Blickwinkel aufgenommener Gegenstände an und erraten sie.

2. Stellen Sie Gefühle dar, indem Sie lächeln, weinen, mit der Faust drohen, gähnen usw. und die Kinder fragen «Bist du glücklich/traurig?» usw.

3. Ein Kind spielt ein bestimmtes Tier, und die anderen fragen «Bist du ein Löwe?» usw.

Aktivitäten für W-Fragen und offene Fragen

1. Jedes Kind ist einmal verantwortlich, die anderen bei den Mahlzeiten und in den Pausen zu fragen, was sie essen und trinken möchten.

2. Die Verantwortung für das Austeilen der Spielsachen, der Mal- und Bastelmaterialien liegt bei einem Kind, das die anderen fragt, was sie brauchen.

3. Bieten Sie manchmal neue Spiele und Spielsachen an, ohne sie den Kindern detailliert zu erklären. Das Kind, das Sie fragt, wie das Spiel geht, kann dabei die entsprechenden Frageformen erlernen (Berry, 1980).

4. Bei den oben beschriebenen Versteckspielen muß derjenige, der die versteckten Kinder sucht, fragen, wo sie sind oder wo sie die Gegenstände versteckt haben.

6. Das Kind stellt einer Handpuppe Fragen, die Sie an deren Stelle beantworten.

7. Auch Handlungsspiele und Reime beinhalten oft Fragen.

8. Führen Sie Gespräche, bei denen sie sich gegenseitig Fragen stellen, z.B. über ihre Familie, ihre Haustiere, ihre Lieblingsmusik, was sie am liebsten essen, ihre Lieblingsmärchen, -bücher, -geschichten usw.

9. Ursache – Wirkung: Abbildungen mit Darstellungen von Ursache–Wirkung unterstützen das Kind bei der Formulierung kausaler Beziehungen. Das führt zum Verständnis und zum korrekten Gebrauch von Warum-Fragen.

Allgemeine stimulierende Aktivitäten für das ältere Kind

Die im folgenden aufgezeigten Aktivitäten unterstützen das Sprechen der Kinder und ihre Kommunikation untereinander.

1. Alles was mit Spielen zusammenhängt *(s. Kap. 3).*

2. Basteln oder malen.

3. Sportliche Aktivitäten wie Mannschaftsspiele, Tauziehen, Wettrennen, Fangen, Hüpfen, Seilspringen usw.

4. Schule spielen: Die Kinder übernehmen meist gern die Lehrerrolle.

5. Geschichten zuhören, deren Inhalt besprechen und nacherzählen.

6. Anderen Kindern, denen die Augen verbunden sind, Personen, Gegenstände oder Bilder beschreiben.

7. Kommentare zu wirklichen Abläufen oder Ereignissen geben, die pantomimisch oder schauspielerisch dargestellt werden.

8. Kommentare zu Stummfilmen oder Fernsehsendungen mit abgeschaltetem Ton geben (falls die Kinder das aushalten können!).

9. Puppentheater-Stücke aufführen. Man kann mit kleinen Figuren aus Karton oder aber auch mit Marionetten oder Kasperlepuppen spielen.

10. Das Beschreiben von Handlungsabläufen, wie man beispielsweise eine Tasse Tee zubereitet, seine Zähne putzt, ein Bad nimmt usw.

11. Gedächtnisspiele, die um ein bestimmtes Wortfeld herum aufgebaut sind, wie z.B. «Meine Tante fährt nach Amerika, sie nimmt... mit», wobei sich die Liste der

Dinge jedesmal um eines erweitert. Dabei wird neben dem Gedächtnis auch der Gebrauch von *und* zur Verbindung von Wörtern gefördert.

12. Satzergänzungen: Das Kind muß sich ein Wort ausdenken, um einen Satz zu beenden, oder es scheidet aus. In einem fortgeschrittenen Stadium fügen Sie und das Kind abwechselnd ein Wort aneinander und versuchen, einen Satz möglichst lang werden zu lassen.

13. Fortsetzungsgeschichten: Beginnen Sie eine Geschichte, am besten anfangs ein bekanntes Märchen, zu erzählen. An einem strategisch wichtigen Punkt macht das neben Ihnen sitzende Kind weiter. So geht es den ganzen Kreis durch, und schließlich beenden Sie die Geschichte.

14. Machen Sie Ausflüge und Besichtigungen zu interessanten Orten, wie Zoos, Parks, Supermärkte, Ausstellungsräume von Autohändlern usw. Lassen Sie danach einen Erlebnisbericht mit Fotos, Zeichnungen, vielleicht in Form eines Prospekts gestalten.

15. Das Anlegen von Sammelalben, Zusammenstellen von Sammlungen oder Schaukästen ist hilfreich.

16. Diskussionen sind fast über jedes Thema möglich, vorzugsweise über eines, das ein Kind in die Gruppe mitgebracht hat oder über einen Vorfall, der von den Kindern beobachtet wurde, über ein Thema aus den Nachrichten, eine Frage eines Kindes, eine Fernsehsendung, die alle gesehen haben usw. Unterstützen Sie die Gespräche durch Bilder und Rollenspiele (Berry, 1970).

17. Märchenspiele mit Ungeheuern, Wesen von einem anderen Stern, Hexen, Riesen und Zauberern.

18. Problemlösungen: Greifen Sie Situationen auf, die tatsächlich aufgetreten sind, z.B. daß die einen Kinder lieber malen, die anderen lieber Geschichten hören möchten. Diskutieren Sie gemeinsam, und finden Sie Lösungen.

19. Die Lösung hypothetischer Probleme: Hierbei muß man visuelle Hilfen geben, um die Sache so konkret wie möglich zu machen. Erzählen Sie eine Geschichte eines Kindes, das z.B. sein Geld verloren oder eine Waschmaschine kaputt gemacht hat, und fragen Sie die Kinder, was sie in dieser Situation machen würden. Sind die Kinder weiter, sprechen Sie nicht über den Ausgang des Problems, sondern fragen die Kinder, was sie tun würden.

20. Was ist falsch? z.B. in S. Ball: *Ich glaube fast, hier stimmt was nicht.* Oder Heuss/Wernhard: *Sehen Hören Sprechen 2.*

21. Übertragen Sie dem Kind Verantwortung, besonders innerhalb einer Gruppe. Kinder, die sich nützlich und wichtig fühlen, haben mehr Selbstvertrauen.

Kapitel 6
Wahrnehmung

Aktivitäten zur Förderung der Perzeption

Kapitel 6
Wahrnehmung

Einführung

Wahrnehmung wird definiert als die Informationsaufnahme durch die Sinne – Sehen, Hören, Schmecken, Fühlen und Riechen. Sie hat hier auch die Bedeutung von «die Zuordnung der Bedeutung zu den physikalischen Phänomen in der Umgebung des Kindes» (Fraser und Blockley, 1982). Dieses Kapitel handelt hauptsächlich von der visuellen, auditiven und taktilen Perzeption.

Die Beziehung zwischen Wahrnehmung und Sprache ist umstritten. Reynell (1980), Bloom und Lahey (1978) und andere führen Wahrnehmung als wichtig für das Erlernen von Sprache an, da die kognitive Entwicklung auf wichtigen perzeptuellen Erfahrungen basiert. Die Begriffskonzepte beim Abschätzen beruhen beispielsweise auf der perzeptiven Fähigkeit, Längen, Größen und Mengen vergleichen und unterscheiden zu können. Unklar ist jedoch, welche Art Wahrnehmungstherapie nützlich ist, da eine unmittelbare Auswirkung von Wahrnehmungsübungen mit nichtsprachlichem Material auf den Spracherwerb nicht erwiesen ist. Wir wollen solche Widersprüche hier nicht detailliert untersuchen, sondern lediglich einige Begriffe erklären und die eine oder andere Untersuchung erwähnen, die Sie interessieren könnte.

Der Einsatz von Wahrnehmungstraining

1. Wahrnehmung ist eine wichtige Grundlage für die Entwicklung des Sprachverständnisses und der Kognition.

2. Wahrnehmungsübungen können die Konzentration des Kindes lenken, fokussieren und verbessern und haben daher ihren festen Platz in der Therapie von Aufmerksamkeitsstörungen.

3. Übungen zur auditiven Wahrnehmung verbessern die Fähigkeiten zum Hören und Zuhören.

4. Viele Wahrnehmungsaktivitäten können nonverbal demonstriert und ausgeführt werden, was für Kinder mit Sprachverständnisstörungen hilfreich ist.

5. Neben den Wahrnehmungsfähigkeiten kann die damit verbundene Sprache geübt werden.

6. Wahrnehmungstraining kann die Selbst-Organisation und das strukturierte Denken fördern.

7. Wahrnehmungstraining kann sinnesbehinderten Kindern helfen, ihre verbliebene Seh- und Hörfähigkeit einzusetzen.

Kinder, deren Sprachstörungen eindeutig aus den schlechten Wahrnehmungsfähigkeiten resultieren, z.B. die Fraser-Blockley-Typen*, profitieren direkt von den Übungen.

Untersuchung

Die Untersuchung der Wahrnehmung geschieht meist im Rahmen eines Entwicklungstests. Die gewonnenen Ergebnisse müssen noch durch Beobachtungen der Therapeutin im Bereich der visuellen, auditiven und taktilen Fähigkeiten ergänzt werden und sagen aus, ob und welche Modalität direkt geübt werden muß.

Entwicklungschecklisten wie die von Kiphard, Franken-

* Die Fraser-Blockley Sprachstörung soll eine spezielle Störung aufgrund einer Wahrnehmungsstörung sein. In: The Language Disordered Child, Fraser, G. M. und Blockley, J. NFER Nelson Publishing Co Ltd., 1982.

burg und Dodds, Hellbrügge und Griffiths geben einen Überblick über das normal entwickelte Kind:

1. Kiphard, E.J. (o.J.): Entwicklungsgitter 1–48 Monate.

2. Frankenburg et al. (1976): Denver Entwicklungsskalen. Dt. Bearbeitung Flehming, I. et al. (1973).

3. Griffith, R. (1983): *Entwicklungsskalen* für 0–8 Jahre.

4. Hellbrügge, T. et al. (1978): *Münchener Funktionelle Entwicklungsdiagnostik. 1. Jahr.*

Köhler, Engelkraut u. Hellbrügge (1983): *Münchener Funktionelle Entwicklungsdiagnostik für das 2. und 3. Lebensjahr.**

Formale Tests

1. Lockowand (1979): *Frostigs Entwicklungstest der visuellen Wahrnehmung.* Tests für die Visomotorik, Figur-Grund-Wahrnehmung, Formkonstanz, Raumlage und räumliche Beziehungen.

2. Angermaier, M. (1974): *Psycholinguistischer Entwicklungstest.* Untertests für das auditive Gedächtnis, für visuelle Assoziation u.a.

3. Ayres, J. (1972): *Southern California Sensory Integration Tests.*

4. Snijders-Oomen und Snijders: *Snijders-Oomen nicht verbale Intelligenzuntersuchung.* Untertests für visuelle Unterscheidung, Sortieren, Analogien, Mosaik usw.

Visuelle Wahrnehmung

«Schauen bedeutet, dem, was man sieht, Aufmerksamkeit zu schenken mit dem Ziel, seine Bedeutung zu erfassen» (Sheridan, 1973). Unter diesem Begriff subsummieren wir visuelle Diskrimination, Zuordnen, Sortieren, Formkonstanz, räumliche Beziehung, Absuchen, visuelles Sequenzieren und Nachschauen.

Visuelle Diskrimination ist die Fähigkeit, Gleiches und Unterschiedliches wahrzunehmen. Wir können Farben, Größen, Formen, Dimensionen usw. diskriminieren. Formdiskrimination entwickelt sich recht langsam: Kleine Kinder finden es leichter, Formen zuzuordnen als sie zu zeichnen, weil letzteres eine genauere Wahrnehmung der Umrisse und gute Visomotorik erfordert. Bis 2½ Jahre ordnen Kinder Formen auf der Basis des Versuchs und Irrtums zu, während es 3–4jährigen eine Hilfe ist, wenn sie mit den Formen manipulieren können. Bis zum Alter von 6 Jahren sind einfache Formen leichter als komplexe (Vernon, 1970).

Zuordnen und Sortieren ist perzeptiv, wenn es um Farben oder Formen geht; es ist begrifflich beim Sortieren nach der Funktion. Nach Reynell kann ein 2jähriges zwei gleiche Objekte zuordnen und mit 2½ bis 3 Jahren auch zwei nichtidentische Objekte nach Hauptfarben, einfachen Formen oder Größen zuordnen. Dann ordnet das Kind immer mehr Objekte zueinander, zuerst mit nur einer Eigenschaft, z.B. der Farbe, dann mit zweien, z.B. der Farbe und der Form.

Die **Figur-Grund-Unterscheidung** ist die wichtige, grundlegende Fähigkeit, ein Objekt vor seinem Hintergrund zu erkennen. Sie entwickelt sich durch die Handlung und die Vorliebe des Kindes für dreidimensionale Dinge.

Formkonstanz ist das konstante Wiedererkennen von Objekten, Menschen, Formen etc. Die unterschiedliche Größe, der andere Blickwinkel und die Entfernung zum Kind spielen keine wichtige Rolle (Bryant, 1974). Formkonstanz ist ein wichtiger Teil des Objekt-Konzepts *(s. Kap. 1).*

Räumliche Beziehung weist auf die relative Position von Objekten im Raum hin, d.h. auf die Winkel und Entfernungen zwischen ihnen; ob sich ein Objekt nun auf oder in einem anderen befindet usw. Zuerst muß das Kind aber seine eigene Lage im Raum kennen, und bei der Erforschung seiner Umgebung lernt es durch Versuch und Irrtum, die Winkel, Entfernungen und Dimensionen visuell abzuschätzen.

Absuchen ist die Fähigkeit, visuelle Informationen innerhalb des Gesichtsfeldes zu lokalisieren und assimilieren. Erst mit 7 Jahren sind Kinder wirklich gut im Absuchen (Vernon, 1970). Von daher können wir nicht davon ausgehen, daß ein Vorschulkind all das sieht, worauf es schaut.

(Visuelles Sequenzieren finden Sie im Bereich Sequenzierung, Nachschauen in Kap. 2 und 3).

* Užgiris u. Hunt (1987): Ordinalskalen zur sensomotorischen Entwicklung.

Auditive Wahrnehmung

Die Definition von Sheridan (1973) sagt: «Zuhören bedeutet, die Aufmerksamkeit auf das Gehörte richten, um die Bedeutung zu interpretieren.» Dies beinhaltet die auditive Diskrimination, das auditive Sequenzieren und die Geräuschlokalisation.

Auditive Diskrimination ist die Wahrnehmung gleicher und unterschiedlicher Laute. Das Kind unterscheidet sehr früh zwischen menschlichen und anderen Lauten bzw. zwischen Sprech- und anderen Lauten. Es lernt sowohl unterschiedliche Stimmen zu diskriminieren, z.B. die seiner Mutter und die der Nachbarin, als auch verschiedene Geräusche, z.B. das Türklingeln und das Telefon. Später muß es dann verschiedene Phoneme auseinanderhalten.

Lautlokalisation ist die Fähigkeit, eine Lautquelle auszumachen. Damit kann man sich und den Sprecher lokalisieren und Laute bzw. Geräusche Objekten zuordnen. Hört ein Kind nicht, woher ein Laut kommt, ist eine sinnvolle Assoziation zwischen einem Laut und seiner Quelle nur schwer zu schaffen.

(Auditives Sequenzieren finden Sie unter Sequenzieren).

Taktile Wahrnehmung

Unter taktiler Wahrnehmung verstehen wir die Fähigkeit, durch den Tastsinn Informationen aus der Umgebung aufzunehmen. Wir zählen taktile Diskrimination, Zuordnen und Sortieren dazu. Kleine Kinder lernen viel durch Berührung und Manipulation, und leicht vergessen wir, daß das auch bei älteren Kindern zutrifft.

Multi-sensorische Integration

Für die Konzept- und Sprachentwicklung ist die Integration der ankommenden visuellen, taktilen und auditiven Reize nötig. Das bedeutet beispielsweise, daß das Kind Aussehen, Klang und Beschaffenheit einer Trommel auf das gleiche Objekt zurückführt. Kinder, denen die sensorische Integration Schwierigkeiten macht, haben nur instabile Konzepte für den Spracherwerb (Bloom und Lahey, 1978).

Eine Integrationsstörung, bei der sich das Kind nur einer Modalität auf einmal zuwenden kann, hat ernste Auswirkungen auf den Spracherwerb. Dieser erfordert nämlich die gleichzeitige Verarbeitung sowohl des Sprechens als auch des Ereignisses, auf das sich das Sprechen bezieht (Reynell, 1980) (*s. Kap. 2*).

Sequenzieren

Sequenzieren ist die Fähigkeit, eine Ordnung zeitlich oder räumlich wahrzunehmen oder vorherzusagen. Räumliches Sequenzieren bezieht sich auf die Ordnung von Objekten in ihrer Position im Raum, z.B. Perlen, die in einer rot-blau-rot-blauen Reihe aufgefädelt werden. Zeitliches Sequenzieren bezieht sich auf die Ordnung in der Zeit. Auditive Stimuli werden fast immer zeitlich wahrgenommen. Visuelle Stimuli können entweder zeitlich oder räumlich wahrgenommen werden, obgleich meist letzteres der Fall ist (Hermelin und O'Connor, 1967).

Die Beziehung der Sprache zur allgemeinen Sequenzierfähigkeit ist sehr umstritten. Einige Forscher fanden bei sprachverzögerten Kindern eine allgemeine Unfähigkeit zur Sequenzierung (z.B. Poppon), andere nur eine auditive Störung (z.B. Menyuk, 1964). Wieder andere fanden kein Anzeichen für eine ursächliche Beziehung zwischen Sequenzierungsdefiziten und Sprachstörungen; Bloom und Lahey (1970) meinen, daß ein Kind mit beiden Schwierigkeiten eine möglicherweise unerkannte zentrale Störung hat.

So ist man sich natürlich auch nicht einig, ob Aufgaben mit nonverbalem Sequenzieren für die Sprachtherapie nützlich sind. So werden sie wohl bei bestimmten sprachgestörten Kindern eingesetzt, aber da Forschungen noch keine eindeutigen Aussagen darüber machen, sollte man sich noch nicht festlegen. Die hier vorgeschlagenen Aktivitäten sind hilfreich für das organisierte, logische Denken, zur Förderung von Aufmerksamkeit und Konzentration bei Kindern, die damit Schwierigkeiten haben.

Gedächtnis

Viele Wahrnehmungsaufgaben fordern Gedächtnisfähigkeiten. Dabei auftretende Fehler gehen eher auf ein eingeschränktes Gedächtnis zurück als auf eine Wahrnehmungsstörung. Die meisten auditiven Aufgaben haben eine Gedächtniskomponente; soll das Kind beispielsweise zwischen zwei versteckten Musikinstrumenten diskriminieren, muß es sowohl das visuelle Bild der Instrumente als auch ihren Klang behalten.

Zwar gibt es die Tendenz, Gedächtnisaufgaben in visuelle, auditive und taktile einzuteilen, doch ist keinesfalls sicher, daß sie getrennt sind. Vorschulkinder haben weniger Erinnerungsstrategien als Erwachsene. Conrad meint, daß Kinder unter 5 unfähig sind, Sprache als Gedächtnisstütze einzusetzen. Man hat Anhaltspunkte gefunden, daß Kinder sich Bilder vorstellen, um sich an etwas zu erinnern. Zeigt man beispielsweise einem Kind ein Bild einer Katze und eines Stuhls, entfernt dann das Katzenbild, muß es eine visuelle Vorstellungskraft aktivieren, um sich beide Bilder zusammen zu vergegenwärtigen. Kleinere Kinder setzen diese Strategie auch bei auditiven Gedächtnisaufgaben ein.

Ältere Kinder greifen bei Gedächtnisaufgaben häufiger auf die Sprache zurück, z.B. erinnern sie sich an ein fehlendes Bild, indem sie sich an dessen Bezeichnung erinnern. Zum kurzfristigen Erinnern ist die verbale Stütze hilfreich, aber Untersuchungen zum lauten Benennen als Hilfe für langfristiges Erinnern ergaben keine positiven Ergebnisse (Hermelin und O'Connor, 1967).

Richtlinien für die Therapie

1. Die Therapie sollte sich am Entwicklungsablauf orientieren.
2. Verbale Instruktionen müssen auf das Sprachverständnis des Kindes zugeschnitten sein.
3. Aufgaben und Materialien sollten, auch in ihren Variationen, immer den Entwicklungsstand des Kindes berücksichtigen – erwarten Sie also keine große Ausdauer bei einer Aufgabe.
4. Vergrößern Sie nach und nach die perzeptuelle Komplexität der Aufgabe, aber gehen Sie sicher, daß vor der Einführung von etwas Neuem jeder Schritt gefestigt ist. Machen Sie je nach Bedarf Aufgaben einfacher oder schwieriger.
5. Gestalten Sie die Aufgaben mit Material, das das Kind interessiert, so erfreulich wie möglich.
6. Eine Aufgabe sollte immer innerhalb der Fähigkeiten des Kindes liegen, so daß es nur wenig Mühe hat und kaum Hilfe von Erwachsenen braucht. Das Kind sollte bald Erfolge verzeichnen können.
7. Das endgültige Ziel ist die verbesserte Sprachfähigkeit, Perzeptionstraining sollte also kein Ersatz für, sondern ein Zusatz zur Sprachtherapie sein.

Aktivitäten für die Wahrnehmung

Wir haben die Aktivitäten zwar nach ihrem Schwierigkeitsgrad aufgelistet, aber jedes Kind entwickelt sich verschieden, und was schwierig für das eine ist, kann relativ einfach für das andere sein. Hat ein Kind eine vorhergehende Aufgabe nicht bewältigt, bedeutet das nicht automatisch, daß es die späteren auch nicht kann. Wenn ein Kind eine Aktivität können müßte, aber nicht damit klarkommt, nehmen Sie die Art, wie Sie sie angeboten haben, unter die Lupe. Haben Sie sie vereinfacht und ausreichend Hilfen angeboten? Haben Sie ihm mit Strategien geholfen? Gab es zu viel Ablenkung, oder verwirrte das sprachliche Angebot? Waren bei der Aufgabe noch andere Fähigkeiten gefragt – z.B. Geschicklichkeit und Visomotorik –, mit denen das Kind Schwierigkeiten hatte? Empfand das Kind die Aktivität als interessant?

Visuelle Fähigkeiten

Allgemeine visuelle Wahrnehmung

Die visuelle Wahrnehmung kann beim kleineren Kind durch viele kommerziell erhältlichen oder selbstgemachten Spielsachen gefördert werden. Mobiles, Lichter und bunte Kreisel machen das Kind aufmerksam. Formenboxen und Würfeltürme, Formenbretter, Mosaik, Knet und Teigförmchen fördern die Formwahrnehmung; Fässer, Formenbecher, große und kleine Spielsachen aller Art fördern die Größenwahrnehmung; farbige Perlen, Farben, Klötze, Garnspulen usw. sind gut für die Farbwahrnehmung, während die Spiele zum Auseinander- und Zusammensetzen sowie Klopf- und Steckspiele dem Kind erkennen helfen, wie die Dinge zusammengehören und -passen.

Schon von früh an sollte man Kinder zum Anschauen großer Bilderbücher ermutigen. Den kleineren Kindern muß man noch helfen, sich umzuschauen, was in ihrer Umgebung so passiert.

Damit die älteren Kinder die Wichtigkeit des Sehens begreifen, können Gesellschaftsspiele und Diskussionen hilfreich sein. Spiele wie *Blinde Kuh, Angelspiel, Taktilo, Duftlotto* u.ä. (2) zeigen uns nicht nur, wie man die Sinne gebraucht, sondern auch, wie sehr wir uns auf die Augen verlassen. Zauberbrillen, Kaleidoskope, *Wunderscope* (6) *Spiegel und Farbgläser* (6), Kameralinsen, Vergrößerungsgläser und beide Enden eines Fernglases zeigen interessante Effekte (Dowling, 1980).

Formwahrnehmung

1. Geben Sie dem Kind eine Vielzahl an natürlichen oder vom Menschen hergestellte Formen zum Hantieren und Experimentieren, wie Steine, Muscheln, Blätter, Nüsse, Schachteln, Tüten, Schrauben und Bücher (Dowling, 1980).

2. Untersuchen Sie gemeinsam die Eigenschaften von Formen – ob sie rollen, aufrecht stehen, spitze oder runde Kanten haben usw.

3. Regen Sie das Kind an, in geometrischen und abstrakten Formen, wie z.B. Kreise, Dreiecke, Rechtecke und Quadrate, Dinge aus dem Alltag zu sehen, wie Bälle, Zelte, Türen und Schachteln.

4. Zeichnen Sie Formen, die Sie anschließend in richtige Dinge verwandeln, so wird aus dem Quadrat ein Haus, aus dem Kreis die Sonne usw.

5. Gestalten Sie Formen aus Knet und Teig; Förmchen gibt's in allen Variationen.

6. Drucken Sie mit Formen schöne Muster (Dowling, 1980).

7. Ziehen Sie Formen nach.

8. Soll das Kind Formen nachmalen, machen Sie sie erst vor, dann malt es sie aus dem Gedächtnis.

9. Fragen Sie das Kind bei Spaziergängen nach runden und spitzen Steinen; nach ovalen und runden Blättchen usw. Falls es die Begriffe noch nicht kennt, holen Sie bitte Beispiele herbei.

10. Lassen Sie das Kind aus den Formen des *Magnetspiels* (3) Männchen oder ganze Situationen bauen. Das großflächige *Magnet-Puzzle* (6) ist günstig für behinderte oder kleine Kinder.

11. Verwenden Sie unterschiedliche Förmchen und Eimer für das Sandkastenspiel.

Größenwahrnehmung

1. Vergleichen Sie die Körpergrößen von Kindern und Erwachsenen mit Markierungsstrichen an der Wand.

2. Vergleichen Sie große und kleine Spielsachen, Tiere, Bücher, Bekleidung usw.

3. Bauen Sie Sandtürme mit unterschiedlich großen Behältern.

4. Setzen Sie aus verschiedenen Bausteinen und Teilen lange und kurze Züge und Straßen zusammen.

5. Vergleichen Sie bei Spaziergängen Bäume und Blumen, Busse und Autos, Häuserblöcke und Einzelhäuser usw. miteinander.

6. *Puzzles Groß-Klein* (6) übt die Wahrnehmung von 5 unterschiedlich großen Figuren.

Denken Sie bitte auch an die verschiedenen anderen Dimensionen: neben klein und groß auch hoch–niedrig; lang–kurz; dick–dünn, selbst wenn das Kind die Worte noch nicht benützt. Das 3jährige nennt zwar alles «groß» oder «klein», aber es nimmt auch andere Dimensionen wahr.

Zuordnung

Wenn ein Kind nicht spontan identische Objekte zuordnet, muß man ihm vielleicht das Prinzip an ein oder zwei Beispielen zeigen, sonst hilft folgende Hierarchie (adaptiert nach Kiernan, Jordan und Saunders, 1978):

1. Nehmen Sie zwei gleiche Objekte, zum Beispiel große rote Bausteine; einen davon geben Sie dem Kind, einen behalten Sie. Betonen Sie, daß sie gleich sind.

2. Legen Sie Ihren roten Baustein in eine rote Schachtel, fordern Sie das Kind auf, das gleiche zu machen.

3. Wiederholen Sie dieses Vorgehen mit weiteren Paaren roter Bausteine, bis das Kind spontan imitiert.

4. Nun geben Sie dem Kind einen roten, Sie behalten einen gelben. Schauen Sie eindeutig auf den gelben Kasten, und legen Sie ihren Baustein hinein. Das Kind soll seinen roten Baustein wie bisher in die rote Schachtel legen. Tut es das nicht, helfen Sie ihm und betonen die Farbdifferenz.

5. Wiederholen Sie die Vorgehensweise, bis das Kind immer die richtige Handlung durchführt.

6. Nun fordern Sie das Kind auf, die roten Bausteine in die rote Schachtel und die gelben in die gelbe Schachtel zu legen.

7. Wiederholen Sie den Vorgang mit einer neutralen Schachtel.

8. Wiederholen Sie den Vorgang mit zwei neutralen Schachteln.

9. Wiederholen Sie den Vorgang ohne Schachteln.

10. Lassen Sie das Kind das Spiel mit blauen und roten Bausteinen probieren, geben Sie sie ihm paarweise. (Hat es noch nicht generalisiert, beginnen Sie wieder bei Schritt 3).

11. Bieten Sie ihm nach und nach mehr Farben an.

12. Das einfache Zuordnen von Formen geschieht in der gleichen Art; Sie lassen Größe und Farbe anfangs konstant. Falls Hilfe nötig ist, lassen Sie die rechteckigen Klötze in eine rechteckige und die runden in eine runde Schachtel legen.

Andere Ideen

1. Bauen Sie mit bestimmten Formen Züge, Türme und Straßen. Beginnen Sie mit einer Farbe, und fügen Sie nach und nach andere Farben hinzu. Anfangs imitiert Sie das Kind während des Bauens, später wartet es, bis das Modell fertig ist.

2. Es müssen immer zwei gleiche Tiere für Noahs Arche gefunden werden.

3. Setzen Sie Paare von Karten, Bildern, Farben, Formen oder Größen ein.

4. Lassen Sie bei Domino und Schnipp-Schnapp-Karten immer die gleiche Form, Farbe oder Objekt suchen. Solche Spiele gibt es zu kaufen, aber man kann sie aus robustem Material auch selbst machen. Am besten fangen Sie mit ein paar großen Dominosteinen an und bauen darauf auf.

5. Lassen Sie das Kind zuerst einfache, dann schwierigere Formen auf dem *Nagelkorkbrett* (4) nachbauen.

6. Lottospiele. Sie zeigen dem Kind ein Kärtchen, das es bekommt, wenn es auf seiner großen Karte das gleiche findet. Am natürlichsten spielt sich das in einer kleinen Gruppe.

7. Fertigen Sie Kartenpaare mit zwei bis fünf unterschiedlichen Bildern oder abstrakten Formen an. Das Kind soll die gleiche Karte finden.

8. Es gibt viele Spiele für das Zuordnen einfacher Formen, wie *Sortierhaus*, *Formenbox*, *Formen-Sortierbrett*, *Colorama* (4), *Farben und Formen* (6).

9. Sammeln Sie Marienkäferchen, und sortieren Sie sie nach Punkten wie im *Käferspiel* (3).

10. Lassen Sie zu einem großen Bild kleine suchen, z.B. auf einem Bild eines Spielplatzes die Schaukel und die Rutschbahn. Die Fähigkeit des Kindes, visuell abzusuchen, und die Figur-Grund-Wahrnehmung müssen dafür schon ziemlich gut sein.

11. Farbenzuordnen auf einer einfachen Ebene ist mit *Farben-Domino* (6), die Formenzuordnung mit dem *Formendomino* (5) möglich.

12. *Formentürme* (5) und *Perlenreihen* (5) nach Vorlagen zusammenzustecken, sind weitere Übungsmöglichkeiten. Schwieriger ist *Structuro* (5), bei dem ein Gebilde aus Würfeln nachgebaut werden soll.

Nichtidentisches Zuordnen

1. Ganz einfache Puzzles mit Teilen zum Herausnehmen und Formenboxen sind sinnvoll für das Zuordnen von Formen.

2. Lassen Sie eine Form aus Karton Formen aus Plastik und Knet zuordnen.

3. Backen Sie Plätzchen mit unterschiedlichsten Förmchen. Bevor Sie sie aufessen, lassen Sie das Kind die gleichen Formen zuordnen.

4. Ordnen Sie einen roten Baustein einem roten Auto zu; eine gelbe Perle dem gelben Lastwagen etc.

5. *Lottographik*, *Konturlotto*, *Symmetrix*, *Was paßt zusammen?*, *Gegensätze* (4), *Domino der Bedeutungszusammenhänge* (5), *Kontrast* und *Gegensätze* (6) sind weitere Spiele, die unterschiedliche Zuordnungen üben.

6. Drucken Sie Bilder mit verschiedenen Formen und Umrissen von Tieren, und lassen Sie das Kind die Ab-

drücke den Formen zuordnen. Man kann nicht nur mit Farben drucken, sondern auch, indem man mit einem Bleistift die Kontur auf das Papier reibt (wie bei Münzen).

7. Das Kind ordnet Formen denen in den *Einlegebrettern* (4) zu.

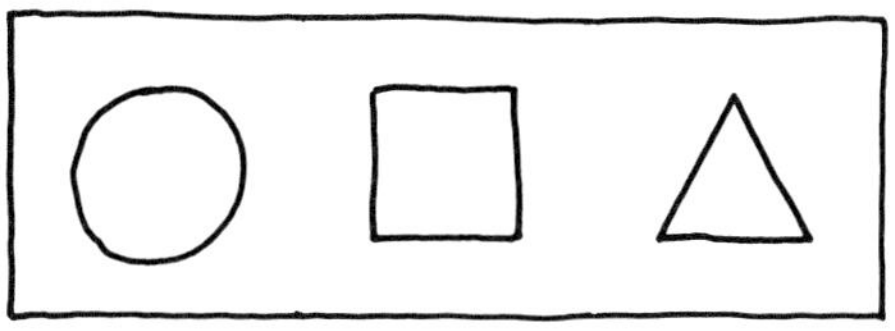

8. Spiele wie *Quips, Bunte Ballone, Farbkarussell, Colorama* und *Farben und Formen* (3) helfen bei der Zuordnung.

Sortieren

Kann das Kind richtig zuordnen, ist die Basis für das Sortieren geschaffen. Beginnen Sie mit wenigen Farben und farbigen Sortiertabletts. Später lassen Sie auf nichtfarbigen Tabletts sortieren und dann ohne diese. Kann das Kind Dinge eines Merkmals aussortieren, und hat es diese Fähigkeit generalisiert, gehen Sie zu zweien über, z.B. es sucht die großen roten Bälle aus unterschiedlichen Bällen heraus. Am Ende lernt das Kind, ein von ihm ausgewähltes Merkmal auszusortieren. Vielleicht realisiert das Kind auch, daß man die gleichen Objekte ganz unterschiedlich gruppieren kann.

Will man nach Funktionen und Eigenschaften sortieren, ist ein Konzeptbegriff notwendig, auf den wir hier nicht eingehen wollen.

Beginnen Sie mit dem Sortieren von zwei sehr unterschiedlichen Objekten:

1. Beim Aufräumen kann das Kind alle Teddybären auf das eine und alle Puppen auf das andere Regalbrett setzen; die Stifte kommen in diese und die Scheren in die andere Schublade.

2. Lassen Sie in einer Kindergruppe die Mädchen sich auf der einen Seite, die Jungen auf der anderen Seite aufstellen.

3. Trennen Sie Schachteln von Flaschen, Steine von Muscheln, Ringe von Halsketten, Tassen von Tellern, Messer von Gabeln und Löffeln usw. Anlaß zum Üben bietet auch die Trennung des Mülls.

4. Gruppieren Sie unterschiedliche Plastikformen.

5. Bilden Sie aus runden und dreieckigen Plastikformen Blumen mit Blütenblättern.

6. Trennen Sie große von kleinen Spielsachen.

7. Geben Sie dem Kind viele verschiedene Objekte, und bitten Sie es, alle roten Sachen zu zeigen.

8. Drucken Sie verschiedene Bilder; z.B. sind auf einem Blatt nur rote Äpfel, auf dem anderen nur die grünen Bananen oder gelben Birnen.

9. Umfahren Sie Formen, Schablonen oder Matritzen, schneiden Sie sie aus, und sortieren Sie sie.

10. Das Kind kann im Kindergarten oder in der Schule Stifte, Kreiden, Wachsmalstifte, Papier nach Größe und Farbe sortieren.

11. *Zeitliche Folgen*: Jeweils 5 Holztäfelchen mit Abbildungen sollen in logischer Folge gelegt werden (2), z.B. wie ein Mensch wächst, ein Haus gebaut wird.

12. Kinder können nahezu alles sortieren, beispielsweise bunte Knöpfe, Garnrollen, Plastiktiere, Bäume, Perlen, Knöpfe mit unterschiedlich vielen Löchern, Bildkarten, Bausteine aller Art (z.B. *mobilo, Playmobil, Lego Duplo* (3)).

Größen einschätzen

Wenn das Kind einmal gemerkt hat, daß es unterschiedliche Größen gibt, sollte es zwischen zwei ähnlichen Größen unterscheiden lernen. Einige der oben beschriebenen Sortier-Aktivitäten basieren bereits auf der Größenunterscheidung.

Hierarchien

1. Lassen Sie das Kind große und kleine Dinge sortieren, z.B. Eßlöffel und Kaffeelöffel, große und kleine Puppen, reale Gabeln und Puppengabeln usw. In diesem Stadium sollten Sie lediglich zwei Größen anbieten.

2. Gelingt das, führen Sie ein drittes, von der Größe her anderes Objekt ein. Lassen Sie das Kind wie bisher die zwei Größen unterscheiden, und fügen Sie ein identisches Objekt dazu, das viel größer oder kleiner ist. Machen Sie es darauf aufmerksam. Plant man, weitere Dinge zum Sortieren hinzuzufügen, sollten in diesem Stadium Begriffe wie «das größte» oder «das kleinste» noch vermieden werden.

3. Lassen Sie das Kind zwei Objekte einschätzen, und händigen Sie ihm ein drittes aus, was es dann vor, zwi-

schen oder hinter die anderen beiden legen soll, so daß eine Reihe entsteht.«

4. Geben Sie ihm alle 3 Objekte auf einmal.

5. Vergrößern Sie die Anzahl der Objekte.

6. Verringern Sie die Größenunterschiede.

Einlegebretter mit Dingen unterschiedlicher Größe (4) und einfache Puzzles mit Dingen zum Herausnehmen (z.B. *Makro-Bodenpuzzles* (4), *Puzzles Groß-Klein* (6) können dem Kind helfen, da die richtige Größe gefunden werden muß.

Das Kind kann die einzelnen Baubecher oder Ringpyramiden eines Sets nebeneinander in die richtige Reihenfolge legen.

Andere Ideen

1. Stapelbare Puppenkochtöpfe können der Größe nach geordnet werden.

2. Ebenso lassen sich verschieden große Teigförmchen, Schüsseln, Kuchenbleche und Meßlöffel ordnen (Dowling, 1980).

3. Ordnen Sie Schuhe von Kleinkindern, Schulkindern, Teenagern, Erwachsenen und Babys.

4. Russische Puppen, die man ineinanderstecken kann, Baubecher, *Kiddicraft-Knirps im Faß* (4) haben unterschiedliche Größen.

5. Ordnen Sie unterschiedlich große Tiere.

6. Drucken Sie Muster mit unterschiedlichen Blöcken.

7. Umfahren Sie unterschiedlich große Ringe auf jeweils einer Karte und sortieren Sie sie.

8. Machen Sie unterschiedlich große Fußabdrücke für das Kind, um sie in die richtige Reihenfolge zu legen.

9. Erzählen Sie dem Kind Märchen, in denen Größen eine Rolle spielen, so z.B. vom Däumeling (Grimm).

10. Das Kind umfährt unterschiedlich große Objekte und malt sie an. Es sollte seine Zeichnungen in die richtige Größenordnung bringen.

11. Einlegebretter und Puzzles können auch ohne Vorlage benutzt werden.

Diskrimination

Bei Diskriminationsaufgaben werden Unterschiede betont, beim Sortieren und Zuordnen hingegen Gleiches, obgleich letzteres Diskriminationsleistungen erfordert.

Übungen

1. Legen Sie zwei verschiedenfarbige Becher vor das Kind auf den Tisch. Verstecken Sie ein Spielzeug oder eine Süßigkeit immer unter den gleichen Becher, aber wechseln Sie gelegentlich die Position des Bechers (Kiernan et al., 1978).

2. Wenn es das Spielzeug nicht findet, helfen Sie ihm, indem Sie ihm den richtigen Becher zeigen.

3. Wenn es immer den richtigen Becher findet, weil es Sie beobachtet, stellen Sie einen Sichtschutz zwischen sich und das Kind. Sucht es konstant den richtigen Becher aus, unterscheidet es gut (Kiernan et al., 1978).

Andere Ideen

1. Das Kind sucht aus drei Objekten oder Bildern das identische Paar heraus. Man kann dafür Sortierspielzeug nehmen, wie Tiere (*Tiersortimente* (4), *Wehrfritz-Arche* (4)), aber auch Autos, Puppen, Puppenmöbel und reale Objekte.

a) Bieten Sie zuerst zwei identische Objekte an, dann das andere.
b) Bieten Sie zuerst das andere Objekt an, dann die identischen.
c) Bieten Sie sie in der Reihenfolge gleich – unterschiedlich – gleich an:
d) Bieten Sie die Objekte nach dem Zufallsprinzip an.

2. Nehmen Sie nun drei Bilder dafür. Verringern Sie nach und nach den Unterschied, so daß das Kind immer mehr auf die Details schauen muß, z.B. zwei Bilder eines Clowns, einmal mit lachendem Mund, einmal mit einem Schmollmund.

3. Bieten Sie Objektpaare oder Bilder an, die das Kind entweder als gleich oder als unterschiedlich erkennen soll.

4. Geben Sie dem Kind einen Stoß gemischter Bildkarten, aus denen es die identischen herausfinden soll.

5. Bieten Sie Paare von Bildern oder Plastikformen an, die entweder gleich oder unterschiedlich sind.

6. Präsentieren Sie je drei Karten mit einfachen Formen. Das Kind soll die Karte zeigen, die in einem Detail anders ist (Kirk & Kirk, 1971).

Fehlendes Teil, z.B.

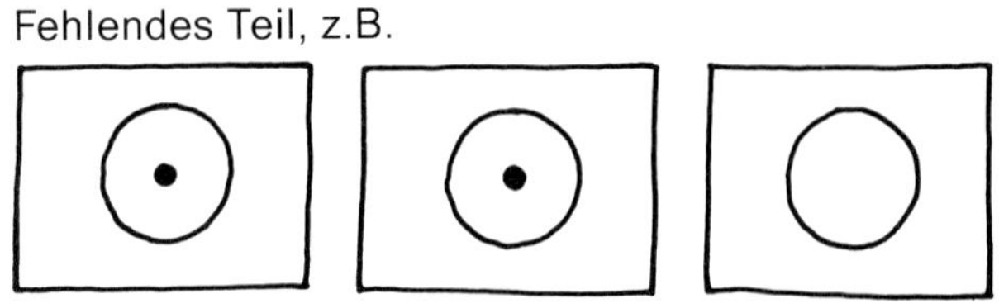

Ersatz, z.B.

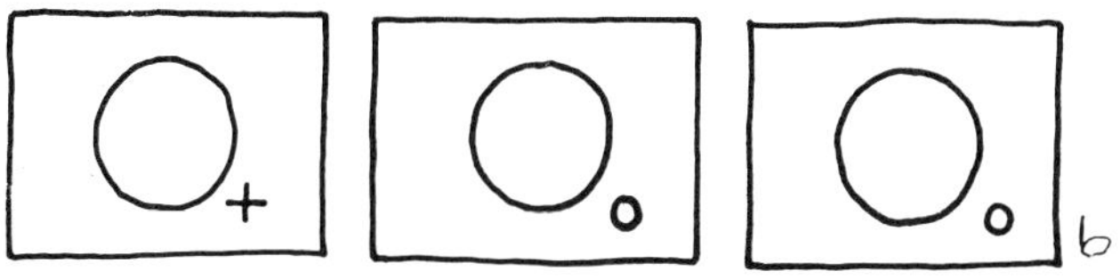

Veränderte Position, z.B.

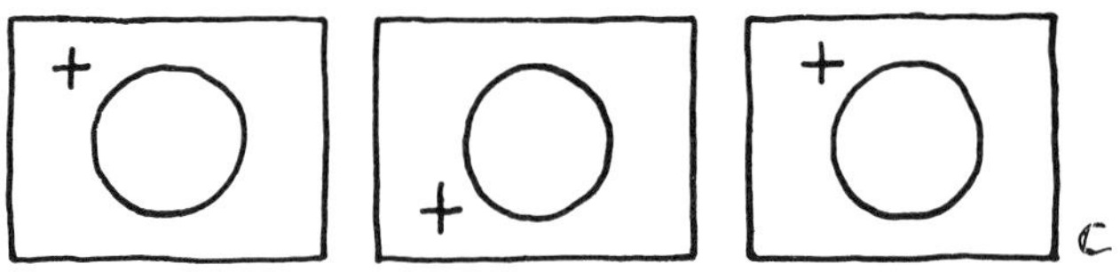

7. Bieten Sie Karten oder Umrißformen mit bekannten Tieren und Objekten an, bei denen ein Detail anders ist.

Andere Richtung, z.B.

Fehlende Teile, z.B.

Richtungsänderung, z.B.

(für das ältere Kind)

Veränderung der Größe, z.B.

8. Ähnliche Aufgaben kann man mit einer Tafel, einer Schiefertafel, einer Filztafel oder mit Streichhölzern durchführen. Achten Sie darauf, daß lebhafte Kinder feste Formen brauchen, wo sie nichts aus Versehen auswischen oder kaputtmachen können.

9. Stellen Sie zwei/drei Objekte oder Bilder vor das Kind. Es muß aus einem Stapel Karten oder Behälter mit Objekten das jeweils Gleiche herausfinden. Nehmen Sie mehr Gegenstände.

10. Gehen Sie kurz raus, und legen Sie ein Kleidungsstück oder ein auffälliges Schmuckstück an bzw. ab. Merkt das Kind den Unterschied nicht, machen Sie es darauf aufmerksam (Kirk & Kirk, 1971). Das ist auch eine gute Absuch-Übung.

11. Zeigen Sie dem Kind ein großes Bild eines Spielzeugs oder Objekts, dann schneiden Sie es auseinander und helfen bei Bedarf dabei, das Bild wieder zusammenzusetzen. Machen Sie das mit vielen Bildern.

13. Schneiden Sie mehrere Bilder in Hälften und mischen Sie sie, so daß das Kind lauter Paare finden muß.

14. Gehen Sie nach und nach auf immer ähnlichere Bilder über, z.B. roter/grüner Apfel; Haus/Bungalow/Einkaufsladen usw. Es kann nützlich sein, die Bilder vor dem Auseinanderschneiden auf Karton aufzukleben.

15. Machen Sie das gleiche mit Bildern, die Sie in drei, vier und fünf Teile schneiden.

16. Zeigen Sie dem Kind ein Stäbchen, und legen Sie ein kürzeres daneben. Das Kind muß nun ein Stäbchen finden, das zusammen mit dem kürzeren so lang wie das erste ist. Man kann diese Materialien (z.B. Mengenstäbchen) auch kaufen (*Farben-Mathematik* (2)), oder aber auch aus Holzleisten oder Karton basteln.

17. «Was ist anders?» – Bilder: Man findet sie in Bastel- und Rätselheftchen für Kinder, aber man kann auch seine eigenen einfachen Versionen machen.

18. *Differix* (2) und *Schau genau* (6) sind relativ schwere Spiele zur optischen Diskrimination, die man nur bei älteren Kindern einsetzen sollte.

19. Bieten Sie «Was fehlt?»-Aufgaben an (z.B. in Anderson (1972) oder in den Bilderbüchern S. Balls), oder fertigen Sie eigene Bilder an.

Figur-Grund-Diskrimination

1. Zeigen Sie dem Kind ein kleines Objekt, z.B. ein kleines Holztierchen; es soll das Pendant aus einer Anzahl ähnlicher Objekte finden. Leichter wird es, wenn die Objekte auf einer einfarbig-neutralen Fläche liegen, erst später auf einer gemusterten.

2. Legen Sie Objekte im Zimmer aus, und zeigen Sie dem Kind eines, dessen Gegenstück es finden soll. Sie

machen es schwerer, wenn Sie z.B. rotes Spielzeug auf einem roten Hintergrund verstecken. Nehmen Sie auch zweidimensionale Formen.

3. Zeichnen Sie auf eine weiße Karte eine einfache Form, und ziehen Sie Linien darüber. Das Kind umfährt die Umrisse der Form mit seinen Fingern (Kirk & Kirk, 1971). Ziehen Sie die Linien immer enger und verwenden Sie buntes Papier.

4. Zeichnen Sie eine einfache Form auf einen gemusterten Hintergrund; das Kind fährt sie mit dem Finger oder auf einem Extrapapier nach.

5. Zeichnen Sie einfache Umrisse von Tieren und Objekten. Erschweren Sie die Aufgabe, indem Sie die Umrisse schwächer zeichnen, die Anzahl der Umrisse vermehren, die Umrisse unterbrochen zeichnen (für Kinder zwischen 5 und 6 Jahren (Kirk & Kirk, 1971)).

6. Zeichnen Sie sich überlappende Formen auf einem weißen Hintergrund. Das Kind fährt die Linien mit dem Finger, dann mit dem Stift nach oder kopiert jede Form und malt sie aus, z.B.

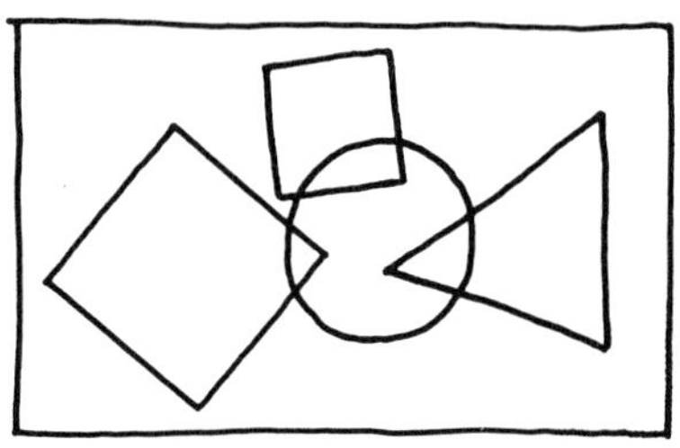

(Adaptiert nach einer Idee von Kirk & Kirk)

Machen Sie den Hintergrund komplexer.

7. Käufliches Material: Reinartz/Reinartz: M. Frostig Programm. Dortmund 1973; weitere Ideen in Bush u. Giles (1976).

8. Das Kind soll verborgene Formen, Objekte, Blumen, Buchstaben und Zahlen auf einem großen Bild finden, z.B. *Was siehst du hier?* (5).

9. In Scherbart's Buch «*Sachen suchen*» soll das Kind die unten auf der Seite dargestellten Dinge auf dem großen Bild suchen.

Räumliche Beziehungen

Die eigene Position des Kindes im Raum

Das Kind muß sich in seiner Welt anfangs erst einmal selbst zu den Objekten in Beziehung setzen. Es lernt, daß manche Objekte fixiert sind, z.B. die Mauern, der eingebaute Wandschrank. Aber es kann seine Lage zu diesen Dingen verändern, wenn es sich selbst bewegt. Es lernt, daß einige Dinge nicht fixiert sind, z.B. ein Stuhl und ein Tisch, die meist aufrecht stehen, aber umfallen und auch woanders hingestellt werden können. Bei einem Kind, das Schwierigkeiten hat, seine eigene Position in Beziehung zu umgebenden Objekten einzuschätzen, ist es wichtig, es auf sich und den Gegenpunkt aufmerksam zu machen.

1. Helfen Sie dem Kind, sich auf genannte Dinge zuzubewegen oder davon wegzugehen.

2. Helfen Sie dem Kind, über und um Objekte herumzugehen und die Abstände richtig einzuschätzen.

3. Zeigen Sie ihm, wie unterschiedlich Dinge aussehen, je nachdem, welchen Standort man eingenommen hat: ob man sich beispielsweise auf oder unter einem Stuhl befindet; ob man steht oder liegt.

4. Sorgen Sie dafür, daß es sich nach entfernten Dingen streckt und sie berührt. Spielen Sie Fangen mit ihm.

5. Das Kind geht auf einer «Straße» aus Reissäckchen oder Kissen.

6. Während das Kind auf einem Stuhl sitzt oder in einem Reifen steht, hebt es Dinge vom Boden auf (Fraser u. Blockley, 1982).

7. Machen Sie einen Hindernislauf, bei dem das Kind

a) unter Stühlen hindurchkrabbelt, auf einem Seil oder Stock balanciert, zwischen Kegeln läuft;
b) auf Objekten oder über sie geht; um Objekte herumgeht;
c) auf einen bestimmten Platz hinunterspringt, z.B. vom Stuhl in einen Reifen;
d) von einem *Reifen* (7) in den anderen springt;
e) durch einen *Tunnel* (3, 7) kriecht
f) eine *Schräge* hinunterläuft (7).

Nutzen Sie aus, daß manche Schulen, Institutionen und Kindergärten mit solchen Dingen gut ausgerüstet sind.

Das Kind lernt dann, daß sich Objekte auch an ganz

unterschiedlichen Orten befinden können. Es wird entdecken, daß es seinen Teddy unter sein Bett oder den Stuhl tun kann, nicht aber unter die Tür oder das Bad. Sie können hier helfen, indem Sie das Kind Spielsachen und Objekte auf die unterschiedlichsten Oberflächen legen lassen und sie zu festen Objekten in Beziehung setzen.

1. Zeigen Sie dem Kind, wie ein Bär oder eine Puppe auf einen Stuhl oder einen Tisch gesetzt werden kann; aber was passiert, wenn man sie auf eine Flasche oder einen Stock setzt?

2. Experimentieren Sie mit Schrägen und unebenen Flächen.

3. Spielen Sie Verstecken, und bringen Sie große Spielsachen in unterschiedlichste Positionen.

4. Machen Sie, daß Teddys und Puppen stehen, sitzen und auf dem Rücken oder dem Bauch liegen. Das führt das Kind zur Wahrnehmung von Beziehungen zwischen beweglichen Objekten.

5. Helfen Sie dem Kind dabei, Bücher, Kleidung usw. zu stapeln.

6. Das Kind kann aus Spielsachen Reihen machen, indem es sie neben- oder hintereinander aufstellt. Ist Platz dazwischen, zeigen Sie dem Kind, daß da ein Auto oder ein Ball hindurchrollen kann.

7. Bauen Sie etwas aus Bausteinen, anfangs sehr einfach, immer komplexer werdend, was das Kind nachmachen soll. Beginnen Sie mit Türmen und Zügen, weisen Sie auf die Beziehung eines Steines zu seinen Nachbarsteinen hin. Brücken und Stufen verdeutlichen Zwischen-Raum. Läßt das Kind in seinen Bauten keine Zwischenräume, lassen Sie es mit dem Finger durch das Modell gehen oder Objekte hindurchschubsen, wie Züge durch einen Tunnel. Am besten beginnt man mit großen Steinen (*Großbausteine, Leichtschaum-Bausteine, Ziegelbausteine aus Pappe* (4), *Groß-Bauformen* (7)), die Beziehungen klarer erscheinen lassen. Wenn das Kind noch Schwierigkeiten hat, lassen Sie es Baustein für Baustein imitieren. (Sehen Sie in einer guten Entwicklungsskala nach, wann die Kinder welche Strukturen imitieren können).

8. Formen zusammenpassen lassen: Fangen Sie beim Aufräumen an, z.B. soll das Kind herausfinden, wie die Bausteine am besten in die Kiste oder Formen in eine runde Büchse passen.

9. Das Spiel *Sehe-Tue* (2) übt speziell die Wahrnehmung räumlicher Beziehungen.

Komplexere Aktivitäten

1. Muster auf einer Steckplatte kopieren: Zeigen Sie zuerst die Aufgabe, dann imitiert das Kind; später geben Sie ihm das fertige Muster zum Kopieren.

Wie setzt man das Steckbrett ein?

a) Das Kind kopiert eine waagrechte Linie direkt unter Ihrer Linie.
b) Das Kind kopiert eine waagrechte oder senkrechte Linie.

Wenn man zwei Steckplatten hat:

a) Das Kind kopiert auf der zweiten Steckplatte eine waagrechte und dann eine senkrechte Linie.
b) Das Kind kopiert eine miteinander verbundene waagrechte und senkrechte Linie.
c) Das Kind kopiert diagonale Linien. Variation: Die Linien alle in einer Farbe stecken; mehr Farben nehmen; zwischen den Steckern Raum lassen; Linie länger oder kürzer bzw. mehr Linien machen.
d) Das Kind kopiert Gruppen von vier oder fünf Steckern der gleichen Farbe.
e) Das Kind kopiert verstreute Muster, z.B. Stecker ohne unmittelbare Verbindung zueinander.

Arbeiten Sie mit zwei Steckplatten, liegt Ihre Platte am besten über der des Kindes, so daß es direkt vergleichen kann. Kann es solche Muster kopieren, verändern Sie die Position der Platte.

2. Das Steckplattenkopieren kann komplexer gemacht werden, wenn das Kind ein Muster von einem Papier auf die Steckplatte übertragen soll und umgekehrt.

a) Legen Sie eine einfache Karton- oder Plastikform auf die Steckplatte, und lassen Sie das Kind Stecker rund um die Form stecken. Dann hebt es die Form weg und vergleicht die Umrisse (Kirk und Kirk, 1971).
b) Legen Sie eine andere Form in die erste, d.h. auf ein vorhandenes Viereck beispielsweise ein Dreieck oder einen Kreis in das Viereck, und lassen Sie das Kind auch diese mit Steckern umrahmen (Kirk & Kirk, 1971).
c) Zeichnen Sie eine waagrechte Linie auf das Papier, die das Kind auf die Steckplatte kopiert.
d) Machen Sie mehrere Linien, und führen Sie schräge und senkrechte Linien zusätzlich ein.
e) Stecken Sie Linien auf der Steckplatte, die das Kind auf das Papier kopiert (Kirk & Kirk, 1971).
f) Das Kind kopiert komplexere Muster vom Papier.

3. Den Koffer packen: Geben Sie dem Kind ein rechteckiges Papier, das einen Koffer darstellt, und verschiedene

Formen, die hineinpassen (Dowling, 1980). (Malt man die Formen auf den Papierkoffer, ist es ein Zuordenspiel.)

4. Bilden Sie mit 2 cm^2 großen Würfeln dreidimensionale Strukturen, die von selbstgemachten oder gekauften Zeichnungen kopiert werden, s. auch *Structuro* (5).

5. Zeichnen Sie ein Reihe von Linien, jede ungefähr in Streichholzlänge, die das Kind mit (abgebrannten!) Streichhölzern kopiert.

z.B. (Kirk & Kirk, 1971)

6. Zeichnen Sie geschwungene Linien, die das Kind mit Knet oder Wachs kopiert.

z.B. (Kirk & Kirk, 1971)

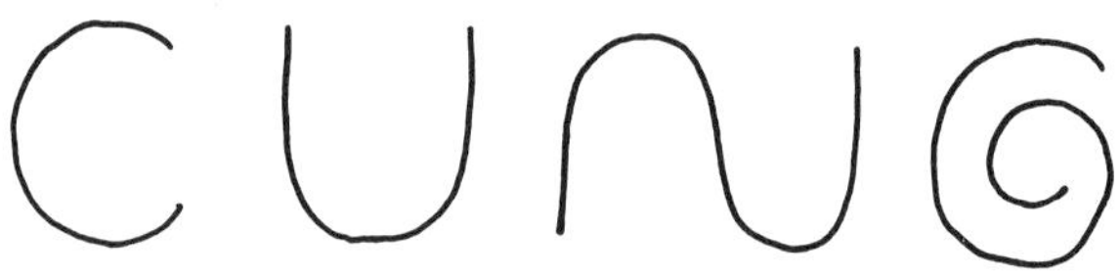

7. Zeichnen Sie gerade und geschwungene Linien zum Kopieren.

z.B. (Kirk & Kirk, 1971)

Absuchen (scanning)

Fördern Sie das Absuchen auch bei anderen visuellen Aufgaben, indem Sie die Anzahl der Items oder Bilder vergrößern oder sie an der Wand oder an einem Brett aufhängen. Die Items müssen sich nicht in einer geraden Linie befinden, außer Sie üben das Links-rechts-Absuchen und das genaue Arbeiten. Manchen Kinder muß man beim Absuchen helfen, indem man ihnen vorsichtig den Kopf dreht oder nacheinander auf jedes Item hinweist «schau!».

Einige Aktivitäten speziell für das Absuchen sind:

1. Stecken Sie große Bilder rundherum an die Wände, und geben Sie dem Kind ein Duplikat dessen, was es finden soll.

2. Zeichnen Sie ein sehr langes Bild, das sich um das ganze Zimmer erstreckt, z.B. eine Raupe, eine Schlange oder einen langen Dackel.

3. Queenie Queenie: Ein Kind hält seine Augen zu, während man ein kleines Objekt oder einen Anstecker an jemanden steckt, was das Kind finden soll.

4. Legen Sie Spielzeug beim Spielen ein wenig außerhalb des Gesichtsfelds des Kindes, und lenken Sie seine Aufmerksamkeit darauf.

5. Machen Sie das Kind auf Details eines einfachen Bildes oder eines Zimmers oder Spielzeuges aufmerksam.

6. Fordern Sie das Kind auf, im Zimmer oder auf dem Spielplatz umherzuschauen und Ihnen bestimmte Freunde oder Objekte zu zeigen.

7. Lenken Sie die Aufmerksamkeit des Kindes auf die Details eines komplexeren Bildes, und helfen Sie ihm, es als Ganzes zu verstehen.

8. Berücksichtigen Sie auch die Aufgaben des visuellen Sequenzierens im nächsten Abschnitt, die das Links-rechts-Absuchen üben.

Visuelles Sequenzieren

Unterstützen Sie das Kind, Strukturen im Alltagsleben wahrzunehmen.

1. Bei vielen Alltagsaktivitäten kann das Kind Ordnung erfahren, z.B. muß beim Anziehen die Unterwäsche zuerst drankommen, dann die Oberbekleidung und zum Schluß Mantel, Anorak o.ä. Helfen Sie dem Kind, für sich selbst zu sorgen, Aufgaben im Haushalt zu übernehmen und dabei über die wichtigsten Stadien des Vorgangs nachzudenken. Das macht ihm den Tagesablauf bewußt. Sie können für ältere Kinder auch die einzelnen Stadien einer Handlung fotografieren, deren Bilder es in die richtige Reihenfolge legt. Damit betonen Sie, wie eine Handlung der anderen folgt. Fotografieren Sie z.B. Bilder der folgenden Vorgänge:

a) den Deckel der Zahnpastatube abschrauben,
b) die Zahnpasta auf die Zahnbürste drücken,
c) den Deckel der Zahnpastatube zuschrauben,
d) die obere Zahnreihe putzen,
e) die untere Zahnreihe putzen,
f) den Mund ausspülen,
g) den Mund abtrocknen.

2. Sorgen Sie dafür, daß das Kind feste Tages- und Wochenabläufe erlebt, z.B, kann der Opa jeden Tag nach dem Frühstück oder Mittagessen mit dem Kind spazierengehen oder eine besondere Zeit zum Vorlesen ausmachen. Wochenenden setzt man von den Wochentagen ab, indem man da etwas Freudiges stattfinden läßt. Das immer Wiederkehrende hilft den Kindern nicht nur, sich sicher zu fühlen, sondern auch sich der Ordnung und Struktur im Leben bewußt zu werden.

3. Kinderspiele bestehen oft aus Sequenzen, z.B. muß man beim Kegeln lernen, eine gewisse Handlungsabfolge einzuhalten. Jedes Kind schiebt die Kugel, hebt die gefallenen Kegel wieder auf, bringt die Kugel wieder zurück, gibt sie dem nächsten Kind und nimmt seinen Platz am Ende der Reihe wieder ein.

Besondere Sequenzhandlungen

Kennt das Kind schwierige Zuordenaktivitäten, ist es für die komplexeren Sequenzieraufgaben vorbereitet.

(Beachten Sie auch Beispiele für Zuorden-Aufgaben auf S. 127 und kommerzielle Spiele wie z.B. das *Wachstumspuzzle* (2) oder die *Zeitlichen Folgen, Lebenskreislauf* (2)).

Übungsablauf

Um dem Kind das Prinzip nahezubringen, beginnen Sie mit einfachen Farben-, Formen-, Bildsequenzen in einer längeren Reihe. Begreift es das nicht, gehen Sie folgen dermaßen vor.

1. Legen Sie Bausteine in zwei Grundfarben, z.B. Rot und Gelb, in einer einfachen Rot-gelb-rot-gelb-Reihe. Jede Farbe soll gleich häufig vorkommen. Das Kind vervollständigt die Reihe mit einem gelben Baustein.

2. Das Kind vervollständigt die Reihe mit immer mehr Bausteinen. Möglicherweise genügt ihm die Vorlage Rot-gelb-rot-gelb, um die Reihe fortzusetzen.

3. Wiederholen Sie den Vorgang mit einer neuen Farbe, statt Gelb vielleicht Blau. Ergänzt das Kind die Reihe sofort, hat es das Prinzip verstanden. Wenn nicht, wiederholen Sie die Aufgaben 1 und 2.

4. Die beiden Farben sucht das Kind aus drei angebotenen heraus.

5. Geben Sie ein paar Farben vor, aus denen das Kind wählen kann.

6. Bauen Sie folgende Sequenzen: Rot-gelb-blau, Rot-gelb-blau, Rot-gelb-blau; dann Rot-rot-gelb, Rot-rot-gelb, Rot-rot-gelb; und Rot-gelb-gelb, Rot-gelb-gelb, Rot-gelb-gelb usw.

Sequenzaufgaben werden schwieriger, wenn die Merkfähigkeit zusätzlich noch gefordert ist. Beginnen Sie z.B. die Sequenz sichtbar, und verdecken Sie einen Teil.

Andere Ideen

1. Fädeln Sie große bunte *Perlen* (2) auf eine Schnur oder lassen Sie *Perlenreihen* (5) spielen.

2. Malen Sie die Blütenblätter einer großen gezeichneten Blume in einer bestimmten Farbreihenfolge an.

3. Zeichnen oder bauen Sie einen Zug mit Wagen, die nach Farben oder Größe geordnet sind.

4. Lassen Sie Bausteine unterschiedlicher Größe sortieren.

5. Ordnen Sie Abbildungen von Spielzeug oder Objekten (Lotto oder Schnipp-Schnapp-Karten).

6. Setzen Sie Plastikformen in der gleichen Art ein.

7. Sequenzieren Sie auf einem Spielbrett waagrechte, senkrechte und diagonale Linien mit farbigen Steinen. Denken Sie auch an die leeren Stellen.

8. Nutzen Sie das ganze Brett für ein Muster aus Steinen (Kirk und Kirk, 1971), z.B.

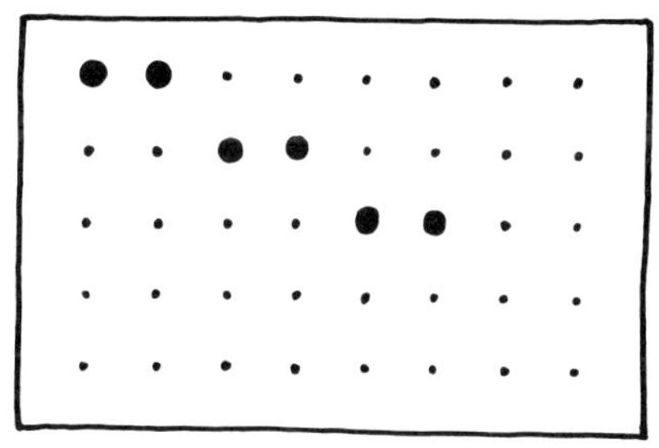

9. Zeichnen oder konstruieren Sie ein Muster, in das ein Teil nicht paßt. Man kann variieren von sehr offensichtlichen Fehlern bis hin zu einer kleinen Abweichung in der Richtung des Zeichens, z.B.

\+ + + + + X + + +

etc. (Kirk und Kirk, 1971).

10. Geben Sie Linien oder Punktreihen zum Fortsetzen vor (Kirk und Kirk, 1971), z.B.

. . : . . : . . : . .

11. Aufgaben für das logische Sequenzieren sind eher für ältere Kinder geeignet, denn sie erfordern sowohl perzep-

tive Fähigkeiten als auch logisches Denken. Erfinden Sie eigene Aufgaben, z.B.

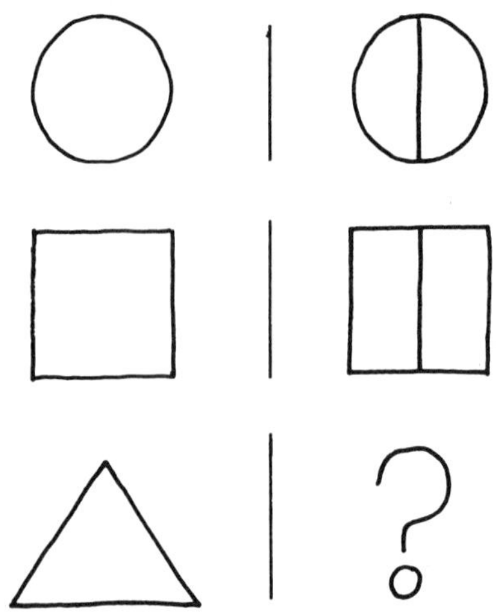

Weitere Anregungen entnehmen Sie z.B. dem *Frankfurter Analogietest* (Belser et al., 1972).

Auditive Fähigkeiten

Allgemeine auditive Wahrnehmung

Viele Spielsachen für kleine Kinder machen Geräusche, aber auch Alltagsgeräusche können interessant sein. Lassen Sie sie beim Ausprobieren untersuchen und die Objekte und Ereignisse zueinander in Beziehung setzen, z.B. das Betätigen der Toilettenspülung, das Anschalten des Staubsaugers.

Älteren Kindern kann man Geräusche folgendermaßen nahebringen:

1. Ein paar Minuten ganz leise sein und auf die umgebenden Geräusche achten, auch auf das eigene Atemgeräusch (Dowling, 1980).

2. Leise und laute Geräusche hören und vergleichen.

3. Ohren zuhalten oder eine Wollmütze und Kopfhörer aufsetzen, dann Musik und Geräusche hören.

4. Mit einem Stethoskop hören.

5. Schrei- und Flüsterspiele (z.B. Löscher, 1986).

6. Schöne und unangenehme Geräusche vergleichen (Dowling, 1980), beispielsweise Klaviermusik und das Kratzen von Kreide auf einer Tafel.

7. Musik, Gedichte, Geschichten und Lieder hören.

8. Verschiedene Geräuschemacher für einen Geräusche-Tisch sammeln.

9. Kommerzielle Spiele: *Spiele zur Höschulung* (5), *Geräuschdosen* (6), *Geräuschteppich* und *-iglus* (6), *Tonröhre, Drunter und Drüber* (6), *Disco Scheiben* (6) u.a.

Diskrimination

Vergewissern Sie sich, daß das Kind ein Geräusch mit dem es erzeugenden Objekt assoziieren kann. Bei einer neuen Handlung schaut es Ihnen noch immer zu. Kann es mit Hilfe seiner visuellen und auditiven Fähigkeiten gut zwischen zwei Geräuschen unterscheiden, probieren Sie eine rein auditive Aufgabe aus.

Hinweis: Rät das Kind beim ersten Mal falsch, muß die Aufgabe als rein auditive Aufgabe wiederholt werden. Eine veränderte Aufgabenstellung würde das Kind verwirren.

1. Demonstrieren Sie dem aufmerksamen Kind so lange zwei unterschiedliche Geräuschspielzeuge oder Musikinstrumente, z.B. eine Pfeife oder eine Rassel, bis es genau weiß, welches Geräusch zu welchem Spielzeug gehört. Wenn Sie nun das Geräusch produzieren, schließt es die Augen, oder aber Sie verbergen die Instrumente. Dann deutet es auf das Spielzeug, das in Aktion war, benennt es oder macht das Geräusch nach. Ein zweites Instrumenten-Set erleichtert ihm die Kontrolle.

2. Variieren Sie das Spiel mit bekannten Geräusche produzierenden Objekten, z.B. einem Löffel in einer Tasse, einer Spieluhr, einer Rolle mit Smarties.

3. Nehmen Sie entweder nach und nach mehr unähnliche Geräuschemacher oder zwei Objekte, deren Geräusche ähnlicher sind. Das Kind sollte schließlich fähig sein, zwischen einigen relativ ähnlichen Geräuschen zu unterscheiden.

4. Wiederholen Sie die erste Aktivität mit zwei oder drei *Geräuschdosen* (6), die man aus Filmdosen selbst machen kann. Die Füllung besteht z.B. aus trockenen Erbsen, Zucker, kleinen Perlen, Heftklammern, Kaffeebohnen.

5. Während sich das Kind die Augen zuhält, produzieren Sie ein bekanntes Geräusch, z.B. die Türe schließen, husten, einen Bleistift spitzen. Das Kind soll das Geräusch erkennen und imitieren.

Augen zuhalten ist schwierig, daher mogeln die meisten Kinder. Passen Sie also auf!

6. Lassen Sie das Kind aus einigen Geräuschdosen zwei gleiche herausfinden. Zur Kontrolle kann es den Inhalt ansehen. Die Spiel läßt sich auch mit lauter Geräusch-Paaren spielen.

7. Gut für Kindergruppen ist das Schokoladentafel auspacken. Eine mehrfach eingepackte Schokoladentafel muß mit Messer und Gabel und mit Handschuhen, angezogenem Hut und Schal ausgepackt werden, solange die Musik schweigt. Ertönt sie wieder, zieht der nächste Spieler alles wieder an und packt weiter aus, bis alles ausgepackt und aufgegessen ist.

8. Sie spielen zwei Instrumente, z. B. Flöte und Trommel. Die Kinder laufen im Raum umher, marschieren wie Soldaten, solange sie die Trommel hören, und tanzen wie die Rattenfänger von Hameln bei der Blockflöte. Erzählen Sie eine entsprechende Geschichte dazu.

9. Das Kind läuft im Raum umher, während Sie die Trommel schlagen. Es geht mit Riesenschritten, wenn Sie laut schlagen, und mit kleinen Mauseschrittchen, wenn es sie leise hört.

10. Stellen Sie erst 3–4 Klangstäbe klanglich vor, und spielen Sie danach zwei Töne. Das Kind, das sich umgedreht hat, horcht, ob die beiden Töne in der Tonhöhe gleich oder unterschiedlich waren.

11. Spielen Sie auf den Klangstäben für das Kind sichtbar einen hohen und einen tiefen Ton. Nachdem es sich herumgedreht hat, spielen Sie einen der Töne, den das Kind auf dem Klangstab identifiziert oder nachspielt.

Geräuschlokalisation

1. Rollen Sie einen geräuschproduzierenden Ball zwischen sich und dem Kind hin und her. Das Kind folgt ihm visuell und auditiv.

2. Mama und Papa (oder andere Therapeuten) sitzen rechts und links neben dem Kind und machen es entweder durch Anreden oder mit einer Rassel auf sich aufmerksam. Dreht es sich herum, darf es mit dem Spielzeug spielen.

3. Machen Sie mit einer Rassel vor dem Kind ein Geräusch und lassen Sie es damit spielen. Bewegen Sie sie dann in unterschiedlichen Positionen am Kopf des Kindes und veranlassen Sie es, hinzusehen. Reagiert es nicht von sich aus, drehen Sie seinen Kopf vorsichtig zum Geräusch.

4. Lassen Sie das Kind beobachten, wenn rollende, geräuschproduzierende Spielsachen zwischen seinen Eltern oder den Eltern und ihm hin und herfahren, z. B. *Luftikus*, *Clemens Tausendfüßler* (Kiddikraft), *Ente mit Stimme* (6).

5. Rufen Sie das Kind aus unterschiedlichen Ecken des Zimmers und schauen Sie, ob es sich zu Ihnen herumdreht.

6. Papa und Mama verstecken sich an verschiedenen Plätzen und rufen das Kind. Fordern Sie es auf, Mama bzw. Papa zuerst zu suchen.

7. Machen Sie interessante Geräusche aus unterschiedlichen Teilen des Zimmers.

8. Während das Kind seine Augen schließt, verstecken Sie einen laut tickenden Wecker oder eine Spieluhr. Das Kind muß ihn finden, indem es dem Geräusch folgt.

9. Verbinden Sie dem Kind die Augen und machen neben seinem Kopf ein Geräusch. Bitten Sie es, durch Zeigen das Geräusch zu lokalisieren. Halten Sie dann die zeigende Hand fest, damit es ohne Augenbinde sehen kann, wie genau es lokalisierte. Erweitern Sie nach und nach Abstand und Winkel, d. h. machen Sie das Geräusch mehr über, hinter oder unter dem Ohr. (Hierbei sollten zwei Therapeutinnen mitmachen, eine, die das Geräusch macht, und die andere, die die Hand hält und das Tuch entfernt.)

10. Gehen Sie wie bei 9. vor, machen Sie aber zwei Geräusche, wovon eines ablenken soll.

11. «Hänschen piep einmal»: Ein Kind mit einer Augenbinde steht in einem Kreis von Kindern. Eines macht ein Geräusch, und das Kind muß entweder in die Richtung deuten oder sich auf den Schoß des Kindes setzen. Auf sein «Hänschen piep einmal!» muß das angesprochene Kind etwas sagen, das dann anhand seiner Stimme erkannt werden soll.

12. Nachdem Sie das Kind mit verbundenen Augen gedreht haben, gehen Sie im Raum umher und rufen es. Es soll Ihnen nur auf seinen Höreindruck hin folgen.

Auditives Sequenzieren

Auditive Stimuli können, ähnlich wie die visuellen, sequenziert werden, aber bei den meisten auditiven Sequenzierungsaufgaben muß sich das Kind an die auditiven Informationen in der dargebotenen Reihenfolge erinnern. Daher sind die Spiele und Aktivitäten unter «auditives Gedächtnis» eingeordnet.

Gedächtnis

Sich an alltägliche Aktivitäten erinnern

Das Gedächtnis speichert vergangene Ereignisse. Zur Förderung des Gedächtnisses eignen sich auch Aktivitäten aus Kap. 5. Kindern prägt man eine Handlung am besten ein, indem man mit ihnen vorher, währenddessen und danach darüber spricht. Das Gespräch vorher macht sie aufmerksam und hilft ihnen, die nachfolgenden Informationen aufzunehmen und zu begreifen, was sie sehen. Selbst zu gestaltende Bücher (*Das leere Buch* (5)), Pläne und Rollenspiele können dem Kind ebenso helfen, sich an die Vorkommnisse wieder zu erinnern, wie Video- und Filmaufnahmen. Wenn Sie das nächste Mal miteinander in den Park oder Zoo gehen, nehmen Sie einen Videofilm von den Tieren auf, die das Kind am wichtigsten findet. Schauen Sie sich den Film später gemeinsam an, und besprechen Sie alles.

Spezielle Aktivitäten

Einige Faktoren sind sowohl für das visuelle als auch das auditive Gedächtnis grundlegend:

1. Variieren Sie die eingesetzten Materialien, z.B. Puppen, Puppenmöbel, Gemüse, Dinge aus dem Kindergarten, Bekleidung, Bilder, Familienfotos usw.

2. Manchen Kindern muß man beibringen, Objekte zu bringen. In diesem Falle sollte eine andere Erwachsene zeigen, was erforderlich ist und das Kind durch die Schritte führt, bis es den Vorgang begriffen hat.

3. Setzen Sie Strategien ein, um dem erinnerungsschwachen Kind zu helfen. Das können entweder externe Hilfen sein, wenn Sie beispielsweise das Kind fragen «Welche Tiere hast du denn gesehen?» (Jeffree und McConkey, 1976), oder Modelle, die als Selbsthilfestrategien dienen können. Hilfen blendet man nach und nach aus, oder, falls nötig, nimmt das Kind sie in seinen Alltag mit hinüber.

4. Alle Gedächtnisaufgaben können schwieriger gemacht werden:

I Erhöhen Sie die Anzahl der Items, aus denen es auswählen muß.
II Erhöhen Sie die Anzahl der Items, die erinnert werden sollen.
I Erhöhen Sie die perzeptive oder konzeptionelle Ähnlichkeit der Items.
IV Das Kind soll die Items in der richtigen Reihenfolge nennen.
V Fügen Sie eine Pause ein, bevor das Kind antwortet.
VI Setzen Sie vor die Antwort eine ablenkende Aufgabe.
VII Machen Sie die verbalen Instruktionen komplexer.
VIII Setzen Sie ein Zeitlimit.

Visuelles Gedächtnis

Kehren Sie immer wieder zu dem Reiz zurück, so daß das Kind kontrollieren kann, ob es recht hat. Folgende Strategien können helfen: auf jedes Ding zeigen, das sich das Kind merken soll; ihm erlauben, damit zu hantieren; ihm sagen, daß es sich ein Bild davon in seinem Kopf schaffen soll; es auffordern, jede Bezeichnung laut aussprechen; sie ihm vorsprechen; ihm viel Zeit geben, jedes Ding gut anzusehen.

Bei vielen der bereits beschriebenen visuellen Diskriminationsaufgaben kann der Faktor Gedächtnis hinzugefügt werden, wenn man z.B. das Modell versteckt, so daß das Kind sich erinnern muß, was es ist, was es nachmachen, zuordnen oder finden soll.

1. Verstecken Sie ein kleines Spielzeug in ihrer Hand – in welcher Hand ist es? Gelingt das, stecken Sie Ihre Hände kurz hinter den Rücken und sehen Sie, ob es sich noch erinnert, wo es ist.

2. Machen Sie das gleiche mit einem Spielzeug und zwei großen Schachteln.

3. Legen Sie unter einen von zwei Bechern ein Spielzeug, das es finden muß. Wenn es das kann,
- nehmen Sie mehr Becher,
- verändern Sie die Position des Bechers mit dem Spielzeug,
- verstecken Sie zwei Tiere unter unterschiedliche Becher und zeigen Sie dem Kind das Duplikat dessen, was es finden soll.

4. Verstecken: Lassen Sie das Kind sehen, wo Sie sich verstecken, und lassen Sie sich finden. Es soll immer länger warten, bis es zu suchen anfängt.

5. Einige Aktivitäten für die Objektpermanenz aus Kap. 1 sind hilfreiche frühe Gedächtnisaufgaben.

6. Zeigen Sie dem Kind zwei Objekte oder verschiedenfarbige Bausteine. Verstecken Sie sie, und lassen Sie das Kind Duplikate finden.

7. Zeigen Sie dem Kind zwei Spielsachen: nehmen Sie das Duplikat von einem, verstecken Sie es und bitten das Kind, das richtige Original zu zeigen.

8. Legen Sie drei Spielsachen oder Bilder in eine Reihe: Nachdem das Kind seine Augen geschlossen hat, nehmen Sie eines weg und lassen die Lücke als Positionshilfe bestehen. Das Kind benennt das fehlende Item oder findet ein Duplikat. Man kann dafür Lotto oder Schnipp-Schnapp-Karten nehmen.

9. Wiederholen Sie das Spiel 8, aber ohne Positionshilfe, d.h. Sie schieben die restlichen Karten zusammen oder mischen sie.

10. Zeigen Sie dem Kind drei Objekte in einer Reihe. Es dreht sich um, Sie mischen und fordern das Kind anschließend auf, die Reihe wieder zu legen. (Hierbei ist ein Modell zum Vergleichen nützlich.)

11. Zeigen Sie dem Kind drei Bilder: Drehen Sie sie um und fragen, was darauf war.

12. Briefträger Tom: Sie oder das Kind legen Dinge in einen Briefkasten (eine Schuhschachtel). Das Kind erinnert sich, was es war, indem es sie benennt oder die Duplikate zeigt. Dann kann es den Deckel heben und nachschauen (Jeffree und McConkey, 1976).

13. Einkaufen: Zeigen Sie dem Kind Bilder von Sachen, die es im «Laden» kaufen soll. Sie sind entweder vom Tisch (Ladentheke) zu nehmen, oder ein anderes Kind verkauft sie als Verkäufer.

14. Verstecken Sie unter den Augen des Kindes Spielsachen im Raum, die es dann finden soll. Gehen Sie von einem aus, erweitern Sie auf sechs.

15. Kim Spiele: Legen Sie einige Objekte auf ein Tablett, die das Kind anschauen kann, so lange es will, um sie sich zu merken. Decken Sie sie mit einem Tuch zu und bitten Sie es, so viele Objekte aufzuzählen, wie ihm einfallen. Es kann leichter sein, wenn die Objekte alle aus einer semantischen Kategorie sind, z.B. Spielsachen oder Dinge zum Essen. Käuflich ist *Kim Colour* (6).

16. Wie bei 15, nun aber entfernen Sie ein oder zwei Spielsachen, und das Kind soll sagen, was fehlt.

17. Memory: Legen Sie einige Bildkartenpaare zugedeckt hin und finden Sie abwechselnd Paare, indem Sie jeweils zwei aufdecken.

18. Schnapp: Zeigen Sie Formen-, Farben- oder Bildkarten, und legen Sie sie dann zugedeckt hin. Das Kind muß sich erinnern, was darauf war.

19. Zeigen Sie dem Kind von einem Paar nur ein Objekt oder Bild. Das verstecken Sie, zeigen ihm ein zweites und fragen dann, ob es das gleiche ist.

20. Basteln Sie ein Bilderbuch (*Das leere Buch* (5)) mit einer großen Abbildung eines Tieres oder Spielzeugs auf jeder zweiten Seite. Auf die dazwischenliegenden Seiten kleben Sie eine Reihe kleinerer Abbildungen, unter denen auch die kleine Abbildung der groß dargestellten ist. Das Kind soll die kleine Abbildung finden, ohne zurückzublättern (Kirk und Kirk, 1971). Man kann dafür auch Umrißzeichnungen verwenden.

Gedächtnis-Bilderbuch

21. Beim Spielen eines einfachen Brettspiels fragen Sie das Kind, welche Farbe oder Anzahl der Würfel gezeigt hat, nachdem es gezogen ist.

22. Mit folgenden hierarchischen Aufgaben läßt sich das Gedächtnis verbessern. Zeigen Sie dem Kind die nachfolgenden, mit Würfeln gelegten Kombinationen, verdecken Sie sie, und lassen Sie sie aus der Erinnerung nachbauen. Die Aufgabe eignet sich auch als Wettkampfspiel in einer Kindergruppe.

2	Würfel der gleichen Farbe	z.B.	rot rot
2	Würfel unterschiedlicher Farbe	z.B.	rot gelb
3	gleichfarbige Würfel	z.B.	rot rot rot
2	gleiche, ein andersfarbiger Würfel	z.B.	rot rot gelb
1	anderer, 2 gleiche Würfel	z.B.	rot gelb gelb
1	gleicher, 1 anderer, ein gleicher	z.B.	rot gelb rot
3	unterschiedliche Würfel	z.B.	rot gelb blau
4	gleiche Würfel	z.B.	rot rot rot rot

usw.

23. Wiederholen Sie Aufgabe 22 mit anderen Objekten, z.B. mit Spielsteinen, Perlen oder Muggelsteinen, Bausteinen, farbigen Stäben oder Stiften usw.

Auditives Gedächtnis

Vergewissern Sie sich, daß das Kind sowohl die Objekte, die Sie einsetzen, als auch die entsprechenden Bezeichnungen dazu kennt. Helfen Sie ihm wieder, Strategien zu finden, um mit der Komplexität der auditiven Eindrücke umzugehen. Ermuntern Sie es (oder machen es selbst), das jeweilige Objekt mit einer Geste zu beschreiben, d.h. die Umrisse in die Luft zu malen. Es kann auch versuchen, sich ein Bild des Objekts im Kopf vorzustellen. Vielleicht braucht es Hilfe durch wiederholtes Nachsprechen oder durch Fixierung seiner visuellen Aufmerksamkeit beim Zuhören. Wollen Sie z.B., daß sich ein Kind die Begriffe Ball, Buch und Schuh merkt, um sie zu holen, deuten Sie beim Aufzählen auf eine leere Karte. Man hat herausgefunden, daß dies eine gute Merkhilfe für Dreijährige ist. Möglicherweise hilft es einem Kind, sich die Objekte durch Projektion auf die leere Karte vorzustellen. Oder aber man fokussiert damit die visuelle Aufmerksamkeit des Kindes und schaltet mögliche Ablenkungen aus.

Denken Sie daran, daß ein Kind Dinge leichter behalten kann, wenn es sie sieht. Wollen Sie, daß es sich nur auf den auditiven Kanal konzentriert, darf es die von Ihnen genannten Objekte/Bilder nicht sehen.

1. Hol-Spiele: Zwei bis drei Objekte liegen auf dem Tisch. Das Kind soll eines davon holen.

2. Es gibt viele Variationen dieses Spiels:

- Die Einkaufsliste: Lesen Sie eine Einkaufsliste vor. Man kann richtiges Gemüse und Dosen verwenden.
- Malen Sie einen großen Christbaum, auf den Sie Bilder von Spielsachen mit Klebestift kleben. Nennen Sie die Dinge, die das Kind abnehmen soll.
- Nikolaussack: Beauftragen Sie das Kind, zwei oder drei Spielsachen in einen Sack oder auf den Schlitten (Schachtel) zu packen.
- Schatzsuche: Beauftragen Sie das Kind, verschiedene Sachen im Zimmer oder während eines Spaziergangs zu sammeln.
- Zählen Sie zwei oder drei Objekte auf, die das Kind aus einer Schachtel/Dose mit ähnlichen Sachen heraussuchen soll.
- Verkleiden: Legen Sie dem Kind einen Stapel Kleidungsstücke hin, und fordern Sie es auf, «einen Hut und einen Strumpf» usw. anzuziehen.
- Nehmen Sie ein großes Bild eines Bauernhofes, Parks, Zoos oder einer Straße, und bitten Sie das Kind, Bildkarten oder Objekte in einer bestimmten Reihenfolge daraufzulegen. Man kann auch *Haftbilder* (5) aus unterschiedlichen Themenkreisen zusammenstellen oder *Magnettafeln* (3, 5) benutzen.
- Such die Stecknadel im Heuhaufen: Verstecken Sie vor der Sitzung einige Dinge im Zimmer, und fordern Sie die Kinder auf, etwas Bestimmtes zu finden.
- Backen Sie, wenn möglich, echte Kuchen oder Plätzchen. Zählen Sie die Zutaten auf, die das Kind dafür zusammensuchen muß. Auch in manchen Kindergärten dürfen die Kinder backen.
- Während des Tages oder in der Therapiesitzung kann man das Kind bitten, bestimmte Sachen für die Eltern, Erzieher usw. zu holen. Man kann es auch zu anderen Leuten im Kindergarten oder in der Praxis schicken, um etwas auszuleihen, doch bereiten Sie diese auf das Kind vor.

3. Anweisungen befolgen: Anweisungen müssen immer verstanden werden.

- Bitten Sie jedes Kind einer Gruppe, einem anderen Kind etwas zu geben, z.B. «gib Michael das Auto».
- Auf Körperteile zeigen: Wenn das Kind Mein und Dein versteht, geben Sie Anweisungen wie «zeig *dein* Ohr, *dein* Knie und *meinen* Hals» und betonen Sie die Possessivpronomen. Eine Gruppenaktivität wird daraus, wenn Sie die Namen der Kinder einsetzen.
- Einpacken: Nehmen Sie bis zu vier farbige Schachteln und einige Bilder oder Spielsachen. Beginnen Sie mit einfachen Anweisungen, z.B. «packe die Socken ein». Erweitern Sie nach und nach die Anweisungslänge, z.B. «leg den Ball in die gelbe Schachtel»; «packe alle roten Spielsachen in die blaue Schachtel».
- Lassen Sie sich bestimmte Teile eines einfachen Puzzles geben.
- Hindernisrennen: Nennen Sie dem Kind eine Reihe von Handlungen, die es durchführen soll, z.B. «hüpf über den Baustein», «Krabbel unter dem Stuhl durch und berühre die Wand». In einer Gruppe kann daraus ein Wettkampf werden.
- Berücksichtigen Sie auch die Art der Aufforderungen, denen das Kind in einem Kindergarten oder einer Krippe folgen soll «Häng deinen Mantel auf und hole deine Hausschuhe».

4. Rhythmen mit *Musikinstrumenten* (3) imitieren: Spielen Sie einen einfachen Rhythmus, z.B. einen kurzen und einen langen Ton auf einer Pfeife, den das Kind dann nachmacht.

5. Klatschen oder klopfen Sie dem Kind einen Rhythmus zum Nachmachen vor.

6. Zahlen, Wörter oder Sätze wiederholen: Das Wiederholen von Zahlen ist eine Gedächtnisaufgabe für eine Gruppe, und um Kinder aufmerksam zu halten. Zeigen Sie die Nützlichkeit solcher Aufgaben, indem Sie Kinder zu anderen Personen schicken, um etwas zu erfragen. Man sollte diese allerdings informieren, damit sie wissen, worauf es ankommt.

7. Den Außenseiter/Ausreißer feststellen: z.B.

Hund Katze Orange (semantischer Unterschied)
Schüssel Ente Schlüssel Rüssel (Klangdifferenz)
Ball Hand Bus Brei (anderer Initial)

8. Erzählen oder lesen Sie dem Kind eine kurze Geschichte vor. Danach lassen Sie sich von ihm diktieren, an was es sich noch erinnern kann. Erzählen Sie ihm dann die Geschichte nochmals, bzw. zeigen Sie ihm die Bilder, damit es sehen kann, was es alles herausgefunden hat. Märchen wie *Die Goldene Gans* oder *Die Bremer Stadtmusikanten*, die die Charaktere langsam aufbauen, sind leichter zu merken.

9. Sehen Sie auch in Kap. 2 bei den Aktivitäten zum Zuhören nach Anregungen.

Taktile Fähigkeiten

Allgemeine taktile Wahrnehmung

Man kann kleinen Kindern helfen, ihre taktile Wahrnehmung zu entwickeln, indem man sie viele verschiedene Substanzen und Materialien berühren, fühlen, schmekken und auch spielen läßt. Sprechen Sie darüber, und bringen Sie dem Kind die Begriffe für diese taktilen Erfahrungen nahe.

In Kap. 3 über das Spielen sind viele Anregungen dafür zu finden. Bieten Sie Wasser und Sand, Seife und Seifenblasen an. Berühren und probieren Sie kalte, warme und heiße Sachen. Wickeln Sie das Kind in weiche und harte Materialien ein und rollen es über Teppichboden, Gras, den harten Fußboden, Sand usw. Experimentieren Sie mit Schminke und Make-up, Fingerfarben, Hand- und Fußabdrücken, Nagellack, Knet und Ton. Lassen Sie das Kind bei entsprechender Gelegenheit verschiedene Tiere anfassen und streicheln, wie Hunde, Kätzchen, Frösche oder Schlangen.

Das bewußte Fühlen können Sie auch fördern, indem Sie:

1. Gegenstände mit geschlossenen Augen an den verschiedenen Körperteilen spüren und raten lassen.

2. Zum Entdecken der Umrisse runde Objekte oder Formen fühlen lassen.

3. Formen aus Sandpapier und anderen Materialien ausschneiden lassen.

4. Collagen basteln.

5. Aktivitäten ausprobieren, ohne die Hände zu benützen, zum Beispiel Tee ohne Strohhalm trinken lassen.

6. Auf einem Fühl-Gang (Kükelhaus, 1978) laufen, unterschiedliche Oberflächen erforschen und interessant anfühlende Dinge sammeln lassen.

7. Einen Fühltisch mit vielen unterschiedlichen Materialien aufbauen (Dowling, 1980).

8. Mit unterschiedlichen Zutaten kochen und backen.

Taktile Diskrimination

1. Krabbelsack: Legen Sie unterschiedliche Gegenstände in einen undurchsichtigen Beutel, die das Kind durch Fühlen erraten muß.

a) Zeigen Sie ihm einen Gegenstand, dessen Duplikat es im Beutel finden soll.
b) Heben Sie in einem Gespräch die Formen, die Beschaffenheit oder die Größe eines Objekts im Sack hervor.
c) Beschreiben Sie eines der sich im Säckchen befindlichen Objekte, das das Kind finden soll.

2. Fühlschachtel: Das gleiche Prinzip auf eine Schachtel angewandt ist vielseitiger, und das Kind hat weniger Möglichkeiten zu mogeln. Schneiden Sie einfach Löcher in eine große Schachtel und legen Sie feuchte und trokkene, pelzige, rauhe und weiche Sachen, Sachen zum Essen etc. hinein (Kükelhaus, 1978).

3. Das Kind kann mit geschlossenen Augen Dinge durch Fühlen identifizieren, z.B. Gesichter, Möbel, große Spielsachen, Bekleidung usw.

4. Das Kind tastet das Gesicht eines anderen und benennt den berührten Teil.

5. Sperrmüll-Jagd: Lassen Sie verschiedene Objekte in einer Kindergruppe herumgehen. Jedes Kind sammelt eine bestimmte Art von Dingen, z.B. alles, was weich, scharf, warm oder kalt ist.

6. Basteln Sie Bilderbücher aus verschiedenen Textilien.

7. Folgende drei Bilderbücher sprechen den Tastsinn an: Jensen: *«Was ist das?»* und *«Vierkantitis kannst du nicht essen»*. De Haen: *«Fühl mal»*.

8. Sortieren Sie die Materialien für Collagen.

9. Legen Sie ein oder zwei Materialien auf den Tisch, und lassen Sie das Kind damit umgehen. Dann legen Sie ein Duplikat eines Materials in seine Hand hinter dem Rücken. Nehmen Sie es wieder, und lassen Sie das gleiche auf dem Tisch zeigen (Dowling, 1980).

10. Basteln Sie Fühl-Dominos mit Filz, Satin, Samt, Sandpapier, Stroh, Holz usw. Man kann solch ein Do-

mino auch kaufen: *Tast-Domino* (2) oder *Tasten und Spüren* (5).

11. Weitere käufliche Tastspiele sind *Tast-Tombola, Tast-Tunnels, Tastkarten im Ringbuch, Tastkasten, Tastroulette, ABC-Tastdomino, Tactilo* (alle 2), *Figuren Tastspiel* (5), *Tastspiel* (6).

12. Sammeln Sie Fühlpaare: Man kann sie aus unterschiedlichem Schmirgelpapier, Nagelfeilen, Materialien, Holz, Kartons herstellen.

Integration des multi-sensorischen Input

Viele der bisher beschriebenen Spiele basieren gewisserweise auf sensorischer Integration. So erfordern z.B. die Aufgaben für das auditive Gedächtnis, daß das Kind eine verbale Bezeichnung zu einem Objekt, einem Instrumentenklang etc. in Beziehung setzt. Kann es das nicht, so muß man mit ihm üben, Objekte über die Modalitäten hinweg zuzuordnen. Das erreicht man nur durch viele Demonstrationen und vor allem durch selbst erforschen lassen. Es wird dann lernen, daß eine Leier ein besonderes Geräusch macht, wenn man immer wieder darüberstreicht; daß ein Ball fühlbar rund ist, so daß er rollen kann; daß sich eine verbale Bezeichnung auf ein Objekt bezieht, das man sehen, hören und später auch benennen kann.

Spiele, die man vielleicht gerne spielt, um die sensorische Integration zu üben:

1. Geräusch-Bild-Zuordnung und *Geräusche-Lotto* (4).

2. Bild der Gestik zuordnen oder umgekehrt, z.B. *Unser Körper in Bewegung* (5).

3. Eine Geschichte erzählen, in der Geräusche vorkommen. Wenn Sie die Geschichte nochmal erzählen, lassen Sie das Kind diese Geräusche an der richtigen Stelle selbst machen.

4. Eine Geschichte erzählen, in der das Fühlen eine Rolle spielt, und die realen Dinge dazu anbieten.

5. Ich sehe was, was du nicht siehst: Das Kind sagt «Ich sehe was, was du nicht siehst und das sieht *rot* aus» (oder buschig, das macht Musik usw.), und die anderen raten, was es ist.

Literatur zur Therapie

Alvin, J. (1988): Musik und Musiktherapie für behinderte und autistische Kinder. Stuttgart: G. Fischer
Anderson, A. (1972): Lern-Spiel Bücher. Freiburg: Hyperion
Austermann, M., Wohlleben, G. (1989): Zehn kleine Krabbelfinger. Kösel: München
Autoren der Zeitschrift Spielen und Lernen (1987): Toben, Turnen, Bewegen mit Kindern. Reinbek: rororo
Ball, S. (1984): Ich glaube fast, hier stimmt was nicht. München: ars edition
Ball, S. (1985): Ich sehe was, siehst du es auch? ars edition
Bogner, U. (Hrsg.) (1989): Die schönsten Kinderreime. Herrsching: Ed.Albatros
Büsch, D. (1982[12]): Suche und finde rollende Fahrzeuge. Erlangen: Pestalozzi
Bush u. Giles (1972): Psycholinguistischer Sprachunterricht. München: Reinhardt
Ende, M. (1973): Momo. Stuttgart: Thienemanns
Fischer, T. (o.J.): Der dicke fette Pfannekuchen. 2 Norderstedt, Am Hochsitz 8
–: Die drei Wuschels und Klingeling. 2 Norderstedt, Am Hochsitz 8
–: Pieks der Igel. 2 Norderstedt, Am Hochsitz 8
Flemming, I. (1988): Spiele mit den Kleinsten. Wehrheim: Verlag gruppenpädagogischer Literatur
Frank u. Grziwotz (1993): Warum – weil... Kartenspiel. Ravensburg: Sprachheilzentrum
Franke, U. (1987): Grundwortschatz. Stuttgart: G. Fischer
Franke, U. (1993[3]): Artikulationstherapie für Vorschulkinder. München: Reinhardt
de Haen, W. (1986): Fühl mal. Ravensburg: O. Maier
Heuß, G., Wernhard, H. (1973): Sehen hören sprechen 2. Ravensburg: O. Maier
Hoerner-Nitsch, C. (1989): Das Schmusebuch. Reinbek: rororo
Holtz, A. (1992): Malimila. Hinterdenkental: Kinders-Verlag
Hugenschmidt, B. u. Leppert, J. (1993): Heilpädagogische Sprachförderung im Vorschulalter. Freiburg: Lambertus-Verlag
Jensen-Allen, V. (1972): Was ist das? Frankfurt: Sauerländer
– (1986): Vierkantitis kannst du nicht essen. Frankfurt: Sauerländer
Krenzer, R. (1983[2]): Deine Hände klatschen auch. Lahr: E. Kaufmann
Lenz, F. (Hrsg.) (1987[6]): Mahle, mahle Grützchen. Schaffhausen: Novalis
Lenz, H. (1986): Was steckt dahinter? Stuttgart: Thienemanns
Lionni, L. (1982): Das kleine Blau und das kleine Gelb. Hamburg: Oetinger.
Lionni, L. (1986): Frederick – wo? Köln: Middelhauve
Löscher, W. (1986[2]): Hör-Spiele. München: Don Bosco
Löscher, W. (1983): Riech- und Schmeckspiele. München: Don Bosco
Meer van der, R. und A. (1984): Was fehlt hier? Reinbek: Carlsen
Meinerts, E. (1987[6]): Links ein Ohr und rechts ein Ohr. München: Bertelsmann
Münchmeier, A.B. (1988): Spielen mit kleinen Kindern und Babys. Reinbek: rororo
Museumspädagogische Initiative (Hrsg.) (1985): Alte Spiele neu entdeckt. Waldkirch: Waldkircher Verlag.
Pighin, G. u. Sillaber, M. (1993): Kinder lernen sprechen – eine spielerische Sprachförderung. Augsburg: Pattloch
Reinartz, A. und E. (1972): M. Frostig Programm. Dortmund: Crüwell
Scherbart, E. (1987): Sachen suchen. Ravensburg: Otto Maier
Seitz, R. (Hrsg.) (1978): Tastspiele. Don Bosco
– (1985[2]): Seh-Spiele. München: Don Bosco
Signer, M. (1975): Hörtraining bei akustisch differenzierungsschwachen Kindern. Bern: Haupt
Spanner, H. (1982): Die Maus fährt mit. Ravensburg: Otto Maier
– (1983): Was macht der Bär? Ravensburg: Otto Maier
– (1986): Die Bademaus. Ravensburg: Otto Maier
Stöcklin-Meier, S. (1980): Sprechen und Spielen. Ravensburg: O. Maier
Wernhard, H. (1987): Mein Bauernhaus. O. Maier Ravensburg

Literatur zur Theorie und Diagnostik

Anders, K. (1980): Von Worten zur Syntax. Spracherwerb im Dialog. Frankfurt: Lang
Angermaier, M. (1974): Psycholinguistischer Entwicklungstest. Weinheim: Beltz
Ayres, J. (1972): Southern California Sensory Integration Tests. Los Angeles: Western Psychological Services
Bänninger-Steiner, U. (1990): Dysgrammatismus und Spiel. In: Heilpädagog. Seminar (Hrsg.): Logopädie 13. Jg. (15–77)
Bondy, C.; Cohen, R.; Eggert, D.; Lüer, G. (1971[2]): Testbatterie für geistig behinderte Kinder (TBGB). Weinheim: Beltz
Bruner, J. (1987). Wie das Kind sprechen lernt. Bern. Huber
Clahsen, H. (1986): Die Profilanalyse. Berlin: Marhold
Crystal, D. (1979): Working with LARSP. London
Dannenbauer, F.M. (1983): Der Entwicklungsdysgrammatismus als spezifische Ausprägungsform der Entwicklungsdysphasie. Birkach: Ladewig
Egelkraut, H.D. u. Köhler, G. (1983): Abschlußbericht zum Forschungsprojekt «Normierung eines entwicklungsdiagnostischen Verfahrens für das zweite Lebensjahr.» München: Universität München, Institut für Soziale Pädiatrie und Jugendmedizin
Flehmig, I.; Schloon, M.; Uhde, J. u. von Bernuth, H. (1973): Denver Entwicklungsskalen, Hamburg
Frankenburg, W.K., van Doorninck, W.J., Liddell, T.N. & Dick, N.P. (1976): The Denver Prescreening Developmental Questionnaire (PDO). Pediatrics, 57, 744–753
Griffith, R. (1983): Entwicklungsskalen für 0–8 Jahre. Weinheim: Beltz
Grimm, H. und Schöler, E. (1991[2]): Der Heidelberg Sprachentwicklungstest. Braunschweig: Westermann
Grohnfeldt, M. (1986[3]): Störungen der Sprachentwicklung. Berlin: Marhold
Grohnfeldt, M. (1992): Handbuch der Sprachtherapie, Band 3: Grammatik. Berlin: Spieß
Hardmeier-Hauser, S. (1993): Kinder mit Sprachentwicklungsstörungen. Luzern: Edition SZH

Hartig-Gönnheimer, M. (1994): Entwicklungen und Störungen des Selbst bei sprachbehinderten Kindern. Berlin: Marhold
Heinemann u. Höpfner (1994): Screening Verfahren zur Erfassung von Sprachentwicklungsverzögerungen. Göttingen: Hogrefe
Hellbrügge, T., Lajosi, F., Menara, D., Schamberger, R. u. Rautenstrauch, T. (1978): Münchener Funktionelle Entwicklungsdiagnostik. Erstes Lebensjahr. München: Urban und Schwarzenberg
Hörmann, H. (1977[2]): Psychologie der Sprache. Heidelberg: Springer
Hollenweger, J. u. Schneider, H. (Hrsg.) (1994): Sprachverstehen beim Kind. Luzern: Edition SZH
Holtz, A. (1985): Theorie und Praxis in der Diagnose von Sprachbehinderungen. Hinterdenkental: Cafe Lloyd.
Holtz, A. (1989): Kindersprache. Ein Entwurf ihrer Enwicklung. Hinterdenkental: Kinders Verlag
Kamratowski, I. u. J. (o. J.): Wortschatztest für Schulanfänger (WSS1) Weinheim: Beltz
Kiese, C. u. Kozielski, P.M. (1979): Aktiver Wortschatztest für drei- bis sechsjährige Kinder. Weinheim: Beltz
Kiphard, E.J. (1976): Wie weit ist ein Kind entwickelt? Dortmund: verlag neues lernen
Kiphard, E.J. (o.J.): Sensomotorisches Entwicklungsgitter. Dortmund: verlag neues lernen
Knobloch. H., Stevens, F. & Malone, A.F. (1980): Manual of developmental diagnosis. (Gesell Scales) Hagerstown; Harper & Row
Köhler, G. u. Egelkraut (1984): Münchener Funktionelle Entwicklungsdiagnostik für das 2. und 3. Lebensjahr. Der Kinderarzt 14, 1405–1407
Köhler, G., Egelkraut, H.D. u. Hellbrügge, T. (1983): Neufassung der Münchener funktionellen Entwicklungsdiagnostik für das 2. und 3. Lebensjahr. Der Kinderarzt 14, 1405–1407
Kolonko, B. u. Krämer, I. (1993): Beobachtungshilfe zur Beschreibung von Kommunikation in Kindergarten und Schule. Hinterdenkental: Kinders-Verlag
Kükelhaus, H. (1978): Hören und Sehen in Tätigkeit. Zug: Klett und Balmer Verlag
Kurz, F. (1993): Zur Sprache kommen. Psychoanalytisch orientierte Sprachtherapie mit Kindern. München: Reinhardt
Lockowandt, O. (1979[3]): Frostigs Entwicklungstest der visuellen Wahrnehmung. Weinheim: Beltz
Meixner, F. (1976): Anni und Toni – ein Sprachprüfsystem. Wien: Jugend und Volk
Müller, U. (1973): Zur Bestimmung der Rangfolge des Schwierigkeitsgrades von Lauten der deutschen Sprache. Z.f. Phonetik, Sprachwiss. und Kommunikationsforschung 25
Nelson, K. (1981): Individual differences in language development: implications for development and language. In: Developmental Psychology 17, 170–187
Papousek, M. (1994): Vom ersten Schrei zum ersten Wort. Bern: Huber
Piaget, J. (1988): Das Weltbild des Kindes. Stuttgart: dtv/Klett-Cotta
Piaget, J., Inhelder, B. (1980): Die Psychologie des Kindes. Stuttgart: dtv/Klett-Cotta
Reimann, B. (1993): Im Dialog von Anfang an: Die Entwicklung der Kommunikations- und Sprachfähigkeit beim Kleinkind. Neuwied: Luchterhand
Rennen-Allhoff, B. u. Allhoff, P. (1987): Entwicklungstests. Heidelberg: Springer
Reynell, J.K. (1985): Sprachentwicklungsskalen. München: G. Röttger
Rieder, O. (1968): Die Entwicklung des kindlichen Fragens. München: Reinhardt
Rosch, E. (1973): On the internal structure of perceptual and semantic categories. In: Moore, T.E. (ed) (1973): Cognitive development and the acquisition of language. New York: Wiley
Rothweiler, M. (1989): Nebensatzerwerb im Deutschen. Dissertation Universität Tübingen
Schöler, H. u. Lindner, K. (1990): Zum Lernen morphologischer Strukturen. In: Augst, G. (Hrsg.): Der Deutschunterricht (im Druck)
Slezak-Schindler, Ch. (1992): Vom Leben mit dem Wort. Dornach: Philosophisch-anthroposophischer Verlag
Snijders-Oomen, N. u. Snijders, J.T. (1958, 1974[4]): Snijders-Oomen nichtverbale Intelligenzuntersuchung. Groningen: Wolters-Noordhoff
Stern, D. (1979): Mutter und Kind. Die erste Beziehung. Stuttgart: Klett-Cotta
Szagun, G. (1986[3]): Sprachentwicklung beim Kind. München: Psychologie Verlags Union
Užgiris, I. u. Hunt, J.MCV. (1987): Ordinalskalen zur sensomotorischen Entwicklung. Weinheim: Beltz.
Wendlandt, W. (1992): Sprachstörungen im Kindesalter. Stuttgart: G. Thieme
Wurst, F. (1973): Sprachentwicklungsstörungen und ihre Behandlung. Wien: Österreichischer Bundesverlag.
Wygotski, L.S. (1977): Denken und Sprechen. Frankfurt: Fischer
Zimmer, D.E. (1987[2]): So kommt der Mensch zur Sprache. Zürich: Haffmans Verlag
Zollinger, B. (1987): Spracherwerbsstörungen. Bern: Haupt
Zollinger, B. (1994): Die Entdeckung der Sprache. Bern: Huber

Kataloge für Spiel- und Therapiematerial

(1) Aurednik, Kindergartenbuch. R. Bosch Str. 8, 63768 Hösbach, Tel. 06021-51062
(2) Dusyma, Handbuch 89/90. Postfach 1260, 73614 Schorndorf-Miedelsbach, Tel. 07181-60030
(3) Eibe, Katalog 88/89. Industriestraße 1, 97285 Röttingen, Tel. 09338-890
(4) Wehrfritz, Handbuch für den Elementarbereich. A.-Grosch-Str. 28–38, 96476 Rodach bei Coburg, Tel. 09564-82-0
(5) Schubi, Spezialkatalog. Huesmann und Benz Verlag. Postfach 569, 78224 Singen. Tel. 07731-68118
(6) Lekis für Heilpädagogik, Therapie, Gymnastik. Immermann-Str. 11, 40210 Düsseldorf. Tel. 0211-352191
(7) Schäfer, Psychomotorische Übungsgeräte. Gr. Kamp 6–8, 32791 Lage-Heiden, Tel. 05232-65982